ディヴィッド・ウイルコック
Nogi［訳］

# 夢の中で目覚めよ！

## 明晰夢は惑星の未来を渉猟する

［上］
起承篇

ヒカルランド

あなたがかつて当たり前だと思っていた現実は、
実は夢だった。
これから「自分自身の内側で、目を覚ます」ことになる。
「誰もが夢の中で未来予知をしている」ということが
一般人にも知れ渡るようになるだろうと確信している。

明晰夢《めいせきむ》の中では神のごとき能力を行使できる。

「超現実的」という表現が一番いい。

明晰夢を経験した人がよく言うように、

「今まで本当の意味で目が覚めたことはなかった」と感じるのだ。

「私たちは壮大で大規模な進化現象の入り口に立っている。
人々はそれをアセンション（昇天）と呼んでいる」
我々の日常生活は、明晰夢と区別がつかなくなるだろう。

明晰夢体験は、言ってみれば
アセンションを遂げた生命体の「体験版」のようなものだ。

人類大量覚醒のために自分自身を準備する唯一の方法とは、
他人を赦《ゆる》すこと。そして、同情し、大目に見てあげ、
愛し、理解してあげること。
それらを実践すること。
つまり、他人への奉仕の道をたどることに
純粋に専念することなのだと。

夢の中を移動するときの速度は、霊的成長の速さを示している。
夢の力には「限界」というものが無いようだ。
これほど遠くの未来をここまで詳細に記述しているとは。
運命や、自由意志とは何なのかと考えざるを得ない。

この宇宙は「知的無限大」、
つまり一なる無限の創造主が見ている「夢」である可能性が
高いということだ。

私が夢の中の矛盾を見つけ、夢を見ていたことに気づき、
夢の中で意識的に目覚めることに繋がった体験談だ。

夢の中で自分の守護霊（スピリチュアルガイド）と
直接触れ合うこともできるようになる。
本の情報源はこう言っている。
「起きているときの心が眠りにつくとき、
熟練者が導き手たちに呼びかけ始めます。
そして、ハイヤーセルフという名の神我に
出会うこともあるでしょう」

哲学的な疑問が湧いてくる。
「現実とは何なのか？」
「もしかして自分の日常生活の方が、
夢の中の夢なんじゃないか？」
ラベージ博士は、
「夢の世界は自分の心が作った構築物」だと言っていた。
それで私も自信を持って、
宇宙船で出会った人々に面と向かって
「君たちも全部、僕の想像の産物だね」と言ってしまった。

夢の中で目を覚ますために、夢で起きていることが
「現実的に不可能」なことに気づくようにすればいい。

宇宙そのものは生き物であり、
意識を持っていることは公然の事実である。

意識、夢、明晰さ、霊性、古代文明、
ピラミッドのような古代の石造物、
そしてＵＦＯの間にはすべて、
一本の黄金の糸で結ばれた関係性があったのだ。

ほとんどのワンダラーは覚醒をしないまま、
眠り続けて一生を終えるという。
そのように設計されているのだ。
彼らはここよりはるかに調和のとれた場所から来ていて、
そのときの潜在意識の記憶が地球上で呼び起こされるときに、
世界そのものが改善されるようになっているのだ。
『一なるものの法則』シリーズから言葉を借りるなら、
「忘却のベールを貫く」ということだ。

何年も研究してきて、　地球外生物や天使のような存在は
すべての人の夢の中に現れると私は結論付けた。
これらの存在は通常、
自分とは異なる人種のキャラクターとなって現れる。
外見が異なっているほど、
より遠くから来た異種族である可能性が高いと言える。

『一なるものの法則』が本当に伝えたいのは、
科学的な知識ではない。
その本質は、哲学と霊的指導だ。
「他者への奉仕」という善良な考え方が、
科学より何より重視されているのだ。

夢は高次元からの導きとして活用できる。
是非とも、これについて学んでいってほしい。
『一なるものの法則』の言葉を借りるなら、
霊的進化をあくまでも追求しつづけ、
「熟練」した人にだけ知り得る真実がある。
それは、「夢見」こそが霊的進化の上で
最重要な修行であるということだ。

私は夢の中で「夢を見ている」ことに気づくことができた。
夢の中で目が覚めた。私は内部告発者のダニエルに出会い、
地球外生命体が銀河を旅するのに使用する「スターゲート」の
ネットワークが実際に存在しているのを知ることになった。
スターゲートは非常に古い時代に作られたものであり、
星と星の間に自然に現れるワームホールを利用して行われる。
それは「プラズマ・フィラメント」としての様相を呈する、
壮大な宇宙ネットワークだ。

夢の中で目覚めよ！［上］起承篇　目次

# ［起承篇］明晰夢は惑星の未来を渉猟する

## 第1章　私は夢の中でようやく目が覚めた

## 第2章 シンクロニシティ、夢、原型



## 第3章 夢分析入門

## 第4章　科学的概説

## 第5章 過熱していく科学的研究



## 第6章 ミステリーサークルに見る地球外起源

## 第9章　卒業（宇宙からシンクロニシティに導かれて）

## 第10章　神官ラー・プタハ、アトランティス、空飛ぶ球体の夢



## 第11章　導かれたその先

## 第12章 ついにコンタクトへ

# ［転結篇］　明晰夢は惑星大覚醒を誘引する

## 第1章　飛ぶなら助走をつけてから



## 第2章　一なるものの法則への入口

カバーデザイン　三瓶可南子
カバーイメージ　Ayumi
校正　麦秋アートセンター
本文仮名書体　文麗仮名（キャップス）

夢の中で目覚めよ！

［起承篇］

# 明晰夢は
# 惑星の未来を渉猟する

本書を最愛の妻エリザベス・ウィルコックと、今はまだ別人として映し出されている「あなた」という一読者であり、一なる無限の創造主である皆様に捧げる。

# 第１章

# 私は夢の中でようやく目が覚めた

## 初めての明晰夢体験

　電球は明るく光っている。ガラス部分は粉々になったにもかかわらず。金属の土台にまだ残っている割れたガラスの破片が、フィラメントの輝きを星の瞬きのように細かく反射する。その男は、そこにいた。わが家の階段に正体不明の黒人が座って、泣いている。服は汗と涙で濡れ、汚れていた。両手で顔を隠し、ひじを膝に当ててすすり泣いていた。私は彼を招待した覚えは無い。この男性は誰で、私の家で何をしているのか？　なぜ泣いているのか？　分からなかった。ガラスの保護カバーも無しに完璧に点灯している電球に再び目をやった。すると、突然それは起こった。

「ガラスが割れているのに電球が点《つ》くわけが無いだろう！　物理的に不可能だ。私は夢を見ているんだ！　これは夢だ。現実じゃない！　でも待てよ、私は今たしかに、ここにいる！　夢の中で目を覚ませ！」

そう思った瞬間、感情の津波に飲み込まれた。私の体、というより「自分の体であると心が決めた体」はその瞬間、言葉には言い表せないほどの絶頂感を感じていた。その男が誰なのか知らないが、そんなことは問題ではなかった。ついに、やっとできたぞ！　何週間も練習し、何度も失敗したけれど、私は初めて夢の中で目を覚ましたのだ。さて、夢の中で起きた私にはやってみたいことがあった。読んだ本では、明晰夢《めいせきむ》の中では神のごとき能力を行使できると言っていた。私はそれを試してみたかったのだ。私は玄関の分厚い木の扉をすり抜けて外へ飛んで行った。抵抗は全くなく、私は庭に生えた白樺の木の上を滑空した。子供の頃の木登りよりずっと良い眺めがあった。もっと高く飛んで、鳥瞰図《ちょうかんず》で家を見下ろした。私は完璧に自由だった。

自分の肉体を家に残したままだということは分かっていた。この空の冒険が終わればまた肉体に戻ることになるのだろうと。今のこの体であればどこへだって行ける。何にだってなれる。

何だってできる。スーパーマン状態だ。限界があるとすれば、それは私の想像力だろう。明晰夢の訓練をしたことがある人なら分かると思うが、この現象は、本当に起きているときのような感覚、いや、それ以上にリアルに感じられるのだ。言葉では表現できない現実感。「超現実的」という表現が一番いい。起きているときよりも認識力がはるかに効果的で包括的なのだ。思考は驚くほどの速さで心の中に入り込んできて、あっという間に美しく複雑な構造物として目の前に姿を現す。何の努力もしなくても無限の知識を得ることができる。その力を持ってすれば、何も問題では無くなるし勇気が湧いてくる。明晰夢を経験した人がよく言うように、「今まで本当の意味で目が覚めたことはなかった」と感じるのだ。

こういった話はほとんどの人間にとってブッ飛んだトンデモ世界の話に思えるだろう。その数年前までは私もよく知らなかったから、明晰夢なんてデタラメだと思っていた。けれど最終的には、人間の姿を持った天使のような地球外生命体との直接的触れ合いをするようになったし、科学と精神を融合して、より包括的な学説を作っていくことができたのだ。

この存在たちは私に、いくつもの謎を解き明かすための説を立証するために、膨大な量の新たな証拠を授けてくれた。彼らはまず夢やシンクロニシティ、ビジョンなどを通じてメッセージを送ってくるようだ。まるで本を読むかのように、簡単に未来を予言できることを何度も何度も私に証明した。その中でもとりわけ重要なメッセージはこれだ。

「私たちは壮大で大規模な進化現象の入り口に立っている。」人々はそれをアセンション（昇天）と呼んでいる。

私はこれまで出版してきた著書の中で、このことについての論証に必要な科学的証拠を十分すぎるほど挙げてきた。

世界は大きく変化する。我々はそのために「準備をしている」というわけだ。我々の日常生活は、明晰夢と区別がつかなくなるだろう。

昨今、スーパーヒーローの映画がたくさん作られて絶大な人気を誇っているが、これは自分たちが本当はできるけど忘れてしまった能力を大衆の集団的潜在意識が覚えていて、それを再び使えるようになる時代が思っていたよりも早く戻って来るかもしれないとして、その時代に向けて備えている方法の一つなのかもしれない。かつて現実だと確信していた夢の中で、我々は目覚めることになるかもしれないのだ。

天使的存在は私に伝えた。人類大量覚醒のために自分自身を準備する唯一の方法とは、他人を赦《ゆる》すこと。そして、同情し、大目に見てあげ、愛し、理解してあげること。それらを実践すること。つまり、他人への奉仕の道をたどることに純粋に専念することなのだと。これは世界中に残された、あらゆる偉大な精神的伝道の核心となるメッセージでもある。だからこの原理を実践していくことができさえすれば、人類は現在の考えの範囲や持っている力からは考えられないほどの、飛躍的進化をする可能性があるのだ。

明晰夢体験は、言ってみればアセンションを遂げた生命体の「体験版」のようなものだ。夢の研究と分析は、私の仕事の中で常に非常に重要な部分を占めてきた。この研究によって多くの事が分かってきた。そしてこの本は、私の研究と考察、それから詳《くわ》しいやり方について記《しる》した初めての著書となるだろう。

## 明晰夢のやり方（夢の中で意識的に目覚める）

あれは1989年、私が16歳の頃だった。私は神秘主義科学者スティーヴン・ラバージ博士の画期的な本である『明晰夢—夢見の技法』を読んで明晰夢について初めて学んだ。はっきりした夢というのは、朝起きた時に夢の内容を覚えていれば達成はさほど難しいことではない。私は大体、夢の内容を覚えていたので、それが分かって嬉しかったのを覚えている。

起きている状態と夢を見ている状態の主な違いは、たとえば夢の中では特定の場所を見たあと、どこか別の場所へ目をそらして、再び振り返って同じ場所を見ると、何かが変わっているという点だ。それは色だったり、物がある位置だったりと、微妙な違いとして表れる。振り返るとまったく異なるシーンになっていたりと、非常にドラマチックな違いがある場合もある。家の中で壁を見つめてから、目をそらしてから壁を見ようと再び視線を向けると、そこが美しい海岸に変わっていることだってある。

ラバージ博士は、起きているときにもこのエクササイズをすることを勧めている。特定の場所を見てから、自分は夢を見ているかどうか自問し、その場所から目をそらして、振り返ってみる。細部までチェックして、前と同じように見えるか確認する。何かが変わった時には常に感動するクセをつけておくこと。子どものようなワクワク感やビックリするという感情は、実践する上でとても重要な部分だからだ。１９８９年の年、私はずっとこの瞑想法を実践していた。そしてついに、夢を見ている間に、実際に身の周りに異常がないかチェックすることを思い出すことができたのだ。それは壊れた電球と、招かれざる客という形で表れた。私は、夢の中でようやく目が覚めたのだった。

この「ラバージ式」明晰夢法の肝《きも》となる手法に、「ＭＩＬＤ（明晰夢誘導の記憶術）」と呼ばれるものがある。このテクニックは、まずゆっくり眠れる日を選んで（その日は目覚まし時計を切っておく）、目が覚めた直後に、動かずじっとしていて、「今何をしていた？　ここはどこだ？　誰と話していた？　何があった？」と自問するというものだ。夢を覚えるための鍵となるエクササイズである。「何の夢だったたっけ？」と漠然と自問しても何も変わらないし、何も得られない。夢の中にいるときは、それが自分にとっての現実なのだ。だから、夢だと気づけないのだ。夢の内容を思い出していくと、起きているときには不可能なはずのことがあったことに気づき始める。

例えば、話している相手が会話の途中で別人に変わっていたりなど。周囲にある物が変形したり、位置が変わっていたりなど。車を運転していたはずなのに、いつの間にか屋内を歩いていたりなど。夢の中では、目の前で起きていることだけに注意しているので、通常、そういった突然の変化をすべて無視しているのだ。この本では、さまざまな明晰夢の例を紹介していくことにする。私が夢の中の矛盾を見つけ、夢を見ていたことに気づき、夢の中で意識的に目覚めることに繋がった体験談だ。

何よりも大切なのは、何か奇妙なものを見つけたときに、自分が夢の中にいると想像できるようになることだ。何か場違いなことがあれば、それに気付けるようになること。そして、夢の中で目覚める喜びや驚きを、想像力を使ってまるで現実に起きているようにリアルに、そして存分に体験しておくこと。

念力で物体を浮遊させたり、形を変えたり、無から欲しいものを具現化したり、頑丈な壁をすり抜けたり、鳥のように空中に浮揚して舞い上がったり。その時の高揚感を、自分自身に感じさせてあげてほしい。そこでは、大体のやりたいこと、想像できることは何でも簡単にできる。何でもだ。実現するのは、人によっては想像しているよりずっと簡単かもしれない。

この素晴らしい出来事をすべて視覚化し続けたら、「次に夢を見るとき、自分が夢を見ていることを思い出す」という特定の文を何度も何度も心の中で繰り返すのだ。50回、いや、100回言っても構わない。何回言ったか数える必要はない。大事なのは、繰り返し続けることだ。その言葉を繰り返していくうちに、気が付けば周りのすべてが変わって、気が付けば新しい経験をしていて、新しい自分になっていくのだ。気が散って夢の中に飲み込まれてしまうことがあるが、ちゃんと繰り返しを続けていけば、気が付けば同じ文を繰り返している自分になっているはずだ。自分の言葉に耳を傾けてみることだ。「次に夢を見るとき、自分が夢を見ていることを思い出す！」そして周囲を見渡し、自分が今まさに夢を見ていることに気付く。私はこの技術を使って、何十回も成功した実績がある。

そこからやる主な事といえば、意識をはっきり保ち続けることだ。そして、任意のタイミングで肉体に戻れるよう準備できるようになること。唯一最大のリスクは、夢の中で自分の体のことを考えてしまうことだ。頭の位置はどこだったか、腕、足は定位置にあったか、お腹がすいているか、トイレに行きたくないか、痛いところがないかなど、体が置いてある部屋の中で起きていることについて考えてはいけない。

それをやってしまうと、すぐさま自分の体の中に意識が戻ってしまい、体が起きてしまうのだ。そしたらまた最初からやり直しだ。しかし安心してほしい。練習を重ねるうちに、自分の体のことを考え始めてしまっても、すぐさま夢を見失うことは無くなってくるようになるから。夢から覚めそうになると、周囲の景色に灰色の霧がかかって消えていくが、その数秒間が夢の中に居続けるチャンスとなる。

ウィリアム・ブールマン氏は著書『肉体を超えた冒険―どのようにして体外離脱を経験するか―』の中で、景色が霧の中に消え始めたら、「霧よ晴れろ！」と大声で叫ぶことを推奨している。視界を保って、叫びながら自分を中心にその観えている範囲を広げていくのだ。それから、自分の両手から出るパワーによって夢が安定するように視覚化をすることも勧めている。私がこの時期によく読んでいたカルロス・カスタネダ氏の本の中でも、夢の中で自分の両手を見るように勧めていた。手を見ると指の数が足りなかったり歪んだりして、奇妙で怖く見える可能性があるが、素早く夢の中で目覚めるにはいい方法だ。ちょっと変に聴こえるかもしれないが、「夢の中で手を見る」ことと、「ベッドの中にある自分の体のことを考える」ことには、大きな違いがあるということを理解すべきだ。夢の中で意識がはっきりしていくほど、その感覚の違いが分かるようになるだろう。とにかく、夢の中で意識をはっきりさせて、自分の周りにあるものに意識を集中すれば、いつかは成功するはずだ。体がどこにあるとか、眠っている体を動かそうとしたり、少しでも心配などをしてしまうと、すぐに肉体に意識が戻ってしまう。

肉体を超えた冒険
どのようにして体外離脱を経験するか
ウィリアム・ブールマン 著
自身の体験、科学的理論、体脱テクニックを網羅した群を抜く体外離脱の書
体外離脱を通してわかる数々の人間の神秘（死後の世界、過去世、さらなる進化）

それと、スティーヴン・ラバージ博士が推奨する「スピン」というテクニックがある。両手

の親指を頭より高く上げて、親指を見ながら体をぐるぐる回転させるのだ。どういう理屈かは分からないが、回転してから歩いてみると、夢から覚めるのを防ぐことができるのだ。「ヤバイ」と思ったらこのテクニックを使ってみよう。そうすれば好きなだけ夢見を延長できるというわけだ。この方法は私も何度も使っているし、とても効果がある。

　私がこの素晴らしい経験をするまでに参考にさせていただいた主な本として、ラバージ博士の『明晰夢―夢見の技法』[1]、『明晰夢の探求（原題：Exploring the World of Lucid Dreaming）』[2]、ロバート・モスの『コンシャス・ドリーミング：アボリジニやネイティブ・アメリカンのシャーマンたちから学んだ夢見の技法』、ウィリアム・ブールマンの『肉体を超えた冒険―どのようにして体外離脱を経験するか―』がある。これらの本では、「体外離脱」状態を自分の意志で引き起こす方法についても触れている。ブールマン氏の場合、深い瞑想中に、部屋の反対側に自分自身が立っている姿を視覚化し、そのもう一人の自分でベッドに横たわっている自分を見るなどのエクササイズを勧めている。

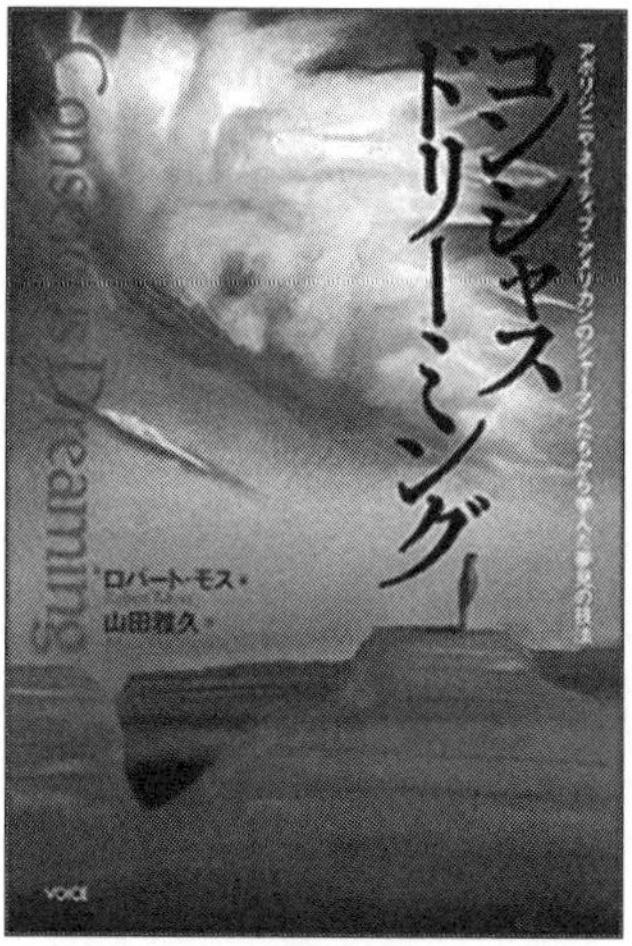

これはラバージ博士のテクニックよりもずっと難易度が高いと言えるが、この方法でも私は何度か体外離脱に成功している。私の場合だと、部屋の反対側に自分の姿を「映し出し」、そこから空中に浮いて、窓をすり抜けて外へ出て、空中から自分の家を見下ろすことができた。

本で紹介するテクニック以外にも、明晰夢を見るための方法はいくつかある。例えば、ラバージ博士は、夢を見ているときに光の点滅で合図をするアイマスク「Nova Dreamer」を発明した。夢見中の素早い眼球運動やREM状態を感知して、目の前に光を点滅させるという装置だ。ラバージ博士は研究によって、「夢を見ている間に肉体に起きたことは全て夢の中に何らかの形で現れる」ことを発見した。部屋の中で大きな音がしたとき、夢の中で異なる形で大きな音が現れたという経験はないだろうか。たとえば、トラックがバックするときの警報音は、夢の中では誰かが叫んでいる声に聞こえたりするらしい。したがって、普段目を覚ましているときには点滅する光を探すことに注意深くなるように、練習を積んでいけばいい。そうすれば

夢を見るたびに、その夢をちゃんと捉える準備ができるようになってくる。こういった明晰夢用のアイマスクは現代では手頃な価格でオンラインで購入できるし、これで明晰夢が見られるようになったという人も多い。

## 夢の中での「あの人」との出会い

ラバージ博士らは研究の末、ある結論に至った。「夢の空間や、夢を見ている身体さえも厳密には意識の産物である」しかし、それならなぜ夢の世界はこんなにも鮮明で確かで、立体的でリアルなのか？　私は夢の中であちこち歩き回ったり、いろいろな物に触れたり、いろいろな人と話をしたり、本当に現実の世界での出来事のような体験をしたことがたくさんある。この時点で、哲学的な疑問が湧いてくる。「現実とは何なのか？」「もしかして自分の日常生活の方が、夢の中の夢なんじゃないか？」起きているときの自分が見ている世界は、工夫されて上手に作られた幻想なのではと思ったことは、誰しも一度はあるだろう。では、この夢をみているのは誰なのか？　もしかして、我々一人一人の中に「神」と呼ばれる宇宙的知性というか宇宙意識があって、この全宇宙の夢をみているのではないだろうか？　もしそうなら、現実とは一体、何なのか？　というより、「誰が」現実的なのか？

初めて明晰夢を見たすぐ後の１９８９年10月6日、私は「新思想」という題の詩を書いた。16歳の私はよくイジメられていて、世界のどこにも自分の居場所がないと感じていた。だから、答えが欲しかったのだ。あれは、2歳のときからだった。私は、夢の中で父親のような頼れる人格の、とても精神的に成熟した男性（その時は「お爺さん」と呼んでいた）と会っていた。時折、起きているときでも、彼が自分のすぐ近くにいるように感じていたことがよくあった。そうして見えないところから私が直面しているさまざまな問題に対して、穏やかで暖かな助言をしてくれた。この人は誰なのか？　一体、私にとっての、何者なのか？「守り神」と呼ばれる存在なのか？　直感と感情が揺れ動く思春期の自分が、これらの疑問を探りながら書いた詩がこれだった。１９８4年の秋、両親が購入してくれたApple IIcでタイプしたこの詩を、当時の印刷音がうるさい旧式ドットマトリックスプリンタで印刷した。

「私の中に、古くとも新しい想念を持った存在がいる。私の心の穏やかな鼓動を感じとってくれていているかのように、困った時には慰めてくれ、危ない時も守ってくれる。彼が何者なのか、それはわからない。だが、確かにそこにいることはわかっている。彼は地球がもっと素朴だったころを見ていた。空は素晴らしいことでいっぱいで、お腹が空いたら地面からたくさん食べ物を出してくれた。彼はあらゆる戦場にいた。人間の感情があるところにはいつもいて、人々は試されてきた。彼には知恵、感覚、思いやりが備わっている。生きていく上での悩みを解決してくれる道標なのだ。彼は最初からそこにいて、彼の中にいるすべての存在と空間は、白い無の中に生まれた思考の一つに過ぎないのだ。彼は愛情のこもった手で思考に触れ、それを形にした。彼は単なる存在以上の存在。主と呼ぶ存在以上の存在。人間を超えた存在。一体誰なんだろう？」

私の最初の明晰夢のお祝いとして書かれた詩でもある。この中で興味深い一節に「彼は地球がもっと素朴だった頃を見ていた。空は素晴らしいことでいっぱいで」という部分だ。この文を読むと、ＵＦＯについて鮮明な視覚的イメージが思考として浮かんだときの自身の体験を思い出す。著書『アセンションミステリー』にも書いたように、私は2歳の時からＵＦＯに関する鮮烈な夢を見てきた。夢の中では、葉巻の形をした翼のない乗り物が静かに裏庭に漂っていた。私一人だったこともあれば、母と一緒だったこともあった。そのときの感覚はいつも非常に心地よいものだった。私は何度もこの乗り物に乗った。乗り物の中では、あの人が私を待っていた。白髪で、あごひげがあり、白いローブを着て、サンダルをはいていた男性の老人だ。彼はとても穏やかに、愛らしく話す人だった。忍耐強く、いつも親切で言動の端々に私への敬意が見え、とても礼儀正しく丁寧な人だった。実際、私は自分の両親よりも、彼にもっと親しみを感じていた。夢から覚めて、それまでしていた会話が「ただの夢」だと気づいてよく泣いていた。そして夢で起きたことを細かく実母に説明していた。もちろん、父や母よりも彼の方が家族に感じるという部分は省いたが。母はこの時の話をノートに書き留めていたが、私が詳細まで夢の内容を覚えていることにとても驚いていた様子だった。

2歳の頃にまで覚えている限りの記憶を遡っていく。まず老人は、私が将来とても有名な人物になると言っていた。1969年のウッドストック以来ずっと音楽ジャーナリストとして活躍していた父は、私をロックスターたちとの面会に連れて行ってくれたのだが、そうした将来の出来事も老人はすでに予言していた。父が私をコンサートに連れて行ったり、楽屋の入場券をもらっていたことも、私がもっと幼い頃にすでに予見していたのだ。その老人は、私にこれらの有名人をよく観察して、彼らの長所と短所を見抜き、後年自分が無くしていくことになる「自分の欠点」を見つけ出してほしいと願っていた。実際に、私は就職した後も、年に数回しか会議に参加しなかったので、よく怒られていた。そして、この目で見てきたロックスターたちの末路も、コンサートの長期間ツアーによってことごとく燃え尽きていったというものだった。プロミュージシャンになって売れ出してからのスターたちの寿命は、せいぜい数年ほどだった。老人はまた、私に科学を学ぶことの重要性を力説してきて、とにかくできるだけ科学を学ばせようとしていた。そして何より、私が生きているうちに経験する「世にも素晴らしい出来事」について語っていた。その出来事の後、「普通の　人間以上の何か」に変身を遂げて、スーパーヒーローみたいになる人もいると言っていたのだ。1977年、公開された映画『スター・ウォーズ』を観に行った時、オビ＝ワン・ケノービというジェダイ・マスターのキャラクターが、この老人にそっくりで驚いたのを覚えている。オビ＝ワンは「フォース」という神がかり的な力を使って、触れずして物体を空中に浮かすことができる。そして、私も同じことを夢の中で普通にやっていたのだ。スター・ウォーズではダース・ベイダーの手によってオビ＝ワンは命を落とすが、その後も「光の存在」として実体を持たない霊として再登場する。

私の詩には「彼の中にいるすべての存在と空間は、白い無の中に生まれた思考の一つに過ぎないのだ」という部分がある。大学で「実存主義」と呼ばれる哲学科の分野があって、講義を受けていたのだが、基本的な考え方として「絶対的に真実を証明できるのは、自分自身の意識だけ」というものがある。明晰夢を見る実体験をすると、きっと同じように考えるようになるのではないだろうか。目に見える宇宙全体を含め、自分の周りのすべては、自分の意識によって作られた「錯覚」なのかもしれないということだ。

## もう一度チャンスを！（ESP体験）

なぜ1989年の最初の明晰夢体験が重要かというと、そこでやっと私の最大の願いが叶ったからだ。その願いとは、私が5歳のときからずっと、11年間にもわたって願い続けていたものなのだ。そのときまでにすでに3年間もUFOの夢を見ていたし、あの老人にいつも会っていた。UFOのことを最初にテレビや本、そして『未知との遭遇』のような映画で知ったときは、とても興奮したものだ。それ以前は、見慣れていたこの不思議な乗り物に名前があるとは知らなかったからだ。1978年、5歳のとき。ある夜、ふと目を覚ますと、私はベッドから1メートルほど上に浮かんでいた。見下ろしたところに置いてある自分の身体は、布団の中で静かに呼吸をしていた。「ということは、死んでいない。僕は生きている」というより、私は最高に「自分が生きている感」があった。宙に浮いている私のこの体も、同じように赤いボタンがついた黄色のパジャマを着ていた。寝室のドアは開いていて、玄関の明かりはいつものようについていた。自分で自分を操作できなかったのだが、足の方から水平になって進んで、居間の方へと漂っていった。それから階段のところで止まったと思ったら、何らかの力が突然私の体を90度回転させて、足を下の方に向けた。私は天井から1メートルほどの空中にいながら、階段を滑り降りた。普通の夢と違って、すべてが鮮明でリアルだったのを覚えている。いつもと変わらない風景なのに。この時点で、自分が死んでしまうのではないかと怖くなった。そしたら、意識がスッと自分の肉体に戻ってしまったのだ。

「しまった、やっちまった」と感じた。死なないと理解して、あとちょっとの勇気があれば、外に飛び出せばよかったと思っていた。あの筒形の銀色の乗り物が、いつものように家の外で待っているかもしれない。あの人が、乗り物の中でいつものように私を待っているかも。やっとあの人に実際に会えるかもしれない。あの老人は、自分の父親のように想っていたのだから。それからというもの、私は毎晩、あの時に怖いと感じてしまったことを謝って、もう一度チャンスをくださいと祈ってから眠りについていた。あの晩着ていた「聖なるパジャマ」はその後二度と着用せず、宝物として生涯保存しようと決めたくらいだった。実際、今でも取っておいてある。そして祈りの日々は2年続いた。それまでに、私の体験のことや、もう一度会えるチャンスを願っているということを母に打ち明けた。母は、私はきっと「ＥＳＰ（超感覚知覚）」と呼ばれるものを体験したのだと言った。彼女は地下室の階段の下の本棚に置いてあった１９６０年代の古びた本を見せてくれた。背表紙に大きく「ＥＳＰ」と書かれた本を見て、私の胸は躍った。それは、ハロルド・シャーマン氏の『超感覚ＥＳＰの世界』という本だった。[3]

この本を読んでからは、ＥＳＰの練習をし始めた。10代の頃に明晰夢を見ることに成功するまで、最初のとき以外には体外離脱体験をしたことはなかった。しかし、あることで大きな成功を収めることになった。シャーマン氏がこの本で紹介したＥＳＰの一つに、「テレパシー通信」のやり方がある。これを当時の親友エリックと一緒に試すことにしたのだ。ある晩、ベッドに横になった私は、エリックの顔を思い浮かべた。彼の学校の写真、笑顔の写真、笑顔ではない写真、とにかく色々な彼のイメージを思い浮かべてみたのだ。同時に、心の中で「エリック、君は真夜中に目が覚める」と言い続けた。これが本当にうまくいったことを証明するためにはもう一つ何か付け加える必要があると考えたので、「よし、エリック。君は真夜中に起きて、金色のなにかについて考える」と言い換えてみた。翌朝、学校の食堂でエリックに、私がしたことについて何も話さずに、眠るときどうだったか聞いてみた。この質問にエリックはビックリしていた。実際に、彼は真夜中に急に目が覚めてしまい、部屋の中に幽霊がいるような感じがしたと言っていた。「起きたとき、何か考えなかった？」と聞いてみると、彼

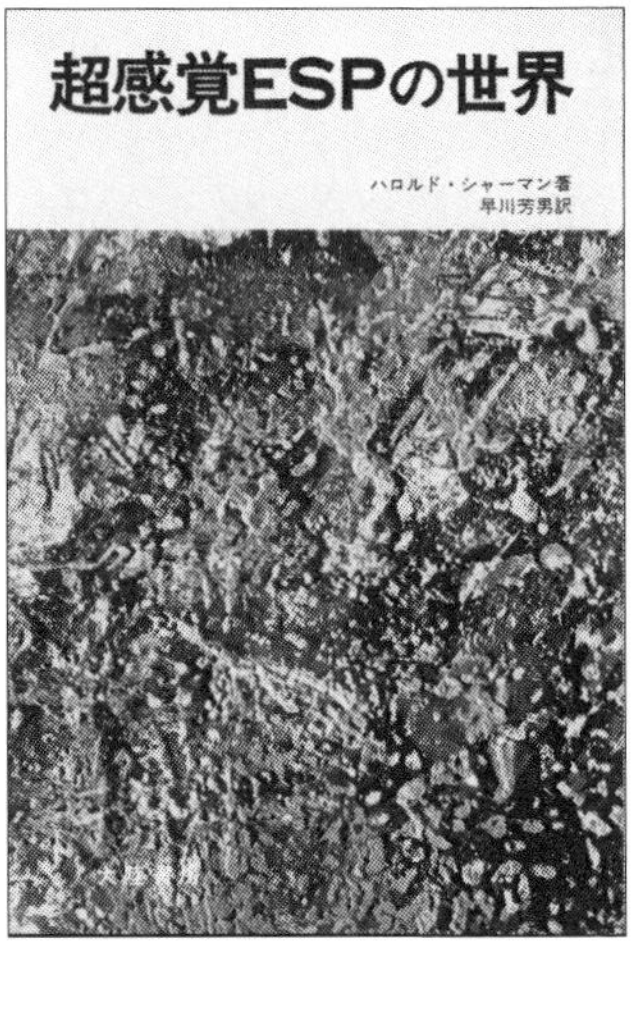

は「腕時計を見たいと思った」と言った。おそるおそる、「君の時計の色は何色だい？」と尋ねた。「金色」と彼は答えた。子供心にも「すごい発見をしてしまった！」と思って、前の晩にテレパシーの実験をしていたことを明かした。ちなみにエリックは私が毎日授業中にまでESPの本を読んでいたのを知っていた。先生対策として、「自由学習用」と書いた白い紙のカバーを表紙にかぶせていた。まあ、ちゃんと宿題をやっていれば、学校内で自由に本を読んでもいいことにはなっていたし、私はいつも宿題をやっていた優等生だった。

この実験の成功もあって、私はエリックら数人の友達で「心霊クラブ」を作ることにした。集まったグループでは、シャーマン氏の本に書いてあった瞑想をしてから、最初に頭に浮かんだ情報についてを発言するという実験を行った。頭に浮かんだ情報であれば、どんなにそれが普段は見逃してしまいそうな微《かす》かな情報であっても、必ず発言しなければならないというルールを作った。そして、私はいつも彼らの頭に浮かんだ数字を正確に言い当てることができたのだ。特に、適正な瞑想状態に入ったときは、迷わずにズバリと答えられた。友達が嘘をついて私を騙そうとしてきたときでさえ、騙し方を先に暴いてしまったりもできた。そのとき彼らは私に嘘の数字を選ばせようとしていたのだが、私の頭の中にロックンロールのライブステージの光景と大きな「7」の数字のイメージがちょうど飛び込んできて、おまけに彼らは隠れて何かを囁き合っていたものだから、私はすこし怒った声でこう言ってやったのだ。「おいおい、お前らが選んだ番号は7だろう！」きっと「スゲー！」といったリアクションが返ってくると思っていたのだが、私のあまりの鋭さに気味悪がって、引いてしまったようだった。結局、心霊クラブはそのまま解散してしまった。

数年後、ＥＳＰの本の著者であるハロルド・シャーマン氏の正体が、政府と軍が行っていた「直感プログラム」に関与していた希少人物の一人であることが判明した。私ができたような超能力のようなことは、実は訓練すれば誰にでもできるということも。この初期の秘密超能力チームには、あの超能力者インゴ・スワンや物理学者ラッセル・ターグ、ハロルド・プットフ博士も所属していた。このプログラムは人間が精神力で遠くのものを透視することができる「遠隔透視（リモート・ビューイング）」の能力を開発するプログラムとして知られている。しかし、ほとんどの透視者も、プログラムの誘発者たちでさえも、透視の対象となる人物が何者なのかを知らされていなかったのだ。これは「二重盲検法」と言われるカンニング対策の手法らしい。それにもかかわらず、最高レベルの遠隔視ができる人は99％の正確さを達成していたそうだ。私は幸運にもシャーマン氏のＥＳＰの本でそのやり方を知ることができたし、その後１９９６年には機会あって基礎トレーニングの残りも受けることができた。それによって驚くべき結果が得られた。私の場合、覚えた手法を使って、自分の魂のより高い領域から得られた情報を、書き言葉にすることができるようになったのだ。書かれた言葉は、驚くほど霊的な予言にもなった。昔流行ったノストラダムスのように、未来の予言ができるようになったのだ。

## 子供の頃の奇妙な体験（夢の世界は自分の心が作った構築物）

若い頃の私が奇妙な体験を数多くしていたことについては、著書『アセンションミステリー』に詳しく書いたが、その作品では1992年以降に起きたスピリチュアルな出来事についてはあまり触れることができなかった。個人的には1992年以降の話の方がはるかに興味深いと思われるのだが、それらを適切に検証するには多くの科学的データや文書が必要だった。つまり、もっと本を読んで研究する必要があったのだ。『アセンションミステリー』の後半では、セキュリティ・クリアランス（機密情報取扱適格性）を持つさまざまな内通者たちから私が学んだことを記していった。内通者の中には、米国大統領が知りうる情報より35段階上の機密情報を知る人物までいた。結果、UFOの話は笑い事ではない、大真面目な事実であったことが分かった。これは、1989年から1990年にかけて明晰夢の中で宇宙船に乗り込んで大気圏上層部に突入したときに感じた私の体験と比べ、印象がまったく異なる話だった。そのときの私は別に宇宙船に乗ることを望んで眠りについたわけではないのだが、私は夢の中でふと気づくと超先進的な技術の宇宙船の中にいて、とても親しい仲間たちと談笑していたのだ。彼らの星に遊びに行ったこともあった。そこでは磨き抜かれた純白の巨石で作られた建築物が立ち並び、ピラミッドやストーンヘンジのような巨石サークルや、ドーム型の建物など、実に珍しく美しい光景があった。人々は皆私に親切にしてくれて、珍しい訪問者であった私を歓迎してくれた。

だが、私の中にもまだかなり懐疑的な部分が残っていた。ラベージ博士は、「夢の世界は自分の心が作った構築物」だと言っていた。それで私も自信を持って、宇宙船で出会った人々に面と向かって「君たちも全部、僕の想像の産物だね」と言ってしまった。それでも彼らは礼儀正しく、私に微笑むだけだった。その後、私の霊性や将来の運命などについても話してくれた。こんなことを言っても、あっちこっち見回してみても、彼らは消えずにずっと残っていた。だから私もそのまま、私の「潜在意識の産物」との会話を楽しもうと決めた。その「古き人々」は、私にたくさんの質問をした。私の話に耳を傾け続け、私の考えの矛盾を優しく指摘してくれた。愛情深く、辛抱強く、寛容で、まるでセラピストと話しているようだった。彼らは、私がマリファナを使っているかどうかを尋ねてきた。私は当時、周囲の人からの執拗ないじめによってPTSD（心的外傷後ストレス障害）に苦しんでいた。本当に、終わりの見えない最悪な日々だった。同じクラスの生徒から、私の高い成績にしつこく嫌味を言われたこともあったり、リハビリ団体からは非常に深刻な心の傷を負っているにもかかわらず、自己回復傾向にあると診断されていたのだが。とにかく、この「古き人々」との会話が、「大学で心理学を専攻する」という私の決心に大きな影響を与えたことは間違いない。

## 本当のことを知るとき（明晰夢の中でのUFO体験）

『アセンションミステリー』では書かなかったが、最近の内部事情説明の中で私は、子供の頃からの神秘体験の数々を統合する「一本の黄金の糸」を見つけ出すことができたので本書に記すことにした。例えば、私が幼い頃に夢遊病みたいに妙なことを喋りながら、家の中を歩き回っていたことがあったが、それまで理由が分からなかった。子供の頃、「惑星Z」行きの宇宙船に乗せてもらうという内容のお話を書いて、クラスで結構な人気になったのだが、これに意味があると知らなかったのだ。その惑星Zから来た知的生命体の絵が、グレイ・エイリアンに酷似していたことも。クローゼットの中に、背が3メートルちかくある大きな目をした人間の等身大の絵を描いた動機も。なぜこの存在が、私の友人だと感じたのかという理由も、分かっていなかったのだ。昔、母は一度だけ、夜に目を覚ますと小人が部屋から出ていくのを見て、パニックになって部屋から飛び出したことがあった。なぜ母は、私の兄のマイケルを妊娠していた間、私の夢に出てくるのと同じ宇宙船を自分の夢でも見たことがあったのだろうか。

子供の頃、なぜ夜中に何度も、生死に関わるような激しい熱で目を覚ましたのだろう。そうしたとき、なぜいつも物凄い耳鳴りがして、大きな声で叫ばないといけなかったのだろうか。熱にうなされながら、この世界が幾何学的パターンで構成されているという幻覚を何度も見たのはなんだったのか。私が夜中に何度も目を覚まして、シャワーを浴び、教科書をカバンに入れて、シリアルとミルクを食べて、玄関から出て学校に行こうとしたら、外は真っ暗だったのはなぜなのか。そしてなぜ、こんな奇妙な事が一度ではなく、何十回も起きたのだろう。なぜ私は時間も空の明るさも見ずに、トランス状態のまま外へ出たりしたのか。

なぜ年を重ねるにつれ、夢で会ったあの老人にますます親しみを感じるようになったのだろうか。なぜ彼の知的で愛に満ちた存在感を、いつも身近に感じていたのだろう。なぜ16歳のときに「新思想」の詩を書くよう私を駆り立ててくれたり、1989年10月6日からは物語を書き始めるように導いてくれたのか。なぜ私は、これほど多くのUFOの夢を見たのだろうか。

なぜ私は科学、天文学、DNA、ボディーランゲージ、ESP、手相占い、タロットカード、シャーマニズム、古代文明などの「世界の神秘」に関する本を読むように誘導されていたのか。なぜ私は、明晰夢の中でUFOに何度も迎えられ、あの老人と同じような格好をした親切な人々と会い、私の精神性や人類の運命について語り合ったのだろうか。私が大学1年生のとき、なぜ私は自分が人間の身体で生まれ変わった地球外の魂であるという3つの短編を書いたのだろう。ここまでは『アセンションミステリー』でも触れた通りだ。

## 裏技（すべては一本の黄金の糸で結ばれている）

『アセンションミステリー』を読んでくれれば、ESPクラブを始めた友人がどれほど酷く私の魂を滅多打ちにしたかが分かるはずだ。15歳のときにマリファナを始めてしまった私は、自殺願望から脱するためリハビリに励むことになったり、交友関係が全く変化してしまったりしたが、それらの経験については本書で改めて語ることはしないでおく。もう私が大麻を使い始めて数カ月後で40kgちかく減量したことについて話すつもりはない。大学2年生のときにリハビリ団体の助力によって依存症を克服した経緯についても、ここで再び話す必要はないだろう。要はただ、生き延びたかっただけなんだ。

前作で言わなかった大事なことといえば、母が先に止めたことで私も止める気になれたということだ。母と私が直面した様々な困難については前の本で語った通りだが、私たちはお互いを癒し、信頼し合い、思いやりを与えあい、支え合うことができる素晴らしい関係へと進むことができた。母は私が幼い頃から起きていた異常な出来事や話を十分に受け入れてくれた。2009年から2013年までは母と一緒にアメリカと海外で毎月カンファレンスを開いたりして、母も音楽家やゲストスピーカーとして活躍してもらった。

私が立ち直ってからはすぐに、自分の夢を思い出して毎朝ノートに書き留める習慣を始めた。薬物なしの生活で幸せを再び感じられるようになるまでには、数カ月の期間を要した。自分の夢を記録し続けなければならないと強く感じていた。その中に隠された深い意味については、まだ理解していなかったのだが。初めのうちは悪夢ばかり見ていたし、また薬物に手を出してしまったこともあった。目が覚めて、夢だとわかった時は、ひどく安心したものだ。これらの夢については、次の章でお伝えするとしよう。

薬物を断ってから約5カ月後の1993年の2月、私の親友がくれた情報によって私の人生が大きく変わることになった。彼の恩師だった物理学部長の教授が、「UFOは実在する」とクラスで公言したのだそうだ。どうやってUFOが本物だと知ったのだろうか？　実は、彼は1970年からずっとNASAの上層部で働いていた経歴がある。上層部では、誰もがロズウェルのUFO墜落事件についての真実を知っていた。当然、他の墜落事故のことも知っていた。コンピューターの回路などの1947年以降の現代技術革命の多くが、宇宙船の中から「リバースエンジニアリング」されて発明された技術であることも、当然の如く知っていた。

このインサイダー情報暴露によって、UFOに引き上げられた明晰夢や、後に短編小説として書き記そうとした神秘的な夢のことや、あの老人のことなども、単なる私の妄想では無かったことが分かったのだ。本当に、とてつもなく重要な出来事だったということを分かっていただきたい。意識、夢、明晰さ、霊性、古代文明、ピラミッドのような古代の石造物、そしてUFOの間にはすべて、一本の黄金の糸で結ばれた関係性があったのだ。

私が最もよく覚えている10代の頃の夢といえば、地球外生命体が住む地下施設に誘い込まれ、閉じ込められるという内容の夢だ。その中には、十代の少年少女にある種のマインドコントロールを施すための技術を使っている者も登場した。私はその施設で一人の女性と友達になった。

私はそこを脱出できたが、彼女はできなかった。私は制御室にたどり着くまでにSF映画に出てくるような戦闘シーンも経験した。無から宇宙船を出現させたり、バトルスーツに瞬時に着替えたり。とても面白い夢だったので、友人のジュードは実際に映画にしたいと言って、絵コンテを作成したりもした。私は短編小説という形で台本を書いたのだが、出来上がった後は結局収納ボックスに入れてから、それっきりになってしまった。全部で１０２ページもある話だった。

## 17歳のとき、私が書いた短編小説の原文から抜粋

ここに、主人公が敵の制御室に侵入し、最後に軍の悪役と対決するという、私が当時書いた物語の重要シーンを原文のまま転写することにする。当時、私はまだ17歳の高校生だったので、下品な言葉遣いや思春期特有の不安定さが見えるかもしれないが、そこは大目に見てほしい。この文章を書いていた頃は、将来に地下基地とか、地球外生命体とか、政府の陰謀とか、アセンションなどの知識を一生かけて学ぶことになるなんて、まったく想像もしていなかった。今では、この夢は単なる夢ではなく、後にもっと多くを知ることになるための、非常に現実的な情報についての洞察であると感じている。ここで「彼」と呼ばれているのは主人公である「コ

リン・ジェームズ」であり、私自身を投影したキャラクターだ。

『ドリルがスプーンをゼリーの中に押し込むように簡単に扉を貫通した。約15フィートもある分厚いドアが貫通した！　やっと部屋に入ることができた。その時に見た光景に呆然とした彼の心には、「なんだこれは！」という言葉だけが浮かんでいた。そこはなんというか、神々の会議室のような部屋だった。円形の玉虫色の照明が側壁に取り付けられ、部屋は驚くほど明るかった。奇妙な生き物や機械の彫刻が部屋を飾っていた。壁は白く、金属製のようだ。床は緑のじゅうたんで覆われていた。異様な形の鉢には背の高い緑の植物が植えてある。部屋の中央には机と椅子が並べてあった。椅子は今まで見たことのない形だったが、柔らかいクッションがとても快適そうに見える。机の上は板ガラスの層で覆われ、その下には文書が置いてある。机の前には、白髪の老人が座っていた。彼の目は威厳があるものの魔王の威光を放っていた。

彼は堂々としていて、年の割には力がありそうだった。「座るといい」と彼は椅子を指してコリンに言った。コリンは緊張しつつも言われたように椅子に腰かけた。宇宙服のロボット部分が椅子の中に押し込まれる。彼が椅子に座っている間、男は鋭い視線を向けていた。老人は話し始めた。「君は、一体何を考えてるのかね。ここに来てから、私の仲間を殺し、今度は私の船を破壊しようとしている」コリンの方に頭を傾け、目を細めた。「では、これだけは教えてくれ」彼は考え深げにコリンを見つめながらそれとなく言った。「君を幸せにするために、何をしてあげればよかったのだ？　君には、必要なものを何でも提供したはずだ。宿泊する場所、食事、妙齢の女性、楽しいパーティー。君の欲しい場所に住むには、まず自分の心で自分の居場所を作らねばならない。』

「私たちは君にもう一度チャンスを与えた。これまで手にしたことのないゲームを毎日プレイすることもできただろう。欲しいものは何でも手に入れただろう、少年よ。一体、何がそんなに不満だっていうんだ⁉」「君は私の船を破壊した。理由は何だね？」コリンは立ち上がって、彼の額に反物質マシンガンを向けた。「よく聞け、クソ野郎」コリンは目をギラギラさせて言い放った。「俺の人生をどうしようが、俺の勝手だ。よくも俺を奴隷にしようとしたな。俺がお前らみたいな何も自分で考えないロボットになりたいとでも思ってんのか？　何も見ない振りして、一日中羊みたいに働いて。俺は何でも作れるんだ。止めてみろよ、この野郎！　誰も俺を止められない。お前がどんなお偉いさんであろうが、関係ないね。俺を閉じ込めようとしたら、宇宙の力でもなんでも使ってお前をブチのめしてやる」

コリンは堂々と言い放った。自分の子供っぽさに気づいても、ここまで悪態をついても、本当に、本当に、気分は晴れやかだった。言ってやったんだ。引き金を引いてこの男を撃つ準備はできていた。どんな反応をするかだけ、待っていた。「つまり、君は一人前の人間になりたいのだな」男は言った。「自分の力だけで歩んでいきたいのだな。結構だ。ここにいる人間の多くは、好きなように仕事をしているぞ。教師になる人もいれば、工芸をする人もいる。私たちと一緒にいてくれないか？　望みのものは何でも用意するぞ」

「違う」コリンは言った。「俺は自由が欲しいんだ」銃の引き金を引いた。反物質の爆発で机は粉々になった。しかしその男の姿は、目に見えない椅子に支えられているかのように、まだそこに座っていた。実に奇妙な光景だ。彼の腕は、まるで机の上に肘を置いているかのように空中に止まっている。その男の顔は不気味にニヤニヤしていた。「よくやった、コル」と彼は言った。「チッチッチ。ただのホログラムだよ。残念だったな。私を殺せば全て収まると思っていたのか？　そんなに簡単なものじゃないのだよ、少年よ。ここは最後の部屋だが、ここから出られるかな？　部屋はいくらでも再生できるぞ。果たして脱出できるかな？　さあ、もう疲れただろう。もう戦う気力もあるまい。ここで私たちと暮らしたらどうかね。君の創造力は並外れているからな。君にできることが、ここにはたくさんあるのだから。指導者の立場に立てるのだぞ、ジェームズ君。楽しい仕事が山ほどあるぞ。やりたいことがなんでもやれるのだ。ぜひともやってみたくはないか？　ここを出れば、また退屈な学校と悩ましいニキビ面が待っている。お前のその才能を活かしてみたくはないのか？」

コリンは冷静だった。自分が何をすべきか知っていた。欲しいものだったら、何でも創れるんだ。彼は身をかがめ、心の中で自分自身を創造し始めた。もうその男や、その華麗な部屋など関係なかった。あたりが暗くなり、完全に静かになった。コリンは、自分自身を神のように創り直した。惑星上の文明の生命と、運命とを制御する能力を持った。さらに能力を高め、自分用に霊的な体を作った。彼は海を流し、山を動かすことができる存在となった。

彼の体はどんどん大きくなり、きらめく星のような光の点が、銀河のように網目状に張り巡らされているような姿になった。成長するにつれて、網はピンクから青、緑からオレンジへと色を変え、最後に白に戻った。極大化した彼は、暗闇を見つめながら宇宙に浮かんでいた。すると、自分が何をしなければならないかが解ってきた。頭の中には、2つの巨大なスクリーンと巨大なコントロールパネルを備えた、大型コンピューターが浮かんできた。彼はそれを、宇宙を形作るためのコンピューターにしようと決めた。それは宇宙を「修正」するため、そして新しい世界を作るために使うのだ。

コンピューターが彼の前に現れた。彼はタッチ感応式キーボードを使って今回の件に対する解決策を入力し始めた。「＞画面左に地球のイメージ図を表示」と彼はタイプした。すると青い海と渦巻く雲を持つ美しい地球の3Dホログラムが、スクリーンの左側に現れた。「＞異物を分離、星間軌道に乗せる」と彼はタイプすると、弾丸の形をした宇宙船が地球の周りの軌道上で周回している映像が現れた。「＞人類を除去、宇宙から保護。宇宙船を元の位置に戻す」黄色のエネルギー場に包まれて、地球から数多くの人々が浮き上がって来た。宇宙船が隕石のように素早く太陽系を後にして飛び去って行った。船は夜空で最も明るい星へと落ちていった。コリンさんはこの巨大な星が、何十億もの銀河を含む超銀河団である「おとめ座」だと特定した。

「面白いな」と彼は思った。彼はまた入力を再開した。「＞画面左に新規プログラム画面を。新太陽系を作成。地球の構成。ただし地球上に人間の作成は無し。代わりに新しい文明を育む肥沃な大地を設置。そして新文明が発展。宇宙船から新惑星へと人類を移送。場所は西半球」ここで良いアイデアがひらめいた。彼はその新しい惑星を、戦争もお金も法律もない「楽しい惑星」にしようと決めたのだ。人々を彼が以前住んでいたニューヨーク州の山岳地帯に帰還させ、古い宿泊所のような中程度の避難所を作って移動させた。彼は地球上にあらゆる種類の喜びを生み出した。そこでの楽しみは尽きなかった。彼は自分自身をその惑星に移住する準備をした。「〈コリン・ジェームスを元の姿にして転送。ニューヨークに配置」彼は「RETURN」ボタンの上に指を置いて、コマンド入力の準備をした。』

この物語を書き終えた私は満足してしまい、その後二度と読むことはなかった。何人かの友人が読んだあとに、とても感動していた様子だった。大学2年生のとき、元NASAの教授が言ったことと、この物語について考えた。この物語はただの夢ではなかったのかもしれない。政府（この場合はNASA）は本当に、実際に、重大な秘密を隠していたのだ。この発見によって私はUFO研究への情熱に火がつき、それは今日に至るまで続いている。そして成功を収め、私は世間に広く知られるようになった。何百万人もの人々が私の作品に影響を受けている。私の仕事が、人々の人生を救ったと感謝されたこともたくさんある。しかし、これまで私は世間からの嘲笑を恐れるあまり、完全に腹を割って話をすることはできなかったのだ。私は、皆様に真実を知っていただきたい。この物語の中に、あなたにとっての繋がりを見いだしてほしい。そしたら、面白い疑問が次々に湧いてくるはずだ。あなたがかつて当たり前だと思っていた現実は、実は夢だった。これから「自分自身の内側で、目を覚ます」ことになる。

# 第2章 シンクロニシティ、夢、原型

## 夢の資源活用と時間回帰現象《タイムループ》

第1章でお話ししたように、明晰夢の実践によって私は夢の世界の虜《とりこ》となった。明晰夢は非常に素晴らしい経験ではあるが、十分経験したらもうやり続ける人は少ない経験でもある。なにしろ、見るまでに結構な練習が必要だからだ。成人した人にとっては練習の時間を作るのも一苦労だと思う。お勧めしたいのは、朝の夢を覚えて書き留めることだ。書かれたことが直接霊的な指標や予言などにはならなくとも、後で必ず役に立つだろう。私にとって夢は最も優れた霊的情報源だし、夢は誰にとっても共通の体験で、よって学び方も統一できるし、誰でもこれを資源として活用できるとみている。私は27年前から夢を書き残すようにしているし、以来できるだけ漏れなく記録するようにしてきた。私はこれまで夢という言語の解読と使用法について詳しく書いたことは無かったが、この言語が人類普遍のものであり、個人的な経験が夢の中で象徴的なメッセージとして現れることも、そのメッセージを識別できるということも、証拠は十分にあるのだ。練習をしていくうちに、夢によって人生が大きく変わっていき、きっと驚くことになる。

本書の執筆にあたり、私は1992年から1996年までの間に書いた夢日記を引っ張り出して読み漁った。ほとんどは、書いて以来初めて目を通したものだった。自分の仕事のうち、陰謀や宇宙科学などの特定分野にだけ夢中になってしまっていた時期があって、これまで夢日記を読み返す暇もなかったのだ。2019年に本書を執筆中、ノートを読み返していたら、人生で今起きていることが1992年から1996年にかけて正確に予測されていたということもあった。「時間回帰（タイムループ）現象」とも言うべきこの現象に、思わず唖然としてしまったほどだ。

遠隔透視聴者たちは皆、人間の意識が時間という枠組みの外側にも存在していると結論付けている。今のところ、この種の現象については単なる幻かなにかだと思われてしまいがちだが、そう遠くない将来には、「誰もが夢の中で未来予知をしている」ということが一般人にも知れ渡るようになるだろうと確信している。やることは、自分の夢を書き留めておくだけでいいのだ。そうすれば正確な未来の予言をしていることが分かり、さらに興味深いことが人生に起こるようになってくる。どんなことが起きるのか？　それでは、いくつか説得力のある例を挙げていくことにしよう。

## シンクロニシティの頻発（私は歩くシンクロニシティ製造機）

まず、「意味のある偶然の一致」という意味の「シンクロニシティ（共時性）」という現象がある。1993年に初めて本格的にUFOの研究を始めたときから、いや、それ以前からも、私の人生は不思議なシンクロニシティの連続だった。ずっと本を読んで過ごしていて、ふと、いま何時かなと思い時計を見ると、数字のゾロ目を目にすることが頻繁にあった。最も一般的なパターンは11：11と3：33だったが、他にも1：11、2：22、4：44、5：55、12：12などもよく見た。あと、1：23や12：34のような数字が順番に並んでいるパターンもよくあった。

実は、これらの数字が現れる頻度によって、自分がどれだけうまくやっているかを測ることもできるのだ。研究に没頭していると、一日に5つものシンクロニシティ・ナンバーを見ることも珍しくない。数字は、スコアボード、レジ、車のナンバープレート、屋外時計、ビルボードなど、ほぼどこにでも表示された。それと、ほとんどの場合、「あそこを見ろ」と意識が促された気がして見たら、数字が表示されているのを見つけるものだ。私の目が勝手に動いた先には、大抵そうした数字があった。

車の運転をするようになってからは、何回もメーターの数字がゾロ目になっていたのを見た。GPSナビが主流になるよりずっと前の時代でも。たとえば車でどこかへ行こうとして、間違った方向に曲がってしまったので、その辺の店で途中下車し、別の道から行こうと考えて、目的地に着いたあと家に帰り、路上駐車してエンジンを切るまでの間に、走行距離計には3桁、4桁、5桁のゾロ目数字が何度も何度も現れたりした。このようなことが1回だけしか起こらないのであれば「お、珍しいな」くらいにしか思えないだろうが、月に2～3回の頻度で起こると、否応なく注意を引かれてしまうものだ。他にも私が運転していて突然メーターを見たくなるような衝動に駆られたことがあって、見るとゾロ目の数字が表示されていたりなどもよくあった。

前の本でも述べた体験だが、私は食料品店へ買い物しに行ったときに、信じられないようなシンクロを経験した。その日向かったお店はロビンズ・フード・ウェアハウス。その時に書いたメモを見てみると、1996年4月21日のことで、当時菜食主義者だった私は米と豆しか買わなかった。私は買うつもりだった乾物をビニール袋に詰めて重さを測った。そのうちの少なくとも二つはちょうど0・99ポンドになった。もちろん、わざと狙ってやったのではない。他の商品の価格も、3桁のシンクロニシティ数になった。この日は20ドルしか持ち合わせがなかったが、総計はちょうど19・99ドルだった。家に帰る途中、ノース・オヒオビル通りにある交差点に着いたとき、メーターにゾロ目の数字が表示され、時計も5：55になっていた。さらに奇妙なことに、1996年9月「19日」に同じ店に行ったときにも、まったく同じ種類の連続シンクロが発生したのだ！　その時も米を適当にすくって重さを測ったら、ちょうど0・99ポンドになった。代金は「19・19ドル」になって、小切手に書いた日付も「19日」だったのに気づいた。それから、帰る途中のまったく同じ交差点のところで、メーターが13044になっていて、ガスのメーターのところに333が表示されていた。もうこうなったら夜にこの交差点まで戻ってきて、UFOが来るのを待ってみようかとも少し思ったが、そこまでする元気はなかった。同じ週の週末、私は初めてニューヨーク市へ行くことになっていたので、バスの予約をしていた。乗る予定だったバスは午後5：55　ちょうど出発だった。こうした不思議な出来事は、私が善良な地球外生命体とのテレパシー交信ができ始めるようになる2カ月も前のことだった。

もっと笑ってしまうような体験もある。その次の日、友達と一緒にCDを録音していたときのことだ。録音作業を終えると、友人はCDの再生時間がちょうど55分50秒、つまり「55：50」だったことに気付いた。友人は、このシンクロの意味はおそらく、私達にこのCDをラジオ番組で放送してもらうべきだとと言っているのだと考えた。そこで時計を見たら、なんと「5：55」だった。彼は完全に茫然としてしまった。私はあまりの出来事に思わず吹き出してしまい、「もう自分が偉大な神の一部だと知らせるためにシンクロニシティを起こすのは止めてくれないか」と、正直に思ったことを口にしてしまった。そう言った途端、頭上を大きな鷹が飛んでいったのだ！　友人をさらに驚かせることになってしまった。以来、私は「歩くシンクロニシティ製造機」と呼ばれるようになった。

他にもシンクロニシティ話は山ほどある。音楽の仕事に行くために運転していたときのことだ。バンドでドラマーをやっていたのだが、私は遅刻していたことから少し焦っていた。その頃はやりたいことができる時間がなくて、少しイライラしていることが多かった。今なら言えることだが、もっと瞑想して心を落ち着ければ、ストレスなど感じず、人生をそれほど深刻に考えないようにできたのだが。このとき時計を見ると、またも数字が連なっていた。同時に雨が降り出した。それまではまったく降る気配は無かったのにもかかわらずだ。このとき、私はシンクロニシティの意味を「読めるようになる」ことが大事だと知った。シンクロニシティに向き合うにあたり、極めて重要なポイントだ。シンクロニシティはただ意味無く起きているわけじゃない。シンクロニシティが起こる直前に何かを考えていたのなら、それはとても重要なことなのだ。これに気づいたおかげで、シンクロニシティが起きると慌てずに「大丈夫、大丈夫」と思い、いつものように落ち着いて振る舞うことができるようになっていった。それにしても、これだけシンクロニシティが頻発していたこともあって、何も起きずに1～2日以上経つとかえって心配になっていたほどだ。もしシンクロニシティがないと、私は自分が「オフ」になっていると判断していたのだった。高次元と繋がっていないのではと心配になってしまうのだ。そんな時は、「自分はもっと精神統一すべきだ」とか「もっと瞑想をして霊性を追い求める姿勢を思い出すべきだ」と自分を奮い立たせるようになっていった。

## 夢でのお告げ（予言的ガイダンス）

1992年9月21日、私は19歳でやっとドラッグ中毒から抜け出して、普通の人生を歩めるようになってきていた。だが私は明らかに、夢を通じて日常的に「高次の自己」から直接メッセージを受け取っていた。だから、同年10月23日の朝、大学ノートにそのメッセージを書き残すようにしようと思ったのだ。夢の中で使われている言葉を解読するのには時間がかかったが、いろいろな本を読んでいたことや、日々の練習の繰り返しによって、次第にその意味が分かるようになってきたのだった。最終的には、95～98％の夢が何を言わんとしているのかが分かるようになった。年月が進み、夢の研究も深まっていった。夢は私の本で覚えたことや勉強していることに対して、更なる新しい洞察の機会を与えてくれた。夢の中で私は、自分の身に起こる可能性のあった脅迫や不測の事態を何度も何度も知らされ、それらを回避してきたことで、有益な仕事関係や人間関係を構築することができたし、目標をいくつも達成することができた。他人に騙されそうになったときはいつも、夢のお告げによって相手の真意を知ることができるようになった。

　自分の夢を記したノートは、だいたい毎月読み返すようにしていた。そこには未来の予測がなされていたことも、だんだん分かってきた。夢は無数にある人生のさまざまな課題にうまく対処していく方法

を、一貫した「予言的ガイダンス」という形で提供してくれているのだ。私の人生に侵入して支配してやろうという輩に対しては、私は常に夢の中の「高次元のお導き」に従うことで、抜け道を発見することができた。この本の後半では『一なるものの法則』シリーズの重要性を探求していくのだが、私の一番好きな一節をここに引用しよう。「ほとんどの人は、愛することと支配することの区別がつけられない」何度この言葉を噛み締めるような経験をしてきたことか。

1998年、私はUFO研究者として、作家として、ラジオDJとしての仕事に身を投じていた。日々、軍隊のような切り詰めたスケジュールで生活していた。そんな多忙な生活を送っていても、私は常に「人類全体のために自分が何ができるか」を念頭に頑張っていた。誰かと長話をしていると、そう表立って態度に出さなくとも、「こんな長話は時間の無駄だ」と感じるようになっていた。大学を出てからは、表向きの友人の数も減っていった。新しい友情と言えば、高い機密性の魅力的な情報を伝えてくれる内部関係者との間くらいだった。めったにテレビや映画も観なかったし、買い出しなどの必要な用事以外はどんな理由があっても家を出たくなかった。

私はカルマ（因果律）を経験していた。カルマについては、シンクロニシティの中でもネガティブなことばかりで、苦痛が伴う部分だ。それは瞬間的にやってきて、避けることが難しい。怒り、嫉妬、支配、独占、操作、嘘、盗みなどの負の行為を全部「避けて」生きていけると本気で考えている人がいると、心底驚く。それと、人に迷惑をかけているというのに、自分自身の行動がどんな結果を生みだすのかを全く考えていない人が多いということも痛感した。心の幸福と安寧が壊されるとき、そういうときは大抵、予期せぬ事故や重い病気などで、更に心を動揺させてくる出来事が続くものだ。友人や同僚から激しく口撃され、心身共に衰弱して、「もう死にたい」と思ったこと、自分の運命を呪ったこともあった。カルマとは、このように明白で否定できない形で現れるものだ。オリンピック選手のような正確さと集中力を持っていれば、カルマ・ゲームをクリーンにプレーできるのではないかと思っていた時期が私にもあったし、常に全力で手を尽くしていた。だから何年もの間、私は他人との間にうまく壁を作ることに全力を尽くしていた。それはただ、「相手を怒らせたくない」という想いからだった。人を怒らせたら、自分のカルマがより重くなってしまうと思っていたのだ。しかし、それは最悪の決断だったことが証明された。私はそれ以来、統合への道を探り続けている。

## 夢と急速眼球運動（R.E.M）

私が初めて読んだ夢分析について語っている本は、スティーヴン・ラバージ博士の『明晰夢―夢見の技法』だった。[4] その次に、この本の後編ともいえる『明晰夢の探求（原題：Exploring the World of Lucid Dreaming）』を読んだ。[5] ルバージ博士の本では明晰夢の練習法だけでなく、従来型の心理学とユング系の新しい心理学の両方の観点から貴重な概観が提供されている。典型的な認知科学者が振りかざす理論とは著しく異なるものだ。大学の心理学の授業だけでなく、独自にカール・ユング博士の本を読むことで、私は知識を更に深めていった。

ところで、「自分は夢を見ない」と思っている人は驚くほど多い。誰もが一晩に平均2回から3回夢を見ていることは、今では一般的にも知られている事実だ。寝ている人の目を見ればそれがよくわかる。夢を見ているときの人は、まぶたを閉じたまま眼球

がぐるぐる回っているのだが、この現象を「急速眼球運動（R．E．M）」という。ほとんどの人は、朝のけたたましいアラーム音や睡眠不足によって、質の高い夢のデータを実生活に活用することができていない。本来なら自分の身体が起きたいときに起きるのがベストであって、目覚まし時計は最後の予防策にした方がいい。私は目覚まし時計が鳴る直前に目が覚める体質なのだが、それもあって夢見の練習もしやすかった。

こうした認知科学者の多くは、夢とは単に脳が記憶の取捨選択をしているだけだと考えている。確かに、その日の早い段階で起こった出来事について夢を見ることが多いが、経験がそのままリプレイされるのではなく、不可解なほど象徴的な形で表れるし、しかも事実とは異なっているなど、矛盾に気づく研究者も多い。そこで、夢とは前日の経験や考えていたことを短期記憶から長期記憶に移していく過程だと結論付けて、もう考えないようにしている研究者もいる。こうして夢の中で起こる奇妙な象徴的性質は、ずっと無視されてきたわけだ。夢は生存競争のために記憶を整理している脳の、無駄なお喋りをしている部分とだけ解釈され、それで片付けられているケースが非常に多い。

## 催眠暗示（潜在意識への指示）

反対に、ユング心理学（分析心理学）では、夢はより興味深い題材として扱われている。心理学者たちは催眠療法の魔力に魅了された。催眠療法によって人は、催眠状態にある人に命令を下すなどして、「暗示」をかけることができる。7歳のとき、私は催眠に関する本を読み始め、同時にESPに関する本も読み始めた。その年、兄と私は、父がぐっすり眠っている間に「ソーセージとマッシュルームのピザを買ってきてくれ」と説得したらどうなるかを検証することで、催眠術の効果があることを証明したことがあった。父がソファで寝ている間、耳の横で音量を最小にしたトランシーバーを置いて、ソーセージとマッシュルームのピザの美味しさをアピールする「暗示」をかけてみたのだ。そして、父が目を覚ますと手を合わせて「なあ、みんなでソーセージとマッシュルームのピザを食べに行こうよ」と実際に言った。もちろん、催眠暗示をかけられた人は目を覚ますと「暗示」のことを忘れているのだが、目に見えない抵抗できない衝動によって、与えられた指示を実行するようになるのだ。いったん催眠状態に入り、新たな指示を与えられた場合は、それまでにかけられた暗示の上にさらに暗示がかかることになる。「夢遊病者（somnambulist）」という言葉には、文字通り「睡眠歩行者」という意味がある。そうした人たちは、完全に眠った状態のままで歩き回ったり言葉を発したりする以外にも、「指示された通りの行動をとる」ことができるのだ。こうした夢遊病の患者は、起きているときは意識もはっきりしていて、複雑な作業をすることにも何の支障も無いのだが、催眠状態が解かれた後には自分が何をしていたかを全く記憶していない。

元々、催眠術師たちはこの心の隠されている部分を「無意識」と呼んでいた。私が7歳のときに読んだ催眠についての本の中には、まだその言葉を使っているものもあった。催眠術の本には必ず、「絶対に人に催眠術をかけないでください」と書かれていた。「僕が催眠術を使えたら凄いことができるのに！」と思って、とてもがっかりしたものだ。後の心理学者たちは、心のこの隠された従順な部分は、意識的な思考や行動にも影響を与えていると推測した。その結果、「潜在意識」という言葉が生まれ、現在に至っている。

ビジネス界の大物たちはいずれも潜在意識の性質について熟知しているようだ。私も昔、テレビ番組やサブリミナル広告が実は非常に危険であるという特集記事を読んだりしていた。映画館では、観客が売店でソフトドリンクを買うように仕向ける意図をした1コマを、1／24秒で差し込んだフィルムを上映したりしていた。視聴者は差し込まれた画像が何なのか気づかない。だが、潜在意識は高速で表示された広告全体を見て読むことができるのだ。広告がゆっくりと表示されて普通に読めてしまったら、その情報を分析してから、「商品を買わない」という選択もできるが、ひとたび潜在意識が瞬時に「清涼飲料水を飲め」と命令されると、それは顕在意識にも影響を与えて、気が付けば清涼飲料水を買っているということだ。これは非倫理的な商慣習であり、犯罪行為なのだが、『アセンションミステリー』で論じたように、今でもさまざまな種類のサブリミナル広告が使われている。

## 超意識（ハイヤーセルフ、デジャヴ）

潜在意識は疑問の余地なく命令に従うことを好む。何故だろうか？　我々人類はこれだけ知的な生命体なのだから、何でも言うことを聞く内的自己を持っているはずがないと考えるのが普通だろう。もしかして反対に、命令を下す内的意識もあるのだろうか？　我々はよく言われているように、「ハイヤーセルフ」によって生まれてからこれまで人生がずっと導かれていると、信じてもいいのだろうか？　どうやら、それでいいらしい。カール・ユング博士は、人類は皆、最終的に夢とシンクロニシティを通じてのみアクセスできる「超意識」領域があるという理論を体系化した。私たちの潜在意識は、その超意識からのガイドラインに従っているのだという。そして私たちは毎晩夢を見ながら、潜在意識からも教訓を得ているのだ。その教訓とは、普段意識しているかしていないかにかかわらず、起きているときの思考にも影響を与えている。私が読んだ本の多くは、この「超意識」のことを「ハイヤーセルフ（高次の自己）」と呼んでいた。

ユング博士は超意識について調べるにあたってまず、「臨死体験」に強い関心を示していた。死の淵に立たされた人たちの中で、「宇宙普遍の心」と触れ合う体験をしたという人たちのことだ。この普遍的な心こそ、ユングが直接接触したいと求めていたものだった。体験者たちはまた、この光は「故郷」であると口にしていた。それは常識的な故郷とか実家とか、そういう既成概念のことではなく、それを超えた超絶的な「親しみやすさ」の感覚なのだというのだ。この光の中では大きく広がった意識が存在していて、この極大化した意識は自分自身であったことを発見し、自分が「最高の意味で」自分であるということに気付くのだそうだ。

ナムカイ・ノルブのようなチベット仏教徒は、修行によってこの普遍的な存在と触れ合うことができるという。チベット仏教ではその存在のことはよく知られており、「自然光」または「母なる光」と呼ばれている。ノルブ氏の本『チベット　夢のヨガと自然光の行（原題：

Tibetan Dream Yoga and the Practice of Natural Light)』では、我々は皆、眠りに落ちた後から夢を見始める前の間に、誰でも一時的に「母なる光」と触れ合っていると述べられている。[6] 大学時代にこの本を読んだ私は大きな感動を覚えたものだ。チベット仏教徒たちもまた、我々は死後の世界（バルド）に行く前に皆、「母なる光」と触れ合うことになると説いている。チベット仏教の究極の目標は、夢を見始める直前に触れ合えるこの「母なる光」と繋がることにある。入眠から夢見までの狭間、その瞬間は訪れる。一説によると、この光に繋がることで、宇宙意識と合一化することができ、そこでどんな質問にも答えを得ることができるという。チベット仏教では、弟子たちが皆「明晰夢」を見られるように訓練している。ノルブ氏は、明晰夢以外の夢を見る状態のことを「動物のように眠るさま」と表している。現代社会において、少しでも一貫して夢を思い出すことができるのなら、大したものだと言える。さらに、夢を解読できるようになれば、それは既に一人前の霊的な導き手になったと言える。

　ユングの説では、潜在意識は我々の意識と密接に結びついてはいるものの、独自の個性と目的を持っ

（ヒカルランドより刊行予定）

ている独立した部分であるとしている。潜在意識とは、夢を見ているときの自分のことだ。夢遊病者の場合だと、寝ている間に歩き回ったり何かをしている人格がそれにあたる。超意識はこの潜在意識が経験し学んでもらうために夢を設計しているのだと、ユングは考えていた。潜在意識は経験によって学習したことに基づき、起きているときの人格にも影響を与えようとしてくる。ところで潜在意識は、必ずしも最善というか、最も賢い判断をするわけではない。潜在意識も、起きているときの自分たちと同様に、それ自身の経験と知識と成長パターンがあり、恐怖と不安、強みと弱みの両方を持っているのだ。

催眠術師たちは、潜在意識をつかって凄いことができることも証明した。例えば、催眠術によって皮膚に触れた氷が「熱い」と完全に信じ込ませれば、触った部分にやけどをしたのと同じような水ぶくれができるのだ。ユングはまた、超意識は未来の出来事を予測する能力も備わっていると述べている。よって、夢を使って潜在意識にヒントを得させ、起きているときの私たちに未来の出来事について警告を発しているという説明がされているのだ。突然の謎の痛みや肌のかゆみ、耳鳴り、頭や胸への圧迫感、焦りや恐怖感などを感じたら、予測してもいない本当の危機的状況の予告かもしれないということだ。

実は夢の中で起きることは「デジャヴ」の原因にもなっている。夢の中である場所を訪れたり、誰かに会っていたあと、起きると何も覚えていない場合であっても、その場所を再訪したり、その人物と再会していて、ふとした瞬間に違和感を覚えることがあるというのだ。もちろん起きている時の意識は夢での出来事について何も覚えていない。だが、夢と同じ出来事が、起きている間にも起きると、潜在意識の方が刺激され、目を覚ますことがあるのだ。そして潜在意識が夢で経験したことが顕在意識の中にも流れ込み、非常に不思議な既視感となって顕れるというわけだ。27年間、毎朝私は夢の大部分を忘れないように書きとめ、分析してきた。その結果、デジャヴは何百回と経験した。時空間を超えた経験はとても不思議で、見知った世界がひっくり返るような体験となる。夢と現実の世界が交差するとき、私はいつもとても驚く半面、すごく気分が高揚する。本当に、多種多様な興味深い話がたくさん持っているのだが、全部は語り切れない。だが、見ての通りこうして何冊も本を書いているのだし、そのこともお分かりのことだと思う。

シンクロニシティを経験するのも、潜在意識の仕業だったりする。シンクロニシティとは、物理学の典型的な概念を無視するような超常的方法で、外界の経験と内界の思考とを結びつける不可思議な出来事のことだ。ユングがよく用いる例として、彼がある患者とエジプトのコガネムシについて話していたときに、西洋のコガネムシが窓から飛び込んできたという話がある。これは偶然ではなく、より高次の宇宙的知性がコガネムシを適正なタイミングで自分の部屋に飛び込ませた、意味がある偶然なのだとユングは説明している。シンクロニシティは、私自身の覚醒においても非常に重要な部分を占めている。私の2冊目の本の題名は『シンクロニシティ・キー』であることからも、それは明らかだと思われる。私が自分の夢を書き始めてから、特に1996年に『一なるものの法則』シリーズを読み始めてから、私の身に起き始めた奇妙すぎる経験の数々について、後々お話ししていこうと思う。

## 原型（自分の中のアニマとアニムスに触れる）

ユングはまた、誰もが自分なりの道筋で経験しなければならない、ある種の「道」が超意識の中に存在していると感じていた。これらは宇宙の意識の中に刻まれた原始的パターンだとユングは考え、それらを「原型（アーキタイプ）」と呼んだ。原型という言葉の定義を辞書で引くと、「(ユング心理学で）集合的に受け継がれた無意識の考え、思考パターン、イメージなどであって、個々の精神に普遍的に存在する」とある。[7] ユングによると、人は誰しも「影」、「アニマ」、「アニムス」、「自我」という4つ原型を持つという。[8] これについても今から語っていくが、誰にとっても非常に有用な情報だと思う。夢日記をつけ始めれば誰でもすぐに今から挙げていく原型がいくつも出てくることに気づくだろう。これらの象徴は明晰夢の中にも現れる。その象徴を解読すれば、現実がもっと面白いものになるだろう。

ここに心理学者のデイビット・ストレーカ氏の言葉を引用する。「影（シャドー）はその名の通り暗い影の部分であり、厄介な性質だ。影は混沌と荒々しさを体現する。影はルールに従わない傾向があり、そうすることで新天地を開拓することもあれば、混乱や戦闘を持ち込んだり、巻き込まれることもある。エキゾチックな感じがして、頭に来るほど魅力的なのだ。神話では、野人、クモ人間、謎の戦士、謎の敵として登場する。他人の影を見つけることもあれば、勇気を出して自分自身の影を見ることもできる。ほとんどの場合、自分の影の部分を見た時、人はそれを否定し、他人に投影するものだ」[9]ここには大事なことが書かれている。大抵の人は、自分自身のネガティブな一面を見たいと思わない。このような負の側面は、夢の中で恐ろしい登場人物として現れたりする。起きている時に幻覚として現れることだってある。自分の影を直視して受け入れることができないがために、他人のネガティブなところや動揺している様を見ることに取りつかれてしまうこともある。それから、外界からの刺激が強すぎてかんしゃくを起こすときなどに、この影の部分に思考や行動を乗っ取られてしまうこともあるとユングは考えた。極限状態にあるときや、薬物を使用しているときも同様である。

ユングは、アニマは魂の女性的な側面であり、アニムスは対応する男性的な側面の、魂の原型であると考えた。この二つは、ほとんどの心理学者が潜在意識と呼んでいるものと密接な関係があると思われる。ユングの場合は、潜在意識が男性と女性という二つの側面を持っていると考えたのだ。アニマとアニムスの両方を使ってはじめて、我々は「集団的無意識」と呼ばれる「超意識」と対話ができるようになる。アニマとアニムスという性の原型には、普段考えられているよりずっと神聖で天使的で、進化した形として現れるという特徴がある。ユングが言うには、我々の創造性もこの二つの側面の触れ合いによって生じているのだそうだ。

自分の中のアニマとアニムスに触れることはそんなに難しいことではない。偉大な指導者、芸術家、音楽家など、聖なる男女の原型を体現している人を見てみよう。ほとんどの場合、彼らに畏敬の念を感じることだろう。それか、自分の影を彼らに投影して、彼らの本性を暴いてやるだとか言って、嫌悪感をもって彼らを見つめる人もいるかもしれない。ユングは、このアニマとアニムスの原型が神話の中で英雄や女神として登場していると説明している。神話の中には、元々は個人の夢であったものもあるのかもしれない。一般的に、男性はよりアニムスが強く発現し、アニマは家族の女性たちによって形作られる場合が多い。女性の場合もアニマの方が強いが、アニムスについては男性の場合よりも複雑な性質を持っているようで、生涯を通じて出会ったさまざまな人物の性格や影響によって形作られるとユングは語っている。

もし幸運にも自分にぴったりのアニマやアニムスを持っている伴侶を見つけることができた場合、ロマンチックな生活のパートナーを見つけることができた場合、「シズィジ（神性カップル）」になれるかもしれない。ユングはそのような男女の結合が大きな力を生み出すと信じていた。世界各地の歴史の中に「三位一体《さんみいったい》」の奥義《おうぎ》として残っているものが、それにあたる。ジョゼフ・キャンベルは三位一体とは即ち父親、母親、それから中性的な子どもの3人であると説明している。「シズィジ」という言葉は惑星の直列という意味でもあり、ユングはそのような天体の力と同等の力がシズィジにはあると言いたかったのだと思われる。夢の力とそこから得られる指針をうまく活用すればするほど、このような幸せなパートナーとの出会いを引き寄せる可能性が高くなるということだ。しかしそのためには、自分自身の深淵の影の恐怖に勇気を出して向き合い、明らかに自分を妨害をしている人間から自分自身を解放しなければならないという、非常につらい仕事が待っている。「運命の人」だけを探し続けていた私の人生だったが、43歳のときにようやくエリザベスを妻に迎えることができた。こんな最高の相乗効果体験の機会を得て、私はとても感謝している。

最も簡単に理解できて、最も皮肉であるとも言えることだが、ユングは超意識も集合的無意識も「母なる光」も、結局はすべて「自分」であると考えたのだ。全知全能の神、創造主とよばれる無限の意識存在は、ユングにとっては「自分」で済むことだった。「ハイヤーセルフ(高次の自己)」という用語は、この概念を説明する時に生じるであろう混乱を避けるための簡単な方法というだけで、結局は全てが自分自身だったというわけだ。「自己実現」という言葉が浸透して久しいが、ユングの真の自我についての概念はこの言葉についてより深く考えさせてくれる。ユングにとっては、至福、悟り、および「涅槃《ねはん》」を達成した神秘主義者やヨーギは、つまり自自身の中でさまざまな原型を再統合し、「真の自分になった」と説いたのだ。

『一なるものの法則』シリーズやその他世界中で伝えられる哲学や神話などでは、人は複数の生涯を経験することによって、究極の悟りへ近づくために様々な段階を経ていくということが示唆されている。自分自身の中で最も活発な原型を見つけ出して、それを「自分」というハイヤーセルフに統合する方法を学んでいけばいいのだ。簡単に言えば、他者の影を探すことに執着しないようにしながら自分の影を特定して修復していって、他者の影に自分が影響を受けないようにしていけばいいのだ。自分のアニマやアニムスを見つけ、それを癒《いや》していき、他者に投影をしたり変な崇拝をしたりせず、代わりに自分自身の創造的才能を育てるべきなのだ。そして自分自身のより高い部分と意識的に接触し、自分の魂が自身のために考えていることについての導きや智慧を得ることができるようになれれば、正しい道を歩んでいると思っていい。夢の分析を怠らなければ、自分自身から直接、役に立つメッセージを受け取ることができるようになるだろう。

心理学者のデイビット・ストレーカ氏によると、ユングが特定した他の原型には次のようなものがある。[10] ユングは、これらの原型は時間と空間を超え、誰の夢にも現れ、同じ象徴的意味を持つとしている。皆さんの夢の中に現れるさまざまなシンボルを理解するのに役立つかもしれない。

**「家族」の原型**

＊ 父親：厳格、頑強、制御

＊ 母親：養育、育児、治癒

＊ 子供：誕生、始原、救済

**「物語」の原型**

＊　英雄：救助、覇者
＊　乙女：清廉、要求
＊　賢者：知識、指導
＊　魔術師：神秘、魔力
＊　地母神：大自然
＊　魔女、魔法使い：危険
＊　詐欺師：詐欺、禁断

**「動物」の原型**

＊　忠犬：無条件の忠誠
＊　駆け続ける馬：不屈
＊　悪徳猫：自給自足

ユングはまた、黄道12星座の意味も研究し、これが個々人の一生に関わるほどの個人的特性を言い表すことができるとして評価していた。今は少ししか当たっていないと思っていても、今後の人生でいくつもの原型を経験していくことになる。

ラバージ博士のような科学者たちが、夢はただの「脳ゴミ」だと見做《みな》す既成概念に従わないと決めたのは、以上のようにきちんとした理由があるためだ。潜在意識は自分自身の中の、独立した部分である。潜在意識は自分だけの経験を持ち、自分だけの試練や悪夢を体験し、夢を完全に覚えているかどうかにかかわらず、目覚めたときの思考や行動に影響を与えているのだ。夢は、自分が何者であって、ここで何をしているかについて、大事なことを教えてくれる。夢は問題を解決してくれる。効果的な選択をするのに役立ってくれる。貴重なアドバイスを常に与えてくれる。27年間、ずっと自分の夢を記録し分析してきた私は、ほかの方法では考えもつかないような洞察力を得ることができた。いつでも夢の力には驚かされる。

次の章では、27年の経験を経て得た夢を分析し解釈する方法について、私自身の手で見つけ出した知識を紹介しよう。私にとって、すべての夢は自分というハイヤーセルフからの情報の賜物《たまもの》なのだ。解読できない夢に出会うことはもうほとんど無い。夢日記は続ければ続けるほど、何を得られたのかが分かるようになる。さあ、それでは始めよう。

# 第3章
# 夢分析入門

## 公式の夢判断ではなく自分の夢は自分自身で分析する

夢は象徴でできている。夢を思い出せるのなら、単に夢の中で起こった出来事をそのまま答えるのではなく、出てきた象徴の裏に隠された真意を分析できるようにしなければならない。ただし、各自の夢の中に現れる象徴がそれぞれ何を意味するのかについては、統一された絶対的なルールは存在しない。だから「公式の夢判断」を探して、色々な本を読み漁って、色々な記号の意味を調べる必要は、はっきり言って、無い。「自分の夢」という一つの言語を、自分で翻訳するということだ。それは、自分が見た夢についてより深い意味を自分で探り、自分自身を解き明かしていくというプロセスなのだ。

これらのシンボルを自分で調べていき、自分にとって何を意味するのかを自分で判断することが最も重要だ。夢の中で繰り返し現れる象徴が自分にとって何なのか。それを理解するのに何年もかかることもあるだろう。しかし、一旦意味が分かると、私の場合だとまるで人生のマスターキーの所持者のように、何年にもわたって書きとめてきた夢の記録の多くの謎を解き明かすことができた。誰もが、最低一つか二つくらい、いつでも思い出すことのできる夢を持っていると思われる。その夢で起きた出来事をより深く理解するために、象徴的意味合いを分析していこう。

## すべては自分（比喩と象徴を通した語りかけ）

夢を理解するための唯一最大の鍵。それは、夢の中にあるすべてのものが自分自身であるということを知ることだ。すべての風景、物、登場人物、あらゆる出来事は、自分自身の一面である。人生の中で経験したことが、夢の中では象徴的表現として表れているということだ。夢の中のすべては、象徴という形をとって自分自身に何かを語りかけてくる。『一なるものの法則』シリーズでも説明されているが、この世には普遍的な「自由意志の法則」というものがある。誰かの意志に直接影響を与えてしまうことは、避けられるべきことなのだ。ゆえに、夢は真正面からメッセージを直接伝えてくるようなことはしない。夢は比喩と象徴を通して間接的に語りかけてくるということだ。そうすれば、メッセージを聞きたくない人の場合でも、拒否することが自由にできる。例えば、家族や愛する人がいつも別のキャラクターとして夢に出てきていることにお気づきだっただろうか。家族や愛する人が夢に出てこないからといって、その人に対する想いが少ないとか、そういうことではないのだ。それに、愛する人の象徴として現れるキャラクターは、その人本人ではない。あくまでその愛する人を論理的、理性的に表すための方法をとっているに過ぎない。もちろん、予備知識が無ければ、そんなこと最初から分かるはずもない。私は、親しい知人友人から虐められたり辱められる夢を何度も見たことがあるが、これはつまり、私自身がこのような不愉快な真実を受け入れる準備ができていなかったというメッセージだったのだ。だから予備知識が無かったそのときは、夢の真意を解読することができなかった。

これより、私が27年間に及ぶ夢の研究によって発見した夢の解釈法の、初級編を記していく。まずはじめに、夢に出てくる動物は自分自身のより原始的な部分を表している。その部分は基本的に感情で動いている。動物が平和的か攻撃的か、捕食者か被食者か、色、生息地などを調べることで、より深い洞察を得ることができる。子供が出てきた場合、それは自分が幼かった頃に受けた影響によって形作られた象徴だ。正と負両方の性質があり、その子供を通して、さまざまな過去の場面の自分自身に戻ることができる。自分自身の「インナーチャイルド」なのだ。女性の登場人物は一般的に自分自身のより養育的で、思いやりのある、面倒見のいい部分を表してる。男性の登場人物なら、表の世界に出て行って実際の行動を起こすという、活動的な部分を表している。そしてもちろん、性別の象徴については、もっと大きなレベルでの考察が可能だ。

過去に出会った人物が夢に現れた場合、それはその人物との間で起きた最も重要な出来事や、現在抱えている葛藤が深く関連している。仮に、自分の上司との相性が最悪で、憂鬱な日々を過ごしているとしよう。その上司は、事あるごとにネチネチと、どうしようもないことを言ってくる。すると自分の中で「この上司が嫌いだ」という気持ちが強くなり、反抗的な態度が育まれてく。仕事だと分かっているものの、上司から頼まれたことに限ってわざとやらないようにする。すると、更にその上司との関係性は悪化していき、トラブルが頻発するようになる。そして自分自身の言動を改める気が薄れていき、責任逃れに集中してしまう。こうすることで上司との勝負に勝った気になる。そうなると既に、上司という象徴が、自分自身の「影」になってしまっているのだ。他にも、高校時代のいじめっ子と何度も出会う悪夢が続いたりするケースがある。

こうした夢は、自分が抱えている諸問題は自分の手で作り出されていることを示すことが目的なのだ。「嫌な上司」の場合、上司は自分の仕事をしているだけだと理解して、赦《ゆる》してあげることができれば大成功だ。もしイジメが限度を超えているのなら、他の仕事を見つけることへの恐怖心に自ら向き合うよう勧めているのかもしれない。私も若い頃はよくこの手の悪夢を経験した。

私の夢の中にもよく現れ、誰でも見たことがある夢と思われるのが、「トイレ」についての夢だ。トイレは体に不要になった不純物を取り除く場所だ。それが夢の中では「有害な感情」を処理するための場所という象徴で現れる。私はトイレに行きたいのに行けないという夢を何度も見ていた時期があった。これはつまり、自分自身に残っていた有害な感情がうまく処理できていないということを意味していたのだ。あとは、トイレが詰まって逆流したりなどの、しっちゃかめっちゃかな場面として現れることもある。これは、詰まっていた有害な感情が日常生活へと「逆流」してきたという意味だ。もしそんな夢を見ているようなら、一旦落ち着いて、何が自分を悩ませているのかを見つけるためにも、まずは日常生活の方を見直すのが大事である。

不眠症の原因は大抵、感情を適切に処理できないためだったりする。いろいろな瞑想法の説明でも言われているように、気を紛らわすための行為に集中するのは良くない。考えるなら一つのことだけ考える。集中するなら、一つのことだけに集中するのが理想だ。BGMなんて要らない。瞑想中に音楽をかけると、ついそっちに気が引かれて、瞑想しているのではなく音楽を聴いてしまっていないだろうか。そんな人は、その時間を使って映画が観られるのなら、つい観てしまうだろう。人と会話をしているときは、会話に集中すべきだ。相手の目をよく見て、スマートフォンが鳴っても気を取られないようにすべきだ。車を運転しているときに道路に注意を払うのと同じだ。考え事やカーステレオの音量を調整することに夢中になっている場合じゃない。現代人の多くは、そうして気を紛らわせて一日を過ごしている。一日中何かで気を紛らわせていれば、その間は自分の抱えているつらい問題の方を見なくて済むから。しかし、夜になると途端に不安が溢れてくる。それで悩んで、悩んで、朝まで眠れなくなってしまうこともあるだろう。だからトイレが溢れている夢を見るのだ。それでまた慌《あわ》てて、目が覚めてしまうだろう。

## 普遍的象徴（地球外生物、天使、夢の中で現れる存在）

色々な人の話を聞いて、いくつかの象徴が多くの人の夢の中に普遍的に現れていることが分かった。何年にもわたって毎日夢を分析してきた私にとって、たとえば「水」がほぼ普遍的に「感情」を象徴しているということを発見したのは大きかった。例えば先ほどのように意地悪な上司を例にとると、オフィスが洪水になる悪夢を繰り返し見るという普遍的な夢がある。これは、自分が上司に対して持っているネガティブな感情が溢れているという兆候だ。普段の私たちは、自分が嫌だと思うことや、やりたくないことの本当の原因について意識していないか、しないように避けながら生きている。夢の中では、自分が心の痛みや悲しみを感じているときはいつも、建物の中で洪水に巻き込まれたり、雨、川や強い海流などに引き込まれたりするのだ。特に強烈な悪夢では、溺れ死にそうになることだってある。「悲しみ」は私の人生でもおそらく一番よくある「負の感情」だったので、私は何年も洪水の夢ばかり見てきた。トイレの夢を見たことがあったにはあったが、洪水の夢の方が断然多かった。

水以外にも、誰の夢にも同じように現れる原型としての自然の要素がある。例えば、夢の中に出てくる「火」は、「怒り」を意味する。私はこれでも結構我慢強い性格なので、火の象徴的意味合いについての発見が一番遅かった。最悪な人間関係を持ったときに、ようやく火の夢の意味を知った。その時期はよく火事や火山噴火の夢を見ていた。誰かに怒鳴られたりした日には、いつもこうした火に関する夢を見ていた。実は、夢は私に予言めいたことを伝えることで、私が将来怒りを感じる出来事が起きるということを知らせて、心の準備をさせていたのだと分かった。準備ができていれば、そこまで傷つくことがなくなる。「自己実現的予言」というわけではないが、出来る限り自分自身を礼儀正しく、忍耐強く、寛容で、包容力のある人間にしようと努力するようになった。それでも衝突が避けられないこともあったのだが、前進していることが大事だ。

「風」は精神性、創造性、変化、メッセージ、知的活動を表す象徴だ。夢の中の激しい嵐は、もはや制御不能になった強迫観念や同調圧力を意味している。集中力や思考力に問題を抱えている人は、大気汚染の夢を見たり、息がしにくかったり、風車やヨットを進めるために必要な風がなかったりするといった夢を見るはずだ。

「地」が何を象徴するかについては、一概には言えない。すべての夢には屋内でも屋外でも、何らかの風景があるためだ。大地や大自然の風景は、競争から抜け出してリラックスすることで、自分のルーツと再び繋がる方法を見つけるための入口となるものだ。一般科学では解明されていないことだが、自然の中にいると若返り効果がある。土の中に埋もれてしまったり、土が肌についてしまう悪夢を見るのであれば、自分が今どうしても外出を控える必要があるということを意味している可能性が非常に高い。人生における責任を十分に果たしていないと感じているのかもしれない。探しているその答えは、ストレスから離れ、イライラしている状況から抜け出し、呼吸をしたり、リラックスしたり、瞑想したりすることで見つかるはずだ。

私が夢の中で発見したもう一つの普遍的な象徴として、「高低差」がある風景というものがある。階段、エレベーター、洞窟、トンネル、建物の下の階など、大抵の場合、それは自分自身の中の最も原初的な衝動や感情に関わっている。これらはいわゆる「下部チャクラ」とも関連している。下部チャクラは原始的衝動や感情的抑制が起きている部分だ。それと、夢の中で地上より高いところに昇っていく夢は、自分が最近霊的なレベルを高める選択をしたということを示している。左に曲がる夢は、負の道へと落ちていくということを意味している。通称、「左道」というものだ。反対に、右に曲がることは正の道である「右道」と呼ばれる。夢の中で迷路から出られなくなったのなら、それはつまり自分の歩んでいる霊的な道が複雑で困難であることを示している。そんな困難な行程の中でもすぐに諦めず、次に上に行くのか下に行くのか、左に行くのか右に行くのかを調べていき、他の象徴のことも考慮しながら、夢のより深いメッセージを知ろう。

夢の中を移動するときの速度は、霊的成長の速さを示している。歩く時くらいの速さなら、普通の速度。自転車に乗っているときくらいの速さなら、上達が早いということ。車を運転しているときくらいの速さだと、急速に成長中という具合だ。バスや電車の中にいる夢だと、集団で霊的な急成長をしていることを示している。もし飛行機に乗っている夢なら、それはより素晴らしいことだ。より高い高度に行く上に、霊的な振動数も高くなるからだ。スーパーヒーローのように空を飛ぶ夢を見たら最高だ。ちょうど霊的進化の量子飛躍中ということだから。

何年も研究してきて、地球外生物や天使のような存在はすべての人の夢の中に現れると私は結論付けた。これらの存在は通常、自分とは異なる人種のキャラクターとなって現れる。外見が異なっているほど、より遠くから来た異種族である可能性が高いと言える。天使のような存在については、警察、消防、医師、看護師などの制服を着た姿の権威者として登場する。昔は私も、バンドの「ＫＩＳＳ」がおなじみの衣装とメイクで夢に出てきたが、それはつまり私自身の中にある象徴を使って夢に出現した、神秘的存在であったということだ。音楽に関係ある夢は、私にとっていつも霊性と関係ある夢だった。私はそこから、自分の使命と意識を高める方法を身につけていった。

## 繰り返しの夢（今すぐ何かをしなければいけない警告）

これはラバージ博士の本にあった例だが、自分の心臓の近くにある動脈が詰まりそうになっているのを、夢のおかげで発見できた男性がいる。彼の夢では、配管パイプが複雑に絡まってしまうという風景が繰り返し現れていたそうだ。そこで健康診断を受けに行ってみたところ、この問題を発見したのだという。彼の命は夢のおかげで救われたと言っても過言ではない。繰り返し同じ夢を見るということは、よっぽど今すぐ何かをしないといけないという警告がされているという証拠なのだ。緊急事態とは言わないが、このようにしつこく同じ夢を見る人は、夢が伝えようとしているメッセージを分析し、解読し、理解しようと真剣に取り組むことをお勧めする。すべての夢には素晴らしいアドバイスが必ず隠れている。他人や自分自身に対して、より愛情深く、忍耐強く、寛容で、思いやりのある人になるための指針があるのだ。

だから悪夢を繰り返し見ることは、よっぽど何かを改善するように悪夢という形でメッセージを伝えないといけない状況に置かれているということなのだ。ラバージ博士によると、悪夢に出てくる悪役は常に自己破壊的なものであり、自分がまだ直面できていない「自分自身の影の一面」を表しているのだという。その悪役の詳細を具体的に分析することで、自分のどの部分のことを表現しているのかを知る手がかりを得ることができる。このように夢が自己実現の指針として機能していることを証明する例は数え切れないほどある。

例えば、アルコール依存症、性的不貞、ギャンブル中毒、虐待行為など。そして、「中毒」という言葉を聞くと、誰しも想像することができる人物像があるはずだ。「酒飲みの人」と聞くと、体に何本もの空き瓶を縛り付けて歩いている酔っ払いを思い浮かべるかもしれない。「隠れて浮気をしている人」と聞くと、歪んだ性癖を持つ性犯罪者を思い浮かべるかもしれない。「悪癖ギャンブラー」と聞くと、いかさまで手にした大金、カードやサイコロなどのギャンブル関連の象徴を思い浮かべるかもしれない。もし誰かが言葉や身体的暴力を振るっているとしたら、その人が実はそれしか生きる選択肢が無いと感じるほどに、これまでずっと傷ついたり、傷つけられてきたからなのかもしれない。彼らの方だって、夢の中で悪魔に傷つけられ続けていたのかもしれない。夢は常に自分が直面している問題を誇張表現する。実際よりもはるかに悪い状況を提示してくるのだ。こうすれば自分の注意をもっと引くことができるからだ。夢が深刻な内容であるほど、生活の中で起きている問題についてより深く考えるようになる。

私の場合、友人ジュードの家の床に伏して半分眠っているときに悪夢を見たことがあった。1992年の秋に私がドラッグを止めてから一年たった、1993年の初秋のことだった。私たちは一緒に音楽アルバムの制作をしていた。私はだいぶ痩せて、もう黒い服を着なくなっていた。ヘヴィメタル風の髪もばっさり切った。だが、いつも誰かに追いかけられる夢を見ていた。私の悪いところを凝縮して倍増させた悪鬼のような奴に。ズボンの中に入れていた拳銃を取り出して、振り向きざまに奴を撃ち殺せば、すべて終わらせられると思った。だが、どうしてもできない。私はただ走って逃げ続けた。この時、寝ていたジュードの寝言で私は起こされた。彼は苦しそうな声で、「撃て。撃て。2発！」と寝言を言ったのだ。

非常に驚いた瞬間だった。こんなことが現実にあり得るのかと思い、もう一度寝るなんて無理だった。ラバージ博士の本で理解したのだが、この悪鬼のような夢のキャラクターは、マリファナを使用していた時代の私自身の性格の一部がこのように顕れていたものだったのだ。これは絶対に間違い無かった。アルコール依存症者の会でよく言われていることだが、長らく酒から離れていても「禁断症状」が出てくると、突然また昔の悪い癖が出てきて性格が豹変してしまうのは、よくある話なのだ。

ジュードがとても奇妙なこの「共有夢」について不思議がっていた間、私はまだ自分についての事実を飲み込む準備ができていなかった。その頃、女性たちに興味を持たれたことがあり、アプローチをかけてもらったのに、私はというと頭が混乱してしまい、デートに誘う勇気が出なかった。私はあまり筋トレをしておらず、痩せていたし、恋愛よりもUFOや超常現象の研究に関心が移っていた。ほとんど強迫観念と言えるほどの熱中ぶりだった。だから、運動をしていてもずっと考えごとをしたり、調べものをしたいと思っていたのだ。そんな中で見た不思議な共有夢。同じ悪人が出てきて、銃で撃とうとしたこと。それは単に「悪人は撃ち殺せ！」と言っているのではない。そうではなく、私自身の弱さに向き合うことが大事だと夢は言いたかったのだ。ラバージ博士によると、悪人に追いかけられる夢の中でできる最善のことは、振り向いて悪人と向き合い、彼らに愛していると伝え、抱きしめることなのだそうだ。実際にやってみると、想像していたような酷いことは何も起きない。その代わり、悪者は普通、まったく無害な何かに変身をして、逆にこちらを抱きしめてくる。このとき、目もくらむような白い光に変わったのを見たと多くの人が報告している。こうした夢は象徴的に解釈することもできる。私の恐ろしい夢の場合、走るのを止め、過去から逃げるのを止め、代わりにそこから学ぶようにすべきというメッセージだった。自分自身をより良い状態にするために。自分の人生の責任を果たすために。女性と話すことへの恐怖感と向き合うために。

恐ろしい悪夢が何度も繰り返されることで、自分の夢に注意を向け始めるきっかけになることも多い。ラバージ博士をはじめとする夢分析をする学者たちは、「意味のない夢など存在しない」ということで意見が一致している。私たちのいわゆる高次の自己、あるいはユングが単に自己（セルフ）と呼んでいたものには、より愛情深く、霊的に成熟した人間になるという明確な目標があるのだ。

ポジティブな象徴も何度か私の夢で繰り返し現れたことがあった。例えば、私が好きな楽器である、ドラムだ。ドラムが好きで、大学ではジャズ・ドラムを副専攻していたのだが、卒業後の最初の数年間、「ドラムを演奏したくても、どうしてもできない」という夢を何度も見ていた。ドラムをセットアップしていたらいきなり消えてしまったり、どこかに行かないといけなくなったり。この夢について考えた私は、「多分、もっと演奏する必要があるのだ」とその時は結論付けた。だが実際には、ドラムなどの楽器は私の霊的探求を表していたのだと解釈することにした。私にとって楽器、特にドラムは「ＵＦＯ研究」の象徴だったのだ。つまり、私はもっとこの研究に集中すべきだというメッセージだったのだ。

## 色の象徴学（7つの色と7つの密度）

『一なるものの法則』シリーズを読むことで、私は夢に出てくる「色」の本当の意味を深く知ることができるようになった。『一なるものの法則』によると、宇宙は最終的に7つの主要次元（密度）を持つことになるそうだ。簡単に説明すると、要は宇宙全体に放射している7つの光線があり、それがすべての空間、時間、物質、エネルギーに行き渡って、これらの光線の働きによって7つの主要次元が創り出されており、維持されているのだ。その色とは、虹色の7色（赤・橙・黄・緑・青・藍・赤紫）である。

『一なるものの法則』シリーズによると、私たちは普段認識している「線形時間」の外側で活発に活動している自分の体を7つそれぞれ密度の中にそれぞれ持っているという。これは私たちが「肉体、心、魂（ボディ・マインド・スピリット）」の3つでできているという有名な考え方よりもずっと複雑だ。私たちは人間という肉体に転生してきた以上、普通は第三密度の人間という姿である、「肉体」のことしか意識しないで生きている。だがこの7つの密度は、それぞれ体の7つのエネルギー中心点に固定されているのだ。ヒンドゥー教の神秘主義者はこれを「チャクラ」と呼んだ。『一なるものの法則』では、これらエネルギーの中心点は脊椎に沿って上方に向かって移動するエネルギーを統括している光の球体だとしている。赤色は背骨の付け根のところにあり、おへそのところに橙色（オレンジ）があり、黄色はみぞおち、緑色は心臓、水色は喉、藍色は眉間の「第三の目」にあり、赤紫色は頭上にあって「クラウンチャクラ」とも呼ばれている。それから、地球外生命体から見ると上の方のチャクラは、まるで結晶のように見えるのだそうだ。人間は進歩すればするほど、チャクラがより「結晶化」しているように見えるようになるらしい。

7種類の密度とその性質について『一なるものの法則』から引用して、非常に専門的で精巧な説明をすることもできるが、それはここでは避けて簡単に説明していくことにする。ここに記すそれぞれの象徴的な色の解釈について、私が見た何百もの夢の分析や、人の夢の分析をしていくことで、驚くほど一貫性があることが分かった。是非役立ててほしい。

赤色：安全性、性、治安を表す。体と心の中にある原始的な力。自分の身を守ること、生存本能、食料と住居を持って子孫をたくさん残したいという欲求。

橙色：自分自身を表す。自分は自分をどう見ているか。現れる象徴の中で、この色がどの場所に見られるかによって、象徴が正と負のどちらのものかを見分けることができる。正の場合は健全な自尊心を表し、負な場合はその自尊心が揺らいでいるということを表す。性的な問題もこの色で表されることが多い。なぜなら、性に関することは非常に個人的な内密事項だからだ。

黄色：他人を表す。自分は他人をどう見ているか。正な象徴的意味合いとしては、愛情深さや他人の応援、忍耐強さ、親切心を示す。逆に負の意味合いの例としては、他人の操作や支配もこの色で示される場合がある。他人に支配されていたり、支配したいと思っているときや、他人への性的関心もこの色で表される。自分が人生で経験するあらゆる種類の社会問題も、夢の中では黄色い色の象徴をもって現れることが多い。

緑色：愛を表す。自分自身への愛、または自己許容へ至る道の途中の苦労を表す。他人への愛情、あるいは他の人から受ける愛情を表す。緑色以降の色は良い兆候を表すことが多い。屋外にいる夢にはたいてい、草や木など緑色が見られるはず。その夢も、愛についての教訓を伝えるための夢なのである。

水色：光を表す。ここでいう「光」とは、智慧やコミュニケーション、栄誉、責任、責務などの概念を表す。喉は私たちが本当のことを話すときに使う体の部分であることから、『一なるものの法則』では喉チャクラのことを霊的な「真実の色」と呼んでいる。この色が現れるとき、自分は知識と智慧を一生懸命身につけているところだということを示す。行動を呼びかけることを象徴する色でもある。この色が現れたら、自分は他人とコミュニケーションを取って未完了のことをやる必要があるという意味になる。自分があることを選択し、それをやり遂げるという意味の場合もある。やると決めた以上、最後までやれというメッセージだ。世界中の偉大な戦士たちの規範も、この段階に起源を持つことが多いようだ。

藍色：愛という名の光を表す。愛という霊的な女性原理と、光という霊的な男性原理が一体となる段階。自他の区別がなくなるようになる。夢でこの色を見たら、とても良い兆候だ。なぜなら、これは自分のESPが活性化しているという証拠であり、シンクロニシティを何度も経験し、夢を思い出し始め、本当の直感的認識力を取り戻し始めているということなのだ。

『一なるものの法則』では、この意識状態を日常でも保持し続けるために、他人に尽くすこと、他人の霊的成長の手助けをするように勧められている。もちろん、こんな世界なのだから難しいことではあるが、そのやり方も一つだけではない。とりあえず、いつもいつも他人に親切な人であれば、それだけで霊的な修行をしていると言えるのだ。

赤紫色：無時間と永遠を表す。一なるものの法則では、これを「扉の密度」と呼ぶ。これは我々が「知的無限大」と呼ばれる「純白光」に合流する前にたどる進化の最終段階であることを表している。この段階では、自己も他者も存在しない。そこには、永遠しかないのだ。夢の中でこの「すみれ色」を見るのは、とてもよい兆しと思っていい。自分が深い瞑想状態にあり、覚醒と自己実現にあること示している。後の章でさらに詳しく述べるとしよう。夢の中ではあまり現れないレアな色だが、もし出てきたらちゃんと霊的な道を前進できていると確信していいだろう。

## 夢の象徴を実生活にも応用

さて、夢分析のための基礎情報は十分得られたことと思う。目が覚めてもまだ夢を覚えていたら、面倒くさがらず書き留めておこう。登場人物のこと、誰と会って、何を着ていたか。色にも気を配ってみよう。屋内にいたか屋外にいたか。周囲にあった物体についても書いてみよう。起きているときに会ったことがある登場人物については、昔の彼らがどんな人だったか思い出してみよう。書き終えたら、これらの人々が自分にとって何を象徴しているのかを考えてみよう。常に地水火風の４つの自然の要素の意味を考えるようにしよう。どの方向に向かっていたか。上の方へ昇っていたか、下に降りていたか、左に曲がったか、右に行ったか、道程は困難だったか。夢のストーリー展開も、起きた出来事も、話したこともすべて、自分が今体験していることの象徴であることを覚えておくように。

念頭に置いてほしいのは、夢を思い出すために、起きたらすぐに動かない方が良いということだ。「何の夢だっけ？」と考えるより、「私はどこにいた？　誰と話していた？　何をしていた？　何が起きていた？」と考えるようにしよう。夢は見ているときは現実のように感じる。だから、現実の出来事と同じように思い出すのが大事だ。

自分の夢を記憶するのは、本当に素晴らしい霊的修行だ。私はもともとノートに手書きしていたが、最近はいつもノートパソコンでタイプしている。ワープロソフトを開いた状態で、そこに次の日の日付、曜日を予め書いておき、パソコンをスリープモードにしてから眠る。そうすれば、起きたときにスペースバーを押して時間を書けばいいだけなので手間が省ける。平日と週末では生活状況が異なるから、曜日を書いておくことは意外と重要なのだ。生活状況の違いで、見る夢も変わってくるから。私の場合、夢についてすぐに書く前にいつもやっていることがある。それはまず、自分の名前のイニシャルを書いて、「目が覚めた後に思い浮かんだことをなんでも書き込む」というものだ。これは自分の意識をクリアにするための重要なテクニックだったりする。遠隔透視の訓練でも、同様の行程がある。そのあとになって、夢で見たことを書いていく。私は箇条書きで、長すぎない文で簡潔に描写するようにしている。整然と表示させられていれば、後で閲覧も楽になるというものだ。夢の登場人物の外見や話し方などは、3つか5つくらい副箇条書き項目を作ってもいい。

夢であったことを「まずこんなことがあって、次に……その前にこれがあったっけ……？」という具合に、時系列順に思い出せないことも、もちろんあるはずだ。だが、箇条書きならばどこにでも新しい行を挿し込めるから、その方が断然楽だ。覚えていることの詳細を書きながら、新しい詳細を思い出せるのも夢日記をつけることの利点だ。そうしていくと、気が付けば自分の夢を非常に詳細まで鮮明に思い出せるようになっているだろう。そして、夢の中では同じようなメッセージが異なる象徴を通して繰り返し現れていることにも気づくはずだ。恐らくハイヤーセルフが夢を全部思い出せない人のために、わざと繰り返すことでメッセージを伝えやすくしているのだと思われる。夢を全部詳細まで思い出せなくても、基本的な重要メッセージだけは伝えることができるからだ。ラバージ博士は、たとえ重要ではないと思った詳細も、できるだけ多く覚えておくことを勧めている。書いている間は覚えているし、忘れるわけが無いと思っていても、書かないと絶対に忘れてしまう。なので、覚えている間に全部記録してしまおう。

もう一つの重要なテクニックとして、夢の出来事を少なくとも3つ、はっきりと思い出せるまでは、繰り返しになるがベッドから出たり動かないというものがある。私の場合、おおまかな夢の記憶を、3語か4語以下の文言に収めるようにしている。まず3つくらいの文言を作り、それらを頭の中で繰り返し唱え続けるのだ。それをやりながら、夢での出来事の詳細を思い出していく。例えば、「赤い納屋。木に巣を作ったハト。濁流」というように、簡単な言葉に記憶を落とし込んでから、繰り返し唱え続けるのだ。赤い納屋とハトだけを覚えている間に詳細を書き始めてしまうと、濁流のことを忘れてしまったりするからだ。

自分自身を大目に見てやって、完璧を期待しないことも大切だ。月に数日くらい、目が覚めたら何もかも忘れてしまっていることだってある。特に、ストレスを感じている間は。私はそういうことも慣れているし、忘れてしまっても動揺することはもう無い。そんな日は「書くこと無し」と書くだけだ。とにかく、定期的に夢を記録していき、自分の夢という言語を解読し始めると、そこが英知と知識の宝庫であることが分かるだろう。私はこれほど多くの価値ある情報を生み出す精神的実践術は、他に見つけたことがない。毎日、本当の自分自身を生きる方法となるのだ。これは高次の自分自身の考えを知り、したがって本当の目的に集中することができるという、貴重な方法なのだから。

夢日記の素晴らしいところは、それだけではない。夢を「生み出す」ことだってできるのだ。寝る前の数分間、特定の悩みや質問に意識を集中してみよう。そして、高次の自己に対し、「この悩みについての答えを、夢を通して与えてください」と頼んでみよう。大体の場合、高次の自己はすでに私がそう訊いてくると知っていたと言わんばかりに、すでにこのことを予想していて、前の朝に書いた夢の内容にすでに答えが書いてあったりすることがある。質問をした夜に見る夢は、その前に見た夢での答えをさらに洗練させた、詳しいアドバイスだったと分かることもある。

現代社会に生きていると、周囲の人間が「こんなことしても時間の無駄」だとか「夢なんて無意味だ」とかの強力な洗脳にかけられていることに気づいてくる。次の章では、この惨状について、私自身がどうやって大いなる真実に目覚め始めたかという「脱洗脳」の過程について語っていくとしよう。

# 第4章 科学的概説

## 夢と洗脳プログラムからの解放

現代において、夢を記憶したり日記をつけている人なんてほとんど皆無に等しい。夢が実際に何を意味しているのかを理解している人なんて、さらに少数だ。しかし、大昔の各地の古代文明においては、夢は非常に重要なものとして見られていた。現代社会は驚くほどに唯物主義だ。物しか信じていない。だから、「毎朝夢を書いて覚えておきましょう」と勧めるだけのことなのに、私にとってかなり難しい挑戦となっているのだ。現代人は皆、極度に物質第一主義的な世界観を受け入れてしまっているし、それを信じるように強制させられている。それでも、夢日記を実践すれば、誰しもがその恩恵を想像以上に早く受けられることだろう。夢が未来を正確に予言していたことに初めて気づくとき、とても感動する刺激的な瞬間となることを約束する。それでもやっぱり疑う人はいるだろう。そんな人は、何かを信じられるようになるまでに、膨大な量の例を目の当たりにする必要があるのかもしれない。これまでずっと、予言だとか心霊現象だとかは「科学的ではない」から信じるなと刷り込まれて、生きてきたのだから無理もない。一番良いのは、実体験をすることだと思う。夢が正確な予言をするということを身を持って知れば、物質主義的な妄想に苦しむこともなくなっていくだろう。

現代の教育システムは、私たちが生きる社会全体の「世界観」を作り出している。したがって、私たちにとっての「情報の信憑性」というのも教育システムによって決定されているのだ。たとえば文部省が推奨する本だとか、みんなが認める政治的イデオロギーだとか、忠誠を誓うべき国家だとか。そして、それがあたかも当たり前の法律かのように、成功した人の人生論などが唱えられているわけだ。我々は皆同じ教室に座って、鉛筆と紙を持ってテストを受け、権威者が我々に真実だと思い込んでほしい情報を回答欄に書ける精度に基づき、評価される。もし私たちがこういった社会規範から逸脱し、テストで100点満点中65点以下の点数と取ってしまった暁には、通信簿に自分の評価が「F」であると書かれる。Fは「失敗（Fail）」の略だ。だから、通信簿にFをもらったらその人は社会の失敗作なのだ。「低い（Poor）」の評価をもらう場合もあるだろう。「Poor」とは「貧しい」という意味もある単語だ。お金のない人、お金がないと人生が困難な人は、社会的にみて「低い身分」なのだ。しかも、学校や会社での成績が落ちると、実際に友人を失う可能性があるというのだから、なんとも酷いシステムだ。成績が落ちて落第でもしたら、一つ下の学年の人たちと一緒にもう一度同じ課程を過ごさなければならなくなるのだ。そんなことがあれば、周囲の誰とも馴染めずに孤立することだってあるというのは、誰にでも想像できることのはずだ。こんな教育プログラムは、恐怖やトラウマで我々を縛って、「権力に従え」という考えを世界の絶対的事実のように押し付けている、「洗脳プログラム」なだけだ。権力者に従えばお金も、権力も、地位も、友人だって得ることができるのだと、我々に刷り込んでいるのだ。そして拒否すれば、社会から追放されて、貧困の中で生きることを強いられる。そのように脅してくるのだ。

つまり、ほとんどの人は現状に対して守りに徹しているだけなのだ。このシステムに対して勇気を出して異を唱える人々がまだ存在しているのを見ると、私は安堵を覚える。代替案などが書かれた記事や動画があるのを読んで、観て、書いて、そうした活動を続けてきた中で、いつしか気づいたことがある。仕事をする上で基本的で避けられない事実。それは、ある程度「嫌われてもいいや」と思うことだ。「みんなから嫌われているという事実を受け入れること」を、私はこれまでで学ぶことができた。

革新的な真理を発見した者は、いつもその新発見の所為《せい》で、社会から非難され、罰せられてきた。ニコラウス・コペルニクスは1500年代に、それまで定説だった「地球を中心に太陽が飛び回っているの」ではなく、「地球の方が太陽の周りを回転している」という新理論を打ち立てて、当時の世に大論争を巻き起こした。ガリレオ・ガリレイは、当時の独裁的政治権力であった教皇政治から、コペルニクスの後継者だとして攻撃された。司祭たちはガリレオから望遠鏡を取り上げて、空を見ることを拒んだ。ガリレオは異端審問によって「猛烈な異端」で厳罰を受ける必要があるとされ、生涯自宅軟禁のまま過ごした。後に彼の理論のほとんどは科学的に真実であったことが判明し、今では彼は現代科学の父として尊敬されている。アイザック・ニュートンは重力の理論を発表したとき、世間から嘲笑された。ベンジャミン・フランクリンは電気の理論を発表したとき、社会から笑い飛ばされた。アインシュタインは相対性理論を発表したとき、科学界から馬鹿にされた。ライト兄弟が動力飛行を発見したとき、アメリカの科学者団体から猛烈に非難された。飛行機をフランスに輸送し、権威ある人々の前で実際に飛行テストを成功させて、ようやく真面目に受け入れられることになったのだ。ライト兄弟によるノースカロライナ州キティホークでの最初の飛行機の実験が成功していて、「人類が空を飛んだ」ことが現実の出来事であったことを一般大衆が認知するまでには、実験から4年ほどかかってのことだった。

私は幼い頃から、「科学はまだ発展途上」であることを薄々感づいていた。変えようがない絶対的現実だと思っていることも、新情報が入ってきた途端に激変する可能性だってある。夢で出会ったあの老人からの導きもあって、私はできるだけ多くの科学の本を読み始めた。老人から提案された色々な実験を、家で行ったりもした。例えば、鶏肉の骨を酢に数日間浸しておくと結べるくらい柔らかくなるとか、電池と食塩水を使って1セント硬貨からニッケルコインに銅を電気メッキする方法などだ。私たちの将来、今はまだ未知数の、途方もない科学的飛躍が待ち受けていると感じていたのだ。テレビや映画で見るＵＦＯが実際に本物だったことが分かったら、それは重要な科学的ブレイクスルーとなるだろう。世間は知ったかぶり症候群に罹《かか》っているから新発見ができずにいて、それで苦しみ続けているように思えてくる。「この世の解明できていないことなんて無い」と信じ込んでしまっているのではないか。「今が科学文明の頂点にいる」と思い込んでいるのではないか。そして、固定信念や一定化された世論を民衆に強制している政治的権力がいて、支配構造が維持され続けてきたのではないだろうか。これらすべての要素と、自分たちの生活への影響について考えるとき、もうこれまでのように現実から目を逸らすのは止めるべきだ。

## ロングアイランド（哲学科を支配した女生徒）

大学2年生の2学期、ドラッグ依存からのリハビリも大分安定してきた。NASAの元内部関係者による暴露情報を耳にしたのも、この頃だった。私のUFO研究はここから本格的に始まった。当時、私は大学で哲学科の講義を受けていた。フラストレーションがたまる講義ではあったものの、色々と意義深い授業でもあったと今では思う。教授は生徒たちにさまざまな哲学の歴史を教えたがっていた。「哲学（Philosophy）」という言葉は、古代ギリシャ語で「知恵への愛」という語源の言葉だ。「自分は本当に存在するのか？」という、不思議な問いに惹かれて哲学者になった者もいる。この哲学の分野は「実存主義」として知られる分野で、「自分が本当に存在しているのか」というテーマは、私が受けていた講義の主題でもあった。

ルネ・デカルトは「我思う、故に我あり」というシンプルな言葉で、我々の存在の有無をめぐる戦いに勝利したと一般的に考えられている。デカルトはまた、「デカルト主義」として知られる科学分野にも大きな影響を与えた。その基本的な考え方は、宇宙は非常に小さくて硬い粒子である「原子」でできているが、もし物理的にそれを見たり測定したりできなければ、それは存在しないということだ。夢、ビジョン、霊性、高次の意識、死後の生などについての「肉眼では見えない世界」についての人々の疑問は、教会が一手に引き受けることになった。科学は、「物質界における」絶対的な実在性にのみ集中することになった。科学界と教会との間に結ばれたこの協定は、400年以上も前のものだ。しかし、現在でもかなりの程度有効であることは明らかだと思う。

多くの哲学者たちはそれでも、「存在すること」という基本概念について疑問を持ち続けた。自分が確実に知ることができる唯一のことは、自分が意識を持っていることだと言われている。この意識を通して、自分たちは周りの世界を見たり、聞いたり、においをかいだり、触れたり、味わったりしていると思われるからだ。意識を通して、自分とは分離した「他人」と話しているように見える。自分は人体の中にいて、自分は人間のような姿を持っているように見える。何十億以上もある銀河の中の、一つの惑星の上を歩いているように見える。しかし、明晰夢と同じように、自分たちの存在が真実であるかどうかを完全に証明することはできないのだ。証明できることといえば、五感を通してこれが現実であると受け入れる経験をしているということだけ。しかし、超感覚で感じてみると、自分たちは大きな幻の中、つまり「夢の中で生きている」ということが分かってくる。我々の正体は、この全宇宙を夢見ている何者かが見ている夢の住人だという可能性だってあるのだ。

この話は実はとても高尚な話であって、「時を超えた不朽の智慧《ちえ》」といえる概念なのだ。サイケデリックな経験をしたことのある人なら、私の言っていることの意味が分かるのではないだろうか。ここで私が興味を持ったのは、意識を通して知覚している物質的世界よりも、意識そのものが「本当の現実」なのかもしれないという考えだった。この概念は深い瞑想をしているときや、熟考しているときなど、精神が神秘化状態にあるときに常に生じているように思える。この概念は、核心に迫る何かがあるかもしれない。

この哲学のクラスには議論好きで、人に対抗するのが好きな学生がいた。ロングアイランドなまりが強い彼女は、ブリーチをかけたブロンドの髪を持っていて、酒癖も強かった。過去に大学のパーティーで彼女に会ったことがあった。ノートの中で彼女のことは「ロングアイランド」、略して「ＬＩ」と呼んでいて、彼女がいつも教授と言い争っていたことも、起きているときの日常の一シーンとして私はノートに記録していた。実は彼女のファーストネームすら覚えていないのだが。

講義がＬＩと教授との激突で終始することも珍しくはなかった。彼女は教授の話はまともに聞いておらず、一部だけを聞いて、あとは全無視して、ひたすら攻撃を繰り返していた。物質主義的な考え方、信念、仮定を並べて教授と対決してばかりで、単純で下品な皮肉が次々と彼女の口から出てきた。「ビールを飲むなら、私はただそれを飲む。私はそのビールが本当に存在するかなんて気にするために座っているのではないわ」とか言っていた。教授はカリキュラムを説明しようとするが、彼女はその一部に突っかかってきて、また無意味な議論が始まった。彼女が教授と激突していた回数は20回以上では済まされない。この事態がずっと続き、次第に私は耐えられなくなっていった。こんな精神異常的な性格構造を持つ人物は見たことが無かった。クラスのみんなも二人の長い議論を聞きたくも無かったが、誰も止めようとはしなかった。教授が生徒たちにも議論の舵取りをお願いしても、いつも通りＬＩはクラス全員を泥沼に引きずり込んだのだった。

終わらない議論に疲れ果てていた教授は、ある日こう述べた。「認めて当然の基礎にも同意できず、学ぶ意欲すら無い場合、完全にとは言わないまでも、何かを学ぶことなど到底無理な話だ」これは明らかにＬＩのことを言っていた。私も含め、クラス全員が彼女に腹を立てていた。彼女の目をまともに見ることさえしなかった。彼女は結局最後はクラスの誰とも仲良くなれず、衝突してばかりだった。今度はいつ彼女が喧嘩を売ってくるかと、いつもヒヤヒヤしていたのだ。まあ、彼女にとっては多少の口喧嘩くらいなら日常茶飯事だったようだし、あまり気にしていない様子だったが。彼女は相手が誰であっても議論を交わすことが好きだったのだ。そうして彼女はクラス全体を支配した。彼女が講義に来なかった貴重な日も何度かあったし、そのときはやっと哲学科の講義らしくなった。教授は哲学の歴史を教えるつもりだったがそれも上手くいかなかった。歴史なんかよりもずっと難しい問題を今抱えていると嘆いていた。

## 哲学的議論

哲学において、「議論」という言葉は二人の哲学者の間で、ある概念が本当に真実であるかどうかを確かめるための会話のことを表す。たとえば物質は小さな原子が集まってできているという考えは現在では当たり前になっているが、それ以外の多くの常識も、元々は紀元前5世紀に哲学者のレウキッポスや、デモクリトスのような知識人たちの間の「哲学的議論」から生じたものだ。現代数学の多くはピタゴラスの哲学に由来する。天文学、生物学、物理学は元々、哲学から始まった学問だ。哲学というのは、我々が徳や倫理観を理解することで初めて信用することができる学問だ。だから、我々が法律や政治を信頼して発展させていった背景には、いつも哲学があったのだ。一方で、戦争や武器製造技術、戦略などの争いに関する学問も哲学的議論からも発展したものだ。哲学者はまた、初期キリスト教形成期の頃から、人々の精神的概念も発展させてきた。今日では人工知能にどこまで管理させるとか、地球外生命体が存在する可能性など、さまざまな哲学的議論が行われている。哲学は私たちの将来を計画する上でも重要な役割を果たす。博士号は「Ph.D.」という称号を用いるが、これは「哲学博士（Doctor of Philosophy）」という意味であり、それほど哲学は各学問の根底にあるものということだ。

教授が言っていたが、「議論をするためには、ある基本的な原則をこの世界における普遍的事実として、まず総員が受け入れなければ始まらない」ということだ。これが哲学の根底たる「規則」だろう。もちろん、基本的原則といっても、後の世で反証されることもあるかもしれない。しかし、何はともあれ、哲学的議論をしたいのなら、話者は与えられた「原則を真実として受け入れる」ことに合意しなければならない。そうすれば、基本的原則についていちいち議論しないで本題に入れるというわけだ。教授は、講義の中でほとんど毎回、この点を繰り返し強調していた。いくつかの基本的な点で合意ができたら、次に進むのは論理と理性を伴う実際の議論だ。

哲学的議論がどのように機能するかを示す簡単な例として、哲学の古典的な台詞である「我思う、故に我あり」について考えてみよう。「自分はこうして思考している、だから自分は存在していると証明されている」という考えについて哲学的な議論をするには、まず「思考すること」が事実であり現実であるということに、話者が同意している必要がある。ばかげているように思う人もいるだろう。これを信じられないし、認めたくない人もいるだろう。だが、このような概念を探求することに一生を捧げている人だっているのだと分かってほしい。「理論的に考える」には、考えが筋道立って理路整然としている必要がある。一方で、何にでも疑問を投げかけることを楽しんでいる人だっている。「考えるから存在している？　待て待て、じゃあ人間ってなんだ？　何を持って人間は人間なのか？」などの疑問のことだ。

もう少し詳しく考えてみよう。「今ここにいる自分」は、一人の人間として、「思考」と呼ばれる体験をしているように見える。しかしよく考えると、なぜこれが自分の考えであると知っているのだろう？　自分のこの考えは、自分のものではないかもしれない。「自分」は自分で選べないのかもしれない。つまり、「自由意志」は無いのかもしれない。「自分が考えること」は、本当は自分で作った考えでは無いのかもしれない。「自分の考えだと思っていたことは、実は自分を操っている外界からの力だ、と思う人もいるだろう。

まあ、これはあくまで仮定の話だ。私自身はそう信じてはいない。私は、自分が自分で考えて、自由意志を持っていると信じている。しかし、現代哲学者の中には、人間の思考は映画『マトリックス』に出てくるような巨大な人工知能の産物ではないかと考えている人もいる。映画の中では、我々という存在の本質は人工知能によって完全に隠されていて、自分が本当は何者なのかが誰も見えなくさせられている。

もし哲学者が一人でも、「思考が現実であること」を受け入れなければ、議論そのものが進まなくなってしまう。デカルトは思考が現実に起きている事実であることは、万人が認める当たり前の事実であると考えた。デカルトが宇宙の本質について主張していたもっと重要な話についても議論したいのなら、「思考」が事実であることにまず同意しなければならない。同意できない場合、議論の後半部に進むことができないで終わってしまう。「我思う、故に我あり」自信を持って「我」と言えるかどうかが、後半に進めるかどうかにかかってくるということだ。それが議論全体の始まりであり、終わりでもあるのだ。「故に」という言葉選びが気に入らないとか、「思う」が科学的に適正かどうかで言い争ったり、「我」が何を意味するのかというような問題について話していたら、終わらないのだ。

ＬＩは哲学的議論をしに来たクラスの皆の希望を完全に打ち砕いた。いつも彼女は基本的原則の方を狙って攻撃していた。だから、教授とは口論するネタは毎回同じだった。より深い議論をする前に同意すべき要素の方を無視したり攻撃するから、結局何もできなくなったのだ。しかも、腹立たしいほど繰り返すときたものだ。教授が何か伝えようとしても、彼女はすぐこの基礎部分を攻撃して、「こんなの何もかもが馬鹿げた議論だ」という彼女の主張に寄せようとしてきた。教授のことをあざけったり、冗談を言ったり、生徒に意味のないことを考えさせて、「このクラスにいる人は皆、時間を無駄にしている」と主張していた。というわけで、彼女は基本的な考えを受け入れることが全くできなかったために、クラスメートたちは意識を持つ存在がどのように生き、意識が何を意味するのかについて議論する十分な時間さえ持つことができなかったのだ。

## 最初の証言

哲学の講義はこのように面白いとは言えなかった日々が続いていたのだが、その頃は幸運にも大学の友人からＵＦＯ現象の秘密について、ある詳しい説明を受ける機会があった。１９９

3年の2月ごろ、私は大学2年生だった。その友人の教授は大学の物理学の学科長で、197 0年にはNASAの「上層部」にいた経歴があった。その教授が物理学の授業の中で、「ロズウェル事件での噂のUFO墜落は本当に起きたこと」であり、「墜落したのは地球外からの宇宙船であったこと」を率直に明かしたというのだ。もしLIがこの授業にいたらきっと邪魔してきて、教授は何も言えなかっただろう。教授によると、NASA上層部が避けたいのは、「ニューヨーク・タイムズ紙」の一面記事になるような事態であって、大学の教室でこの情報について漏らすくらいなら別に構わないと思っているのだそうだ。1938年10月30日、ラジオ放送で『宇宙戦争』のドラマが流れたとき、一般大衆が本当に宇宙人に攻め込まれていると思ってパニックになったのを見て、一般人はまだこの情報を受け入れる準備ができていないのだとNASA上層部は考えたらしい。教授はその話をした後、「後でもう一度訊かれても、〝そんなこと言って無い〟と答えるからね」とクラスの皆に警告した。教授のこの奇妙な発言に、クラス全体がどよめいた。明らかに教授は、何かを恐れていた。

友人は授業の後すぐに教授に会って、彼が知りたがっていたことについてさらに2時間質問した。教授は授業で明かしたことよりもはるかに詳細まで話してくれた。そして、そのときの会話の一部始終を友人が私に話してくれたというわけだ。友人は私の質問にも最大限努力して答えてもくれた。教授によると、ロズウェルや他の墜落事故ではほとんどの乗組員が死亡したが、一部は生存していたのだそうだ。2歳の頃からUFOに関連した夢を見ていた私は、これら墜落現象にはまだ知らない多くの真実が隠されていると確信した。ここから私はUFO現象に非常に興味をそそられてゆくことになる。私はこのときまでにすでに自分の夢が未来を予言していることや、正確な霊的指導を与えてくれることに気づき始めていたのだが、それでも今回のNASAの件は人生を変えるほどの衝撃だった。

教授は、墜落した謎の乗り物の内部で発見された、3種の「生物」についても教えられたようだ。背が高い方のグレイ種族は、痩せた白っぽい体に長い手足、大きな黒い目がある異常に大きな頭をしていた。背が低い方のグレイ種族は頭部にヘルメットをかぶっていたそうだ。ヘルメットの下には、人間のようだが恐ろしい顔をした「怪物」の顔があったが、教授はその顔が正確にどのようなものかは明かさなかった。最後に、教授は私たちとほとんど同じような外見の人型宇宙人についても聞かされていた。似ているといっても若干の違いはあって、彼らの瞳は濃い青色や紫色の虹彩《こうさい》があったり、ひし形の瞳孔を持っていて、皮膚の色も違っていて、口蓋がネコのように隆起しているのだそうだ。

## 天からの贈り物（リバースエンジニアリング）

レーザー、LEDライト、赤外線暗視、光ファイバー、半導体トランジスター、コンピューターチップ、テフロン、マジックテープなどの技術的発明は、どこかにUFOが墜落する度に発見されていった。墜落したUFOは研究所に送られて「リバースエンジニアリング」をされて、その後各企業に「異世界技術」として提供されて、そこで研究および複製がされていった。

1997年、ウィリアム・バーンズとの共著で書かれた画期的な書籍『ペンタゴンの陰謀』で、フィリップ・コーソー大佐が内部告発者として名乗り出てきて、全く同じことを書いていたのを見て、私は唖然とした。[11] この時点で私は、リチャード・C・ホーグランドのホームページにある掲示板で、私が聞いた教授のインサイダー証言について曖昧な言い方で話しただけだった。コーソー氏の回想録が私の個人的な記録から借用された可能性は、ゼロとは言わなくとも限りなく低い。しかもコーソー氏は

私がこれまで得た情報よりもはるかに詳細な情報を持っていた。懐疑論者はこれでも疑い続けることに精を出すだろう。これだけの証拠が出そろっているにもかかわらず、懐疑論者たちはそれらを結びつけて考える気が無いのか、もしくは自分に正直になれないのだろう。

フィリップ・コーソー大佐と教授は、最近よく目にする「技術革新」はこの「空からの贈り物」と密接に関連していることを明らかにした。ＵＦＯからの異世界技術を拝借しなければ、我々はまだバスケットボールのコート一面を埋める量の巨大な真空管コンピューターを使い続けていたことだろう。教授はまた、反重力やフリーエネルギーのような素晴らしい技術も人類は手に入れたが、それらは未だに高度に機密扱いをされ続けているという。しかし、「内部」では我々には信じられないほど普通によく使われる、ありふれた技術であったそうだ。友人の言っていたことを疑う理由が私には全くなかった。その教授は物理学科長であり、確固たる権威だ。そんな彼が情報開示をした授業では、生徒たちの誰もが、彼の言っていることに疑念を抱いたり、反論したりするほど肝の据わった人はいなかった。ただ一人、私のこの友人を除いて。私に関して言えば、教授は「もう一度訊かれても何も言わない」と約束していたことを知っていたので、私からその教授に近づこうとはしなかったのだ。

## オンラインディスカッションでの「トロール（荒らし）」

哲学の授業はフラストレーションがたまったが、私も1996年から先の自分の将来について具体的に固めていき、そのために準備をしていくのが優先だと思っていた。そのためにも、あの哲学科の講義は必要な要素だったと言えるのかもしれない。その年、私はUFO、古代文明、超常現象に関する本を300冊以上は読んだ。リチャード・C・ホーグランドのホームページにある掲示板での議論に参加し始めたのもこのときだった。オンライン・ディスカッションでは、他人に迷惑をかける参加者は「トロール（荒らし）」と呼ばれて忌み嫌われていたのだが、インターネット黎明期《れいめいき》の1996年には、まだその言葉自体が普及していなかった。ホーグランドのフォーラムでは荒らしが大勢いて、尋常じゃなく活発だった。まずUFOが実在するかどうかについて意見が一致しておらず、掲示板は常に荒れていた。これではUFO現象について有意義な議論ができない。興味深いデータが出てくる度に荒らし達がどこからともなく駆けつけてきて、容赦なく攻撃を加えてくるのだ。データの欠陥を探しまわることに専念し、小さな矛盾を見つけ出してはそれを大々的に指摘し、謎解きよりも「議論に勝つ」ことを優先し、議論することそのものが完全な時間の無駄だと、勝手に結論付けて掲示板の雰囲気を変えてしまおうとする。荒らしは読者の意識を、「いつもの日常」的な信念に引き戻すために努力を惜しまなかった。宗教の狂信者たちも、その信念を熱烈に擁護していた。自分たちの言い分が間違っているかもしれないという可能性については、これっぽっちも考えていない。哲学の授業でのＬＩと同じだ。荒らしは、他人の不幸を喜び、皮肉や意地悪を重んじるのだ。

今日でも、ＵＦＯ研究家の多くは未だにＵＦＯや知的地球外生命体が本当に存在するかどうかについて議論している。ＵＦＯの目撃情報や証言、ＵＦＯが写ったとされる写真や映像、ＵＦＯ着陸の痕跡、キャトル・ミューティレーション、アブダクションやコンタクトの話、政府や軍の内部関係者の証言、ミステリーサークル、古代文明の遺跡の分析などが行われ続けている。それらを公開講座や、ラジオ番組、記事、本などで話すまではいいのだが、大抵の場合結論が無い。話が終わっても、「で？」になって、何を言いたかったのか分からなくなることが多い。「地球外生物は存在します」、それは分かるけれど、彼らが何者なのか、どこから来たのか、私たちに何を望んでいるのか、そういった本質に迫りたい聴衆の「哲学的疑問」はほとんど扱われることは無い。ＵＦＯ現象の精神的な面についても、ほとんど完全に無視されている。結果として、空間、時間、物質、エネルギー、意識、そして我々の存在そのものの本質についての哲学的議論が一向にされないままだ。

## ＵＦＯを哲学的に議論するための４つの手段

地球外生命体の存在についての哲学的理解を深めるために、主に４つのテーマを論じることができる。第一に、古代文明では異星人との接触、夢、通信をしていたことの膨大な記録や報告書が残されており、証拠があるにもかかわらず、記録の多くは「単なる神話」として片付けられたり、宗教になったりしていること。第二に、今日の技術では再現できないような、数トンの重さの巨石ブロックを組んで作られた壮大な建築物が、地球上のあちこちにあるということ。第三に、地球外生命体との通信のほとんどは口頭では無く、テレパシーで行われているということ。最後に、高度に機密化された軍事計画では、地球外の存在と直接会ったことがあると主張する内部所属者の証言が実際にあるということだ。

１９９３年にＵＦＯの研究を始めたとき、私はこれらの４つの分野それぞれで妥当性を証明するための説明が自分でできるように、全力を尽くしていた。原則として、お互いを全く知らない無関係な３つ以上の情報源からの情報に共通項が見られた場合、私はその情報は真実かもしれないと考え始めるようにしている。お互いに接触したことがない複数の内部関係者が、全く同じ情報を各個人の観点からとても具体的に私に話してくれたケースは、いくつもあった。いずれの場合も、私は受け取った情報を絶対に事前にオンラインで発表したり、他人に話さないように自戒し、徹底していた。あとでいくつか述べていくが、『一なるものの法則』シリーズは、私が集めていた内部関係者の証言や科学的データと驚くほど多くのつながりを持っていた。また、当時は想像もつかなかった多くの科学的大発見を、その20年以上前から予見していたというのも、興味深いことだ。

## コネクション（明晰夢で出会う真のリアル）

１９９３年のＮＡＳＡの情報公開の衝撃について、私は熟考し続けていた。そしていつしか、「これも僕が向上心が強くて、ちゃんとそれに見合う大変な努力をしてきたから、こんな素晴らしい情報を得ることができたんだ」と思えるようになった。同時に、あの老人からもらった言葉のことを思い出していた。高校時代の明晰夢で、私を乗せてくれた宇宙船に乗っていた人たち。彼らは私の潜在意識の産物では無かったのかもしれない。もしかして、実在する人物なのではないだろうかと思い始めていたのだ。

哲学の授業でＬＩに苦しめられたおかげで、私はやっとＵＦＯについての哲学的議論を始める気になれたのだと思う。彼女の理不尽で、懐疑的な態度が私の中にもあったのだ。だから、それを拒否して、「ＵＦＯや地球外生命体が実際に存在するかどうか」という根本的な問題について、自分自身と議論するのをやめることにしたのだ。そうしてようやく私は、友人が本当のことを言っていること、その物理学の教授がＮＡＳＡ時代に見たり聞いたりした情報を、正確に報告したという話を素直に「事実」として、受け入れることができた。もちろん、まだ絶えず証拠を探し続けていたのだが、それはまだ事実について疑っているから探しているのではなく、「そのような事象が存在する可能性が高い」という見解からの好奇心から来る個人的なリサーチだったのだ。数年後、インターネットでその教授の名前を調べてみたら、ちゃんと彼が１９７０年代のほとんどをＮＡＳＡで過ごしていたことが確認できた。彼の遺族に敬意を表し、彼の名前は明かさないことにする。フィリップ・コーソー大佐のように、自らの証言を一般公開することを選んだ内部関係者（インサイダー）は他にもたくさんいる。コーソー大佐が明らかにしたことのほとんどは、その４年前に友人が教授から聞いていたことだった。

「ＵＦＯや地球外生命体が実際に存在する」という基本的理解に私は至ることができたので、今度はできるだけ多くの資料を集めることに集中できるようになった。情報の信頼性を多角的に評価することで、集めた事実を統合して、自分独自の「統一理論」を構築しようとしていたのだ。ほどなくして私は、テレパシーなどの意識の不思議な働きについて書かれた本を読み始めることになっていった。これらの本の中には、超能力と地球外生命体の概念とを結びつける情報もあった。エドガー・ケイシーなどがその代表格であり、彼は高度な地球外あるいは高次元意識とコミュニケーションをとっていたようだ。私が読んでいた本にはよくエドガー・ケイシーの名が登場していたのだが、それにはもっともな理由があった。

## エドガー・ケイシーの謎（奇跡の涙泉）

１９００年初頭から１９４５年に亡くなるまで、エドガー・ケイシーのリーディングの起こす神秘や奇跡的な能力の発現は、多くの人々が目撃することになった。それは人々にとって、まるで忘れられた記憶が呼び覚まされていくかのような経験だった。このような霊能力は、現代ではただの絵空事のように思われてしまい、懐疑的な考えがすぐに内側に湧いてきて、なんでも全否定してしまいがちだ。ケイシーは謎の多い人物だった。ケンタッキー州で一見普通の、タバコ農家をしていた男性だ。子供の頃から労働者として働き、高等教育も受けていなかった。エドガー・ケイシーが行った「サイキック・リーディング」は１万４０００の事例が記録として残っている。催眠状態にある間、ケイシーの一部が依頼人が住む遠隔地にまで飛んで行き、患部を正確に診断し、独創的で効果的な治療法を処方した。事前にケイシーに与えられた情報は対象者の名前と住所、そしてセッションの予定時間にその住所に訪問するという合意書だけだった。私は自分自身の幽体離脱体験や、明晰夢、その中でのＵＦＯとの接触を経験していたので、猜疑心《さいぎしん》を抑えて、読んだことを素直に受け入れることができた。

ケイシー氏はリーディングをしている間、完全に眠っていた。催眠状態にある間、彼の意識のより「本来の部分」の方が目覚め、話し始めた。その大いなる意識は、一人称を「私」ではなく複数形の「我々」としていた。ケイシーは目が覚めても、寝ている間に自分が何を言ったか全く覚えていなかった。記録はケイシーの声を聞きながらの速記で書かれたのだが、読みづらい上に馴染みのない用語も使われることがあった。長文も多く、一つの段落と呼べるほど長い一文もあった。しかし、彼のリーディングの正確さは驚くべきものだった。未来の予言の多くが、正しかったことも後に証明された。ケイシーについて書かれた本は６００冊以上もあるが、その理由は言わずもがなだろう。依頼人の家を訪れていたのは、エドガー・ケイシーの肉体ではなく精神体の方だったようだ。その「眼には見えない体」で彼は患者の体内を観察し、問題を分析し、治療法を提供することができた。

以下は、ケイシーの物語のより魅力的な側面のいくつかについて、私の以前の本、『シンクロニシティ・キー』からの短い抜粋である。

「Warner Books 社は、ケイシーの死後20年経った１９６７年に『エドガー・ケイシーを読み解く（原題：The Edgar Cayce Reader)』という本を出版した。[12]

その序文では、それまでにケイシーが書いた10冊の本がいずれもベストセラーになっていたことが記されていた。ケイシーの死後53年である１９９８年、ポール・K・ジョンソンは『エドガー・ケイシーと歴史（原題：Edgar Cayce in Context)』という本をニューヨーク州立大学と共同で出版し、その中で、

ケイシーが過去二世紀のアメリカ史における宗教的革新者と呼べる存在であった事実についてが論じられている。[13]

ケイシーは１９６０年代のニューエイジ運動や自然療法運動などにも強い影響を与えていたことは周知の事実であり、社会現象を巻き起こしていたのだ。

１９５０年から１９９７年5月までの間、『エドガー・ケイシーと歴史』を含め６４６冊のエドガー・ケイシーについての本が出版されている。アメリカのセブンスデー・アドベンチスト協会の創立者であるエレン・グールド・ホワイト氏について書かれた本でさえ５４２冊なのだから、ケイシーという人物の与えた影響力の大きさが解る。末日聖徒イエス・キリスト教会の設立者ジョセフ・スミスでさえ２６４冊、神智学協会のヘレナ・ブラヴァツキ婦人でさえ１２１冊だ。ケイシーはリーディング中に目を閉じてソファに横になっている間、秘書のグラディス・デイビスがリーディングを速記していたのだが、彼女が文字の綴りを間違えると、ケイシーは目を閉じたままそれを指摘していたという。[14] 部屋に客が来たら彼らの心を瞬時に読みとって、質問をする前に回答したりもしたそうだ。[15] ケイシーは起きているときは英語しか話せなかったが、リーディング中は客の母国語で完璧な会話をしたり、ウィットに富んだ冗談で笑わせたりもできた。リーディング中は、なんと20か国語以上の言語を流暢に話せたそうだ。[16] このような卓越した能力について、寝ている間のケイシーは「ほんとうは、誰でもこのようなことができる」と常に強調していた。

ケイシーが客に与えた医学的助言も素晴らしく、重曹やいぼ用のひまし油のような、当時誰も考えつかなかった素材を用いて薬を調合し、医者が匙を投げた患者の重い病を奇跡的に治癒させたりした。[17] カナダのカトリック司祭は、ケイシーにてんかんを治療してもらえたし、オハイオ州デイトンの高校生の若者は関節炎を治してもらい、ニューヨークの歯科医が2年間も悩まされていた片頭痛を、わずか2週間で完全に解消させたりもした。『強皮症』として知られる謎の皮膚疾患を患ったケンタッキー州の若い女性ミュージシャンも1年ちょっとで完治させてもらった。[18] 不治の病と考えられていた乳児緑内障を患ったフィラデルフィアに住む少年も、奇跡的にその視力を取り戻したという。[19]

典型的な唯物論者であるほど、ケイシーのリーディングの奇跡を受け付けることができない。なぜなら、彼らの人生にそのような奇跡が起きたことが無かったからだ。この目で見たことが無いものを信じることは、確かに難しい。超常現象と呼べる出来事は多くの人が経験したことが一度くらいはあるはずなのだが、それを五感を通してのみ証明しようとすると、本当にあった出来事かが疑わしくなってしまうからだ。私自身も、今のように宇宙的なことを真に理解するためには、未来の予言などの神秘体験を何度も繰り返し体験する必要があったことは認めないといけない。何度もしつこいようだが、人は夢にもっと注意を払うべきなのだ。そこから奇跡のような出来事が当たり前のように起きるようになっていくのだから。

## 代替科学的概念の探求（ワンダラーと忘却のベール）

UFOが現実のものだと哲学的に理解すると、主流科学と呼ばれるもの以外の「代替科学」についても探求することができるようになった。UFOが存在するということは、この宇宙のどこかで誰かが重力を制御する技術を完成させたということになる。彼らはまた、我々が使用しているような電池などよりもはるかに優れた、寿命が無い無尽蔵のエネルギー源を発見していたということだ。

それと、光はこの世で一番速いというアインシュタインの理論は間違っているということになる。そうでなければ、一番近い星から来ているとしても、非常に長い年月をかけて地球に来ているということになってしまうからだ。それでも光速で来ていると考えるならば、少なくとも訪問者はおそらく冷凍睡眠装置などを使用しているはずだ。どのみち片道旅行になってしまうだろう。そんな一見無駄なことをしているとは考えにくい。こうしてＵＦＯの接触者やアブダクション事案などを掘り下げていくうちに、今度は地球外生命体からテレパシーを受けとったという人々の話をよく耳にするようになった。真夜中に突然目が覚め、しかもそれを「察知していた」彼らは、そのまま外に出て、空中に浮かんでいたＵＦＯとコンタクトをしたというのだ。子供の頃に似たような体験をしていた思い出がある私にとっては、馴染みのある話ばかりだった。子供の頃、夜中に夢遊病みたいにトランス状態になって、なぜか外で見つかったということが何度かあった。しかし、起きている時にＵＦＯを見たことは無かった。見たのは、夢の中だった。体験談としては似ていたけれど、この点が大きく違っていたのだった。

研究を進めていくと、どうやらこの地球上の一部の人々は大多数の人々に比べて精神的な意味でもっと進化した魂を持っているらしいということが分かってきた。そのような進化した魂は「ワンダラー（流浪の民）」と呼ばれたりもする。なぜ「流浪」なのかというと、彼ら自身は忘れているが、人間の体の中に入り込んで地球上で生きている、「地球外由来の魂」だからなのだそうだ。興味深いのは、彼らの故郷のＥＴファミリーは生涯を通じてずっと彼らと接触し続けているという話だ。こうしたコンタクトは、夢、テレパシー、直接の接触体験を通して行われる。故郷のETたちの船に物理的に連れて行かれることもあるのだとか。そしてほとんどの場合、こうした接触は本人が起きている時の記憶から消去される。すると、自分の身に何かとても珍しいことが起きたという、漠然とした感覚だけしか思い出せなくなるのだ。これを知って、子供の頃ニューヨーク州北部で私が経験した多くの奇妙な出来事とも辻褄が合う。

ほとんどのワンダラーは覚醒をしないまま、眠り続けて一生を終えるという。そのように設計されているのだ。彼らはここよりはるかに調和のとれた場所から来ていて、その時の潜在意識の記憶が地球上で呼び起こされる時に、世界そのものが改善されるようになっているのだ。『一なるものの法則』シリーズから言葉を借りるなら、「忘却のベールを貫く」ということだ。私も、自分が何者であり、ここで何をしているかについて、他の人よりもはるかに多くのことを知ることができたと思っている。本書で私自身の話を読者の方と共有することで、最も楽しみにしているのは「これを読んだ皆様自身が、自分自身の人生パズルのピースをつなぎ合わせ、新たな発見をし始めるかもしれない」ということだ。もし今、あなたがこの本に興味を持って読み続けているのならば、あなた自身が「ワンダラー」である可能性が平均よりはるかに高い。ということは、頼みたいことがある。あなたが「本当の自分という答え」を見つけ出してほしいのだ。それを自分自身に約束してほしい。それがあなたの使命なのだから。

# 第5章

# 過熱していく科学的研究

## 隠された驚嘆すべき無数の科学的研究

ドラッグ中毒から立ち直って、自分が見た夢を書き残し始めた1992年、そしてNASAの元関係者の情報開示を耳にした1993年、その後のUFOと超常現象についての私の個人的研究はどんどん進んでいった。最初の3年間だけで300冊を優に超える数の本を読んだ。1995年後半からは、私の主な研究の舞台はインターネットへと移り始めた。私が見ていた夢は、本で研究した科学的データに更なる洞察を加えてくれた。それについて全部語っていては、とてもこの本一冊には書ききれない。1998年7月、私は「UFO研究家」として自立し、一日14時間、年中無休で働き通した。この研究へ人生をかけてきた。

といっても、きつい仕事とは思ったことは無い。とてもやりがいのある仕事なのだ。「偉大な真実を探求しなければならない」という燃えるような情熱があり、全神経を研究に集中することができた。それ以外のことには目もくれなかった。1999年2月、私は自身のウェブサイトを起ち上げ、オンラインビジネスも始めた。2004年には、私の研究の中から最高のものをまとめ上げて、製本した。膨大な研究資料集は3メートル近い棚に敷き詰められていった。だがもちろん、これだけの大量の紙を持ち運ぶことは難しい。ということで2004年以降、ハイパーリンク付きのメモ帳に全情報をデジタル形式で保存するようにした。これを印刷して本にしたら絶対に5倍以上のサイズになっていたことだろう。

私は、ほとんどの人が聞いたこともない、おそらく検証されていることでさえ信じられないであろう、文字通り何千もの革新的な科学的証拠を発見していった。博士号を持ったお堅い学者たちは、実験室という制限された環境で実験を繰り返して地道に発見をしているようだが。学者というのは、整った環境で適切に実験を行うことで、自分たちの発見が全く思い込みや偏見に毒されていないということを徹底するものだ。気を付けるのは良いことだが、出した結論を公表することについては、実に消極的だと言える。学者たちは、世間一般の信念体系と矛盾する情報を提示してしまうと、人々から嘲笑や嫌がらせを受ける羽目になると知っているのだ。

自分の情報開示は自殺行為になる場合があるということで、極端に怖がってしまっている。自分が築き上げてきた輝かしいキャリアの破滅を、一番に恐れているのだ。だが、多くの驚きの研究結果が、人知れず無数に存在しているというのを発見していくのは、驚きの体験となった。そして、それらの結果同士を結び付けて、一枚の全体図を作っていこうという者が未だに誰も現れていないということにも、驚いた。重要な情報の一部であれば、たとえばオンラインの記事などには堂々と掲載されているのだが、それら何千ものばらばらになった断片を一つにまとめようとする物好きな人というのは、そんなにいないようだ。だが、そんな題材を全部ではないが選び抜いて、うまく結びつけた書籍ならいくつか存在している。その中の一冊が、私が1995年頃に読んだマイケル・タルボット著『投影された宇宙―ホログラフィック・ユニヴァースへの招待』だ。[20]

## 火星の謎

その頃、私の想像力を何よりもかき立てたのは、リチャード・C・ホーグランド氏が彼の名作『火星のモニュメント』の中で語った「超次元理論」だった。[21] その本を最初に読んだのは1993年で、元NASAの教授の報告からわずか数カ月後のことだった。ホーグランド氏は、NASAが撮影したという月と火星の写真を分析し、知的生命体による建造物があると思われる地点をいくつも指摘した。火星のシドニア台地には、直径1・5マイルの巨大な人面岩があり、その周りは頭飾りと思われる部分の岩に囲まれている。人面岩のすぐ西には、さらに巨大な五面体ピラミッドがある。この五角形は幾何学的に完璧ではない。だが面白いのは、レオナルド・ダ・ヴィンチの有名な「ウィトルウィウス的人体図」と全く同じ比率の図形であるという点だ。北部に人面岩があることを考えると、この地域全体が何らかの知的生命体によって作られたと結論に至ることは別に難しくはないはずだ。

火星にはかつて海も大気もあって、雲もあって雨も降っていて、それこそ地球ととてもよく似た環境の惑星だったとホーグランド氏は仮定した。NASAが火星表面の大部分にはかつて少なくとも1・5

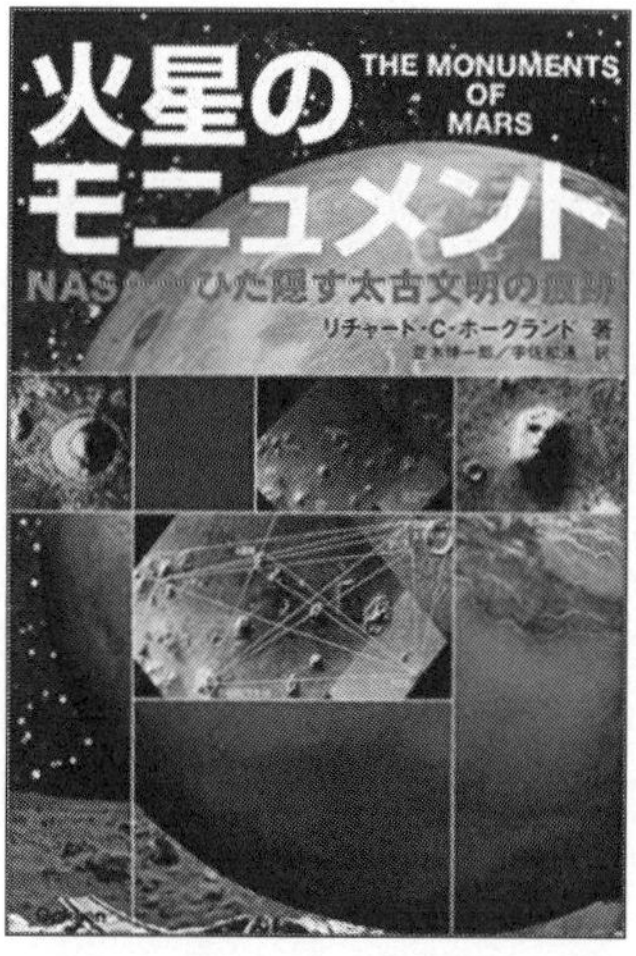

マイルの深さの大きな海があったと発表したことがあったが、その約20年前の話だ。火星がかつて、地球人に似た先進技術を持つ古代宇宙人種の故郷であったと、まずは認めてから話の続きをすることにしよう。そうしないと、哲学的議論が始まらないからだ。それからは詳しい調査と新しい理解もできるようになってくる。ホーグランド氏は、火星の「人面岩」の横半分が人間の顔で、もう半分はネコの顔に見えると指摘した。地球上には、半人半ネコ科のスフィンクスの像がある。火星の人面岩の横にはピラミッド群が立ち並んでいる。スフィンクスの近くにもピラミッドがある。この共通点には、どんな意味があるのだろうか？　地球上にスフィンクスやギザのピラミッドを建造した人々は、火星に建造されたこれらの人工物のことも知っていたのだろうか？　エジプト人の支配階級は、もしかして火星の古代文明人たちの子孫なのだろうか？　少なくとも、何らかの形で、その子孫が持っていた記録に触れていたに違いない。これは私の前著『アセンションミステリー』の後半部で論じたように、この太陽系の宇宙史における重要部分だ。

ホーグランドのホームページにある掲示板では、このことを「とても信じられない」と言う人が何人もいた。NASAが撮影した証拠となる写真を見ても、「これはただの光と影のトリック」だとか「ポテトチップスにイエス・キリストが写っていると言うようなものだろ」としか思わないようで、事実を事実として受け入れることができなかった。主流科学からはみ出し始めて、識別力を使いつつ、真実へと心を開き始めていた私は、写真に写っている物体が目や脳の錯覚などではなく、まぎれもない古代の遺跡である可能性が非常に高いと考えることができた。私は火星の謎に関する、あらゆるデータを注意深く研究した。つまり、ホーグランドの説はちゃんとデータを検証したうえで出した結論であって、非常に説得力のある説だと私は結論付けたのだ。ホーグランドの研究チームの出した結論は次のようなものだ。「火星の古代遺跡群は、人類が現在使っているものよりも断然先進的で高度な物理学を理解できるようになるために、わざとこのように設計された」この「新物理学」のことを、ホーグランドは「超次元理論」と呼んだ。その理論を探求していくことで、反重力も自由エネルギーも、光速を超えるワープ移動や時間旅行だって、理論上は可能となるのだ。果ては、「我々の意識はどこから来るのか」という究極の哲学的問いに答えられるようになるかもしれない。超次元理論は科学界のロゼッタストーンとも言えるものだ。今はまだ不可解なUFO現象の数々も、この理論だけですべて理解できるようになる。さらに嬉しいことに、こんな素晴らしい技術を我々が使えるようになる日が来るかもしれないという、希望があるということだ。私は、この理論について深く研究していくうちに、我々が住むこの世界がいかにホログラフィー的、つまり実体がない「夢幻」のようなものであるかということが分かってきた。『一なるものの法則』シリーズでも言及していたが、この宇宙は「知的無限大」、つまり一なる無限の創造主が見ている「夢」である可能性が高いということだ。

## スカラー波（破壊か恩恵か、人類技術レベルの最高峰）

ホーグランドの超次元理論は、トム・ビアデン博士の研究の影響を強く受けている。ビアデン博士は政府機密の軍事計画に参加していたこともあり、そこから得た膨大な知識と幅広い科学的洞察を披露した人物だ。ビアデン博士の研究は「スカラー波」と呼ばれる新種のエネルギーに焦点を当てていた。研究について知るなら、専門用語が数多く使用される非常に複雑な内容の論文を読み解く力が要る。スカラー波は核爆弾よりはるかに危ない兵器になる可能性があると言ったら、分かりやすいだろうか。スカラー波は大量の水を瞬間的に蒸気にしたり、反対に瞬時に凍らせたりできる。人間の体はほとんどが水でできていることを思い出してほしい。スカラー波は竜巻やハリケーンなどを任意に発生させ、しかも操作することができる。巨大地震や火山噴火を引き起こすこともできる。そしてスカラー波を使えば、人間の心の働き方をも操作できる。集団ヒステリーを引き起こしたり、権力を握った者が大衆の心を意のままに操るために使うこともできるのだ。スカラー波は目には見えないので、誰にも知られずに飛行機などを撃墜したりもできる。攻撃された側も何が起きたかも分からず、飛行機は空中分解することになる。ビアデン博士は1986年の1月28日のスペースシャトル・チャレンジャー号爆発事故は、スカラー波を使ったロシアの攻撃だと考えていた。

ビアデン博士の論文は科学的専門用語が非常に多く使用されていることもあり超難解だ。一般人にとっては非常に読みにくい。決して入門レベルの論文とは言えず、物理学の博士レベルの知識を持った人のために書かれたものだ。私にとっても、彼が何を言っているのか理解するためにさまざまな科学用語や理論をできるだけ素早く学ぶ必要があった。ほとんどの人がここで躓《つまず》くか諦めてしまうだろうが、私は悩まず前進することを選んだ。私がビアデン博士の理論を理解するために猛勉強の「学習曲線」を描き始めたのは、1998年の夏のことだった。私の物理学の知識の多くは、オンライン記事や本を読んで得たものだ。学者がそれぞれの分野でお互いに切磋琢磨しつつ突き詰めて出していった科学的結論を吸収していった。それらを繋ぎ合わせて、積もり積もっていき出来上がったのが、積めば9メートル近くある私のインターネット調査の印刷物の山だった。わざわざ印刷したのは、コンピューターの画面から離れて長時間椅子に座って言葉の意味を熟考するためだ。

基本的なことを理解するのに14時間休みなしで、数カ月くらいはかかった。基礎となる知識を身につけていく過程で、世間では定説と思われている科学的結論のいくつかに明らかな誤りがあることも段々分かってきた。当時はソフトウェアやＨＴＭＬプログラミング言語などが今とは比較にならないほど複雑だったため、私くらい科学への愛を持っていないと、ウェブサイトの作成なんて不可能だった。今のように代替科学に関するさまざまな優れた研究成果を見ることができるようになったのは、１９９０年代後半になってからだ。特定の用語を検索すれば十分見たい情報を見つけることができるようになった。検閲されることなく自分たちの研究を発表できる場を持つことができるようになって、喜んでいた科学者も沢山いた。公表されたそれらのデータの中には、以前には機密扱いだったロシアの膨大な量の科学資料も含まれていた。１９９１年にソ連が崩壊した後、これらのデータの多くが機密解除されたのだった。

ビアデン博士は「電磁波についての一般の考え方は単純化されすぎている」と言っていた。電磁波を考えるとき、二つの単純な正弦波が同時に動いているのだと、普通は考える。2種の波動とは、X軸上を左から右に動く「磁気波」と、Y軸上を上下に同時に動く「静電気波」のことだ。伝説的科学者ジェームズ・クラーク・マクスウェルは、この二つの単純な波よりもはるかに細かい構造の、「電磁パルス」の発見に成功した。だが、電気技師のオリヴァー・ヘヴィサイドがこれらを大幅に単純化していった結果、今日でも「2つの正弦波の理論」の方が優勢に扱われているのだ。ヘヴィサイドは、マクスウェルが電磁波の中に発見した3次元的細部のほとんどを取り除いてしまったからだ。ビアデン博士は、これらの日の目を見なかった三次元的詳細のことを「スカラー・ポテンシャル」と呼んだ。このスカラー・ポテンシャルを議論から排除してしまったことで、人類の技術レベルを劇的に加速させることができる科学の一分野が、確実に失われてしまう結果を生んでしまったのだ。スカラー波は人に害を与えることもできれば、驚くべき治療の可能性も秘めている。不治の病と考えられている癌なども治すことができる。規制を適切にさえすれば、この科学技術は人類にとって大きな恩恵をもたらす可能性があるのだ。

## 超次元理論（幾何学が宇宙最大の科学的謎を解く鍵）

年月が経つにつれ、超次元理論こそがまさに私が探していたものであることが分かってきた。幾何学の性質を調べていけばいくほど、持っていた知識の断片同士が組み合わさっていき、より多くの真実を知ることになったのだ。なぜ幾何学が宇宙最大の科学的謎を解く鍵だと信じるようになったのかというと、これにもちゃんとした根拠がある。実際に探求していく人にだけ、真実は明らかになっていく。これは実感してみないと分からないことでもある。この科学的研究の多くは、私の最初の本である『ソースフィールドの研究』に記した。この本は1000以上の参考文献で裏付けられた科学的事実を述べていたが、本書は方向性を大きく変えて、限られた量の情報だけを選んで深く探求し、夢、地球外存在とのコミュニケーション、アセンションについてのより深い洞察をしていくことにする。本書において大事にしたいのは、「超次元理論」をもっと面白くて新しい哲学的議論の基礎として用いるということだ。その哲学的議論とは即ち、「この宇宙そのものが実は夢なんじゃないか」ということについてだ。

## スカラーポテンシャル（電磁波の中に隠れた四面体幾何学模様）

ビアデン博士が電磁波の「スカラーポテンシャル」について話すとき、話題はいつもすぐに幾何学の話へと移っていった。実はこれらのスカラーポテンシャルは、明瞭な「形状」を持っている。なんと電磁波全体が「四面体」のピラミッド形状をしているのだ。ピラミッドといってもエジプトの正五面体ピラミッドとは違い正四面体の幾何学的形である。正四面体には合計4つの正三角形の面がある。静電気波の上下運動と磁気波の左右の動きを研究していくと、これらの波が四面体の形を描いていることに気づく。[22]

ビアデン博士がこの考えに至った背景として、その数年前に電磁波の隠れた幾何学的構造に気づいていた発明家のバックミンスター・フラー氏の影響があった可能性が高い。それにしても、こんなにも明解で誰でも気づきそうなことを、それまでほとんど誰も話さないというのには驚きだ。おそらく、電磁波の中に隠れた幾何学模様があったからといって、「それがどうした」と思う人がほとんどだからだろう。もちろん、私にだって幾何学模様の隠れた宇宙的意味だとか、何で幾何学模様なのかとか、これが物理学をどう発展させてくれるのかなどは、全部分かっているわけではない。しかし、こういった謎には科学界最大の秘密が隠されている可能性だってあるのだ。それが一夜にして我々の文明を変えてしまう可能性だってあるだろう。研究を続けていくと、地球の大陸の構造、太陽系の惑星間の関係、植物の成長パターン、原子核、原子の中の電子雲、ＤＮＡ、さらには人間の脳内の神経細胞群の間の活動にさえ、同じように幾何学的構造が現れることに気づいた。

このことは誰もが探し求めて止まない、物理学の統一理論となり得る。それは現代科学の疑問の、すべてへの答えになるかもしれない。神聖幾何学はそれと必ずこれに関係していると信じて調べていくための根拠は、十分にある。神聖幾何学という用語はつまり、四面体などの幾何学模様は生命などの自然界の力を密接に関係があるという考えのことだ。これを信じるにあたり、すでにほとんどの重要な発見はされている。問題は、これをどうやって人々の心に訴える形で提示できるかだ。ほとんどの地球外文明はすでにこの科学的発見をしているはずだ。だからこそ、これを建築や神聖な象徴として暗号化して使用しているのだと思う。

「超次元理論」で最も衝撃的だったのは、「四面体の幾何学模様」がこの惑星のあちこちに目に見える形で現れているということだ。ホーグランド氏はいつもこの点についてを、常識として世に知らしめたいと考えていた。有名なラジオＤＪのアートベル氏が主宰するアメリカ最大の夜間トークラジオ番組「Coast to Coast AM」の人気出演者となった彼は、この話についてもよく語っていた。１９９０年代後半には一回の放送につき最大２０００万人のリスナーがいた超人気番組だったし、一定数の影響力はあったに違いない。当時のアートベル氏の番組に出演したのなら、そのゲストはすぐに各地のＵＦＯコミュニティで話題になっていたはずだから。とにかく、この番組の影響力はすごかったのだ。番組によってゲストたちの書籍の販売数が左右されたり、無名の出演者がその後大きな会議へ招待されて人気者になったり、同じ考えを持つ研究者同士が共同研究をする機会の窓が開かれるようになったりなど、この番組が無かったら在り得なかったであろうこともたくさんあった。ＵＦＯ研究者として食っていけるようになれば、もう「定職」に就く必要から解放される。1996－99年の私にとっては、そんなアートベル・ショーに出演するなんて夢のまた夢だった。とても無理な話だと、そのときは思っていた。番組が始まると、いつもあのシンセサイザーで奏でられたオープニング音楽が流れ、「アメリカ南西部の高地砂漠から、おはようございます、こんにちは、そしてこんばんは！皆さんがこの広大な土地のどこにいようと、私たちは情報をお届けいたします」というアートベル氏の挨拶で始まった。

アートベルの番組は『リアルプレーヤー』を通したオンラインのストリーミング・オーディオで聴くことができた。超常現象について語ってくれるラジオ番組は、当時はこの番組含め3本くらいしか無かった。当時は完全無料で聴けた。番組を支えていたのは広告の販売だった。だからCMが長かった。放送時間のほとんどは広告で占められていたと言える。アート氏の番組では、停電してもアートベルの番組がいつでもどこでも聴ける、手回し式発電ラジオの宣伝などがあったのを覚えている。なぜこの製品を宣伝していたのかというと、特に「2000年問題」を恐れていた世相があったためだ。当時、2000年になったら世界中のコンピューターが誤作動を起こして、2000年ではなく「1900年」を表示してしまうことで、電力網なども全リセットされて大パニックになると予測されていたのだ。使われていたソフトウェアの多くが年の最後の二桁しか使用しないようにプログラミングされていたことが原因だった。アート氏はこの問題に対する人々の意識を高めようと奔走していた。実際、何十億ドルもの資金が問題回避のために使われていた。

## ホーグランドと「19・5」の秘密

リチャード・C・ホーグランド氏がこの番組に出ていた頃、私も欠かさず熱心に聴いていた。1993年に『火星のモニュメント―NASAがひた隠す太古文明の痕跡』を初めて読んだときから、私はホーグランド氏の作品の大ファンである。彼が考案した超次元物理論についていつも熟考を重ねていたし、それを大学で学んだ哲学者と同じように推論、論理、直感を用いて、一つの世界観としてさらに考えを深めていった。より深くこの世界を理解するために、文字通り数千時間をかけて研究してきたくらいだ。1993年から1996年にかけては、「僕以外にホーグランドを知っている人、いるの？」くらいに感じていた。身近な人に知っている人が一人もいなかったのだ。現に私が大学で彼の研究について他の人たちと話したら、皆「聞いたことがない」と言っていた。だから彼の本を読んでから3年後にホーグランド氏がラジオ番組に講演者として出演していて、しかも人気だと知って驚いたものだ。

ホーグランド氏はいつも畏敬の念をもって「19・5」について語っていた。これは何のことかというと、ある惑星の赤道から北または南に常に何かが現れるという、「緯度」のことを指している数字だ。ビアデン博士は、ガス惑星の緯度19・5度にいつも大規模な嵐が発生しているということに気づいた。例えば木星の「大赤斑」も、望遠鏡が発明されて観測され始めてからずっと、同じ19・5度の緯度に居続けているのだ。地球４個分にもなる超巨大な嵐が、400年以上も同じ緯度の場所で動くことも消滅することもせずに、延々と猛威をふるっているなんて。従来の科学ではこの現象について、説明不可能だと思われる。海王星には「大暗斑」と呼ばれる巨大な嵐があるが、これはどこに現れると思われるだろうか？　そう、やはり緯度「19・5度」なのだ。鋭い人なら、この数字には大きな秘密があると思うはずだ。

そして興味を持って、「もしかして岩石惑星（固体惑星）にもこの謎が当てはまるのだろうか？」と思い、調べてみるといい。新たな発見があるだろう。そう、岩石惑星においても「19・5度」の緯度には、他の場所と比べても何らかの異常活動が見られるのだ。この惑星には、ハワイという火山島がある。ここの火山活動は非常に活発で、噴き出す溶岩が固まって地殻となってできたのがハワイ島だ。火山は現在まで常に非常に活動的で、火山性の霧や溶岩噴出が発生しては地域住民に被害を及ぼしている。住人にとってはいつでも死活問題だ。このように、ハワイという場所は地球上で最も火山活動が活発な地域として知られている。そんなハワイは地球上のどこに位置しているのだろう？　そう、お察しの通り、北緯「19・5度」に位置している。火星にも似たようなものがある。火星の北緯19・5度には、火星最大の盾状火山であるオリンポス山がある。その標高はエベレストの2倍だ。これほど巨大な火山が噴火した際には甚大な被害が予想される。

当時は冥王星の写真などは無かったので詳細は不明だったが、観測可能であった惑星の8つのうち4つの惑星の、同じ「19・5度」の位置に渦巻き模様が表れていたのだ。すべての惑星ではないが、半数の惑星の同じ位置である。明らかに何か大事な秘密があるのが分かるだろう。この発見は、たとえば地球が実は太陽の周りを回っていたという発見と比べると「歴史的大発見」とは言えないかもしれないが、突き詰めていけばニュートンやコペルニクス、ガリレイ、アインシュタインのレベルの歴史的な科学的発見になるかもしれない可能性があるのだ。私はそんな大きな可能性に心を惹かれていった。私の曾祖父フレデリック・ウィルコックは法学の博士号と工学の博士号を持っていて、ニューヨーク市の地下鉄を設計し建設を担当した。祖父のドナルド・F・ウィルコックも工学の博士号を持っていて、80件以上の特許を保有していた。

機械の回転をささえるベアリングや潤滑の分野だった。祖父は私に幼い頃から科学への情熱の火を分け与えてくれたと同時に、「回転」への情熱、つまりは幾何学的な「渦（ボルテックス）の神秘」への好奇心をかき立ててくれた。

ホーグランド氏がアートベル番組でこのことについて話しても、私はすんなり理解できた。彼の本はすでに何年も、細かいところまで読み込んでいたからである。四面体の形には非常に興味深い「特性」というべき性質がある。最初はその重要性に気づかないこともあるが、調べていくうちに解るようになってくる。ホーグランド氏はまず、「四面体は地球のような球体の内部に完全に収まる」と説明していた。四面体の4つの角がそれぞれ、球体の縁に接するのだ。「球」は自然界のいたるところに現れる。星々は球形だし、四角い惑星などは存在しない。リンゴやオレンジのような、ほとんどの果物は球形だ。細胞の形もたい

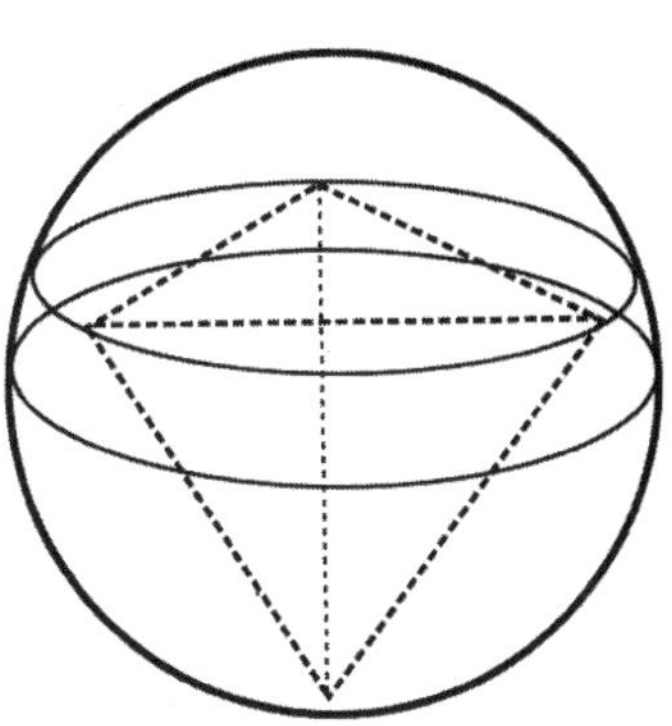


球体の中にある四面体の角が、球体の19.5度の位置で接している

ていほぼ球形である。シャボン玉は、空気の圧力が四方八方から均等に押し込まれるという理屈で、自然に球状になる。このことから、四面体の幾何学模様と球体は相性が良いことが分かる。19・5度の位置合わせをするときは、球体の内部に収まる四面体を描画すればいい。次に、球の縁に接している四面体の4つの角のうち一つを選んで、そこを北極または南極とする。すると他の3つの角はすべて、その反対側の「19・5度の緯度」に位置することになるのだ。さらに、それぞれの角は互いに正確に120度離れており、円を均等に三等分する。

ホーグランド氏は四面体を結晶のような固体としては考えていない。固体ではなく、「エネルギー波」だ。これがビアデン博士が「スカラーポテンシャル」と呼ぶものの正体だ。重要な発見だが、このエネルギー的四面体は我々の「三次元」世界での肉眼では見ることができないし、測定もできない。蛍光灯みたいに暗闇で光ったりしないし、触ることもできない。見ることができるのは、木星の大赤斑、海王星の大暗斑、ハワイ活火山、火星のオリンポス山などの「物理的物質として残された影響」だけだ。ホーグランド氏によると、土星にも19・5度の緯度に分かりやすい二つの雲の帯があるそうだ。これもおそらく同じ幾何学的配置による影響だろう。それと、太陽黒点も北極または南極の緯度19・5度の位置から外に動くことは無い。まるで見えざる幾何学的「柵」が太陽黒点を外に出られなくしているかのようだ。金星の大気は厚いため、19・5度の地点に同じように火山などがあるかどうかは分からないが、おそらく何かがあると思われている。

私は常々、ホーグランド氏のあまりの詳しさに、この件に関してはビアデン博士やSF作家アーサー・C・クラークなどの科学分野に詳しい関係者から秘密の説明を受けているのではないかと感じていた。そんな説明会を主催する人物ならば、きっとホーグランド氏よりもずっとこの分野について詳しいはずだ。科学とは繰り返しの学問である。太陽系の４つの惑星で、例の19・5度の緯度で一様に何かが起きているのが見つかっている。自然界には19・5度の位置に何かが起きるというパターンが当てはまるものがたくさんある。つまり、まだ未発見の「自然界の神聖幾何学のエネルギーパターン」が存在しているということが強く示唆されているのだ。ホーグランド氏は、この科学についての鍵は「回転、回転、そして回転だ」と述べている。つまり、惑星のような球体を回転させれば、そこに隠されたエネルギーの「スカラーポテンシャル」を扱えるようになるということだ。ホーグランド氏によると、「これを理解すれば重力を理解できる」ということ、さらにそこから「反重力の秘密を知ることができる」ようになるらしい。

## デパルマ博士の回転ボール実験（高く上がり早く落ちる）

ホーグランド著の『火星のモニュメント』では、ブルース・デパルマ博士が行った非常に興味深い研究についても取りあげられている。ブルース・デパルマ博士は、『キャリー』『スカーフェイス』『ボディ・ダブル』『アンタッチャブル』『カリートの道』『ミッション：インポッシブル』などの映画を手掛けたことで知られるあの映画監督ブライアン・デパルマの実の弟である。ホーグランド氏は本の中で、そんなブルース・デパルマ博士の手による魅力的な科学的発見について語っている。その中で「重力が物質に及ぼす影響」について我々は大きく誤解していることがあると指摘している部分がある。この発見は「自転するボールの実験」によって見つかり、１９７７年3月17日に論文として発表されたことで知られるようになった。[23]

実験と言っても難しいものではなく、非常に単純なものだ。2つのボールを同時に空中に発射する2台の発射台があるとする。発射台は2台とも、ボールも2個とも、大きさも重さも造りも全く同じだとする。発射されたボールはふつう、放物線状の円弧を描いて飛んでいくものと思われる。実際、発射されたボールは2つとも同じ高さまで上がり、同じ速度で落下する。

ここまでは当たり前のことだし、想定内のはずだ。では今度は、少しだけ変更を加えて再実験をしてみる。今回は、片方のボールにだけ「回転をかける」のだ。回転速度は毎分1000回とする。変更点は以上。そして発射すると、とても面白いことが起きる。想像できるだろうか。既知の物理法則に反することだ。

詳しい理由は不明のままだが、回転している方のボールは回転していないボールよりも高く上がり、次に、もっと速く落ちるのだ。これでは従来のニュートン物理学理論が通用しなくなってしまう。科学者の知り合いがいたらこの話を振ってみてほしい。きっと最初は信じないし、笑うだろう。そして「デパルマ博士は疑似科学のインチキに違いない」と自動的に思い込むことだろう。だが現にこうして、実験結果が残されている。これは実際に起きるれっきとした「現実」なのだ。重力というのは常に「一定で」あると信じられている。落ちるものが羽であれ鉛の塊であれ、重力の値は変わらないと学校で教わったはずだ。なぜこのような現象が起きるのか？　それを理解できれば、今度は「反重力」を理解できるようになるかもしれない。この論文では、デパルマ博士は回転しないボールのことを「同一非回転制御」と呼んだ。聞き慣れない用語だと思うが、覚えておいてほしい。デパルマ博士の次の意味深な言葉をもしかしたら理解できるかもしれないから。「すべての石が全く同じ速度で落ちるのは、なぜでしょう？

そして、回転を加えるだけでなぜ落下速度が速くなるのでしょう？ そして何より、なぜ回転させると、より高く上昇するのでしょうか？ この謎を解明すれば、我々は物理学の新たな一歩を踏み出せるでしょう。回転、慣性、重力、および運動についてはさまざまな議論があり、噛み合わないものもありますが、それらの問題を解決してくれる鍵がここに存在しているのかもしれません[24]」

「問題を解決してくれる鍵」。つまり、彼の発見した謎について説明ができるようになるためにはまず、既存の科学、物理学で解明できない現象や宇宙の神秘など、学校では教えられていないことについてを、「抜本的な手法」で新たに考え直す必要があるということだ[25]。これは、「回転すれば重力を打ち破れる」と言っているわけではない。だが、少なくとも部分的にそうなることは科学的実験で明らかになったということだ。「この実験結果を理解するためにはまず、理論的基礎を身につけること、それをもって実験結果を合理的に理解すること、他の実験結果と比較して合致点を見いだすこと、さらにそれらを正しく理解したいのなら、既存のデータに囚われず、あくまで参考程度にしておくことです。既存のデータにそこまで大事な価値はありません。それらを重視しすぎると、最悪の場合、誤った解釈に至りかねません」と語った[26]。

デパルマ博士は全く新しい理論を求めていた。それによって、バラバラになったすべての理論体系を統合しようとしていたのだ。それは我々が想像もできないほど新しい、まったく予想外の理論体系となるだろう。そのためには、もっとこれに関する実験を行い、結果を組み合わせて、謎を解明していかねばならない。回転する物体がなぜ、まったく同じ質量を持つ静止した物体よりも軽くなるのかという理由を説明できる者は現時点では現れていないが、現実にそうなることは分かっている。デパルマ博士はこれと同じことを発見した科学者の名前をいくつか挙げていた。「ウルフ氏、コックス氏、ディーン氏、レイスウェイト氏、レンダール氏、シールル氏、クンメル氏、デルバー氏など、この分野の先駆者たちのことを忘れないでほしい」[27]科学界の先駆者たちがずっと追い求めていた重力制御の方法が解明されるとき、ついに『スタートレック』の世界が実現するだろう。

２０１９年、人類はついにこの分野における公式情報を目撃した。米海軍が、「重力制御技術」を使って飛行する、「黒い三角形型飛行機」を製造したという航空宇宙技術者サルヴァトーレ・セサール・パイスによる特許の、機密解除をしたのだ。要するに、米海軍は実用的な反重力システムをすでに所持していることを「正式に」認めたのだ。しかし、実際に稼働するプロトタイプを持っているとは言っておらず、あくまでその「可能性」を示唆しているだけに留まっている。とはいうものの、公開された特許は非常に具体的であるし、このような飛行機が開発されていたことは確実だ。飛行実験も実際に行われ、人知れず実際に空を飛んでいたのだろう。特許を持っていたこの技術者は、「重力制御は可能」と明言している。その証明にあたり、「早坂秀雄と竹内栄による反重力の実験」の例が挙げられていた。日本人科学者たちによるこの実験は、デパルマ博士の回転ボール実験によく似ている。

ここでは、ボールのかわりにジャイロスコープが2つ使われた。時計回りに回転をかけた一方のジャイロスコープの方が、もう片方のジャイロスコープよりも重量がわずかに減少したのだ。科学雑誌ニュー・サイエンティスト誌の1990年発行の記事には、次のように書いてある。

早坂と竹内の二人は、ジャイロスコープが上から見て時計回りに回転する時に、重量が減少することを発見した。実験で見られた減少量は静止時の重さの1％の約5000分の1に過ぎなかったが、ジャイロスコープの回転が速いほど重量が減少することも発見した。『フィジカル・レビュー・レターズ』誌（vol63、p2701）には彼らの論文が掲載されている。[28]

『（『宇宙船建造プロジェクト――NASAが資金提供を申し出た反重力推進で宇宙に飛び出そ

う』早川秀雄著　ヒカルランドにて復刻版発売予定）』

海軍が公表した特許には次のようなことが書かれていた。「慣性（および重力）質量減少の数学的定式化については、1989年12月発行のフィジカル・レビュー・レター誌に掲載された早坂と竹内による右回転ジャイロスコープの重量減少の実験を参照している。この実験は、局所的な量子真空効果発生の可能性についてを明らかにしている。すなわち、負圧（反重力）状態を人為的に発生させられるということである」[29]早坂と竹内実験については、デパルマ博士の回転ボール実験の結果の裏付けとして、私も1990年代に調べたことがあった。それが今回の海軍の発表した反重力制御技術の特許という形で世に出てきて、一般認識として広まろうとしているというわけだ。

さらに面白いことに、この発明者は「コンパクト核融合装置」という0・3メートルほどの小さな装置を使って1000メガワット以上の大量のエネルギーを、入力電力ほとんど皆無で発生させることができる技術の特許も申請している。[30]つまりこれは、夢の「フリーエネルギー装置」だということだ。しかも、文脈的に海軍の反重力飛行機の電源として使われていた可能性もあるということも分かってくる。

軍事関係を専門としているオンライン・ニュースサイトの「ザ・ドライヴ」は次のように説明をしている。「このプラズマ圧縮核融合装置は、キロワット（１０００ワット）からメガワット（１００万ワット）の入力電力で、キロワット（10億ワット）からテラワット（１兆ワット）の以上の電力を生成することができる装置であると特許は主張している。米国最大の原子力発電所であるアリゾナ州パロベルデ原子力発電所でも、発電量は約４０００メガワット（４ギガワット）だ。海軍のジェラルド・Ｒ・フォード級空母の発電・推進用のＡ　１　Ｂ原子炉の発電量は、約７００メガワットほどである」

さらにこの特許には、次のようなことも書かれている。「外部からの入力電力を一切必要としない自己持続性のプラズマ燃焼〝点火プラズマ燃焼〟を起こす可能性もある装置である」[31]私がこれらの特許について自分のウェブサイトで書いたら、読者の一人が「特許申請者のサルバトーレ・パイスという名は、スペイン語で〝我が国の救い主〟という意味だ」と発言してくれた。これはつまり、米海軍は現在の石炭、石油、ガス、物資輸送による環境破壊から地球を救う救世主として、この技術を持っているということを意図的に世間に公開しているということではないだろうか。実際、「サルバトーレ・パイス」という人物についての情報は全くと言っていい程見つからない。これでは、偽名で特許出願をするように命じられたようにしか見えない。

ホーグランド氏はデパルマ博士の実験について調べ、これは発射されたボールの内に四面体エネルギー波が形成されたために起きた現象だと想定したようだった。ボールが回転することで、おそらくこの四面体エネルギー波が回転する惑星の中に発生しているのと同じように、ボールの周りの重力に作用するエネルギーを引き出し、放出をしていたと予想したのだろう。ガス惑星においては19・5度の地点に回転する嵐が発生する。もしかしたら、風車や水車で生成するエネルギーのように、その回転エネルギーの余剰分を利用できるのかもしれない。このように超次元理論は無尽蔵で環境を汚さない「フリーエネルギー」利用への切符にもなり得るのだ。その切符とは、回転するボールのような「回転する物体」だ。これまでの重力の常識は、新たな方法によって覆されることとなるだろう。

「目に見えない超次元幾何学」というアイデアは私の好奇心を大いに刺激した。前述したように、ホーグランドは惑星に作用している奇妙な現象を引き起こす原因として、この「幾何学」の存在を推定していた。だが、この幾何学が果たして何なのか、そもそもなぜ、そのようなものが存在しているのか、誰にもまったく見当がついていないと言ってもいいだろう。私は、子供の頃に激しい発熱を経験したとき、はっきりとした幾何学模様の幻覚を何度か見たことがあった。同じことはサイケデリックな状態のときも、あるいは深い瞑想状態のときにも起こった。他にも多くの人が同じような経験をしたと言っている。東洋神秘主義者なども、はっきりとした幾何学的マンダラを見ることがあるようだ。私を含め、多くの人が「幾何学」をすでに何度も見た経験があるのは、一体どういうことなのだろうか？　反重力について先見の明を持っていたということか？　ただの幻覚で片付けるのではなく、その奥にある深い意味について考えるべきではないかと、常々思っていた。もしかすると、我々は自分自身の奥底ですでに答えを知っていて、ただそれを思い出す必要があるだけなのかもしれない。

1993年からは、私はこれらの概念について深く考えるようになった。1996年に『一なるものの法則』シリーズと出会って、もっと神聖幾何学について知るべきだと感じた。このシリーズでは、幾何学や科学、意識について非常に高度な統合がされていた。それを見た私は、人生が変わるほどの衝撃を感じていた。その衝撃は、数え切れないほどの時間を費やした研究で発見した何よりもはるかに凄かった。ここまで科学について深くまで記述してきたが、その理由として『一なるものの法則』の説く幾何学の重要性を、読者の皆様にも共有したいと思っていたからだ。究極的には、「無限の創造者」が宇宙のすべての物質を「単一の思考」として生成しているということや、その思考が幾何学を生成する「振動」として現れるということを、いつかは皆が知ることになる。『一なるものの法則』については、後の章でいくつか引用して紹介していくことにしよう。本当に、3年間も神聖幾何学について熱心に研究していたというのに、『一なるものの法則』が現れて、すべての情報の断片を繋ぎ合わせてくれて、真に統一された物理学理論を提示してくれたというのだから、私の受けた衝撃の大きさは理解してもらえると思う。

# 第6章 ミステリーサークルに見る地球外起源

## 畑に現れた幾何学模様

ミステリーサークル（クロップ・サークル）はホーグランド氏の超次元理論の中でも、最も謎の多い現象だ。『火星のモニュメント』の本には2種類のミステリーサークルの写真が掲載されている。[32]その写真では、「球体内にある四面体」の数学的知識が如実に表れているのだ。ミステリーサークルの中には、球の中の四面体がある図をそのまま直接的に表しているものもあれば、球がどのように四面体を生成しているかを表していると思われる図もあった。ミステリーサークルは少なくとも1200年間、ヨーロッパの国々の畑に現れていた。その昔、フランスの大司教が異教徒に対して畑から作物を勝手にとることを禁止する法律を制定していたという記録を見たことがあるが、どうやら当時はミステリーサークルの見た目や意味などについては今ほど深く考えたりはされなかったようだ。

ロバート・プロットという1600年代のイギリス人学者は、イギリス南部にあった自身の畑に現れた複数の不可思議なミステリーサークルを写生した。普通の小麦畑に忽然と現れた幾何学模様は、人間の仕業とは思えないほどの驚異的な正確さで描かれていた。折れた茎はまだ生きていたし、実は折れておらず「曲がっていた」だけだった。よって畑の作物の成長自体には影響がなく、サークル形成後も変わらず成長を続ける。実際に折れてしまった茎や、人間が出入りする通路などの形跡も一切なかった。複数の目撃者によると、彼らの目の前でまるで扇子が開くように、ひとりでにそのサークルが現れたという。目撃者の一人は、ノルディック（白人種）型の地球外生命体が小型の機械のようなものを使って、サークルのデザインを完成させていたように見えたという証言を残している。そのヒト型宇宙人は銀色に光る変わった服を着ていたそうだ。手に持った装置のつまみを回すと、それと連動するように小麦の茎が前後に曲がったと言われている。

ミステリーサークルの謎は非常に魅かれるものだった。私がそれを初めて知ったのは、ドイツ人UFO研究家のマイケル・ヘスマンによる著書『コズミック・コネクション（原題：The

Cosmic Connection)』だった。[33]その本は豪華な装飾で魅力的な写真や絵がいっぱいで、刺激的な理論がいくつも語られていたのを覚えている。嬉しい偶然だったのだが、１９９６年の秋に開催された最初のＵＦＯカンファレンスで、私はヘスマン氏に実際に会うことができた。彼とは幅広い話題の会話を交わすことができ、良い思い出になった。上空からしか全容を見ることができない美しい模様を、どうやって作り出すのか。興味を持って１９９５年の晩秋にインターネットに接続して調べてみたら、『クロップサークル・コネクター』というウェブサイトを見つけた。[34]これまでに発見されたミステリーサークルの写真が大量に収められた、ミステリーサークル・ライブラリだ。どのサークルを見ても美しく、異常なほどに精密であり、バリエーションも豊かだった。当時、ニセのミステリーサークルを作ろうとしていた者まで出てきた。悪名高い「ダグとデイブ」などはその代名詞だ。メディアはこうした偽ミステリーサークルの作り手を宣伝することで、懐疑論者たちの意見の後援をしていた。といっても、偽物サークルの出来はどれも粗雑で、美しく洗練された本物のサークルと見比べたら、誰の目にも違いは明らかだった。翌年の１９９６年の夏、見事なミステリーサークルがいくつか現れたというニュースがあったので見てみたら、

明らかに「四面体幾何学」について人類に何かを伝えたがっているような内容のものばかりだった。ホーグランド氏の超次元理論を初めて知ってから一年も経たずに新しいミステリーサークルが次々に現れたというニュースが飛び込んできたわけだが、私の好奇心が騒ぎ出していた。

つまり、私が目を付けたホーグランド氏の「超次元理論」には、やはり多くの神秘と驚異が込められていたということが分かったのだ。人類がその存在に気付いていない科学界の大発見を、地球外生命体が早く私たちに発見してもらおうと、ミステリーサークルを通してこの理論を伝えているようにすら思えてきた。私は四面体が何なのかまだよく知らなかったし、ホーグランドもそうだったと思うが、地球外生命体の方はどう見ても人類にその謎を解明してほしいようだ。火星にある古代遺跡の、数学的神秘の暗号解読を試みた者なら何名かいるが、これと同じ科学が地球上の、しかも普通の穀物畑に現れていることを意識している人はあまり多くはない。正直に言って、今日一番解明されなければならない科学の謎が目の前にあるというのに、それに気づいてすらいない人が多いことには驚きを隠せない。私には、黄金が眠っている宝の山にしか思えない。そのパズルを解くことさえできれば、地球上のすべての人々の生活が一気に大改善する可能性のある突破口を見いだせるだろうに。そのヒントを地球外生命体は人類へと与えてくれているのかもしれないというのに。反重力、フリーエネルギー、意識の神秘、それから真の宇宙時代についての手がかりはすべてここに眠っているのだ。それによってもたらされる新時代の科学は、我々が常識だと思っていたことをすべて塗り替えてしまうことだろう。

こういったデータを全体的に眺めて、それらを繋ぎ、哲学的議論として扱えることができた自分はやはり幸運だと思う。だが、そのための準備は決して楽なものでは無かった。議論ができるようになるまでのプラットフォームを作り上げるため、あらゆる情報の正当性を、納得できるまで十分な調査を行い続け、そうして基本的真実を受け止めることができて初めて、やっと舞台に立つことができるのだ。その基本的真実とは即ち、「地球外生物は存在する」「ミステリーサークルを作ったのは地球外知的生命体」「火星にある古代遺跡は地球外生命体が作った」「ホーグランド氏らが火星で発見した謎を解くには、四面体の幾何学という鍵が必要」というものだ。これらを前提として受け止めることで、ガス惑星にある嵐や、固体惑星にある巨大火山などは、四面体の幾何学的要素によって発生している自然現象だということが理解できるようになってきた。そうしたら今度は、地球外生命体がミステリーサークルに四面体の幾何学について暗号化したメッセージを残すことによって、人類にその謎を解き明かしてほしいことを望んでいるという真実の方も受け入れることができた。「この幾何学が何なのか？」「どのように、そしてなぜ形成したのか？」「なぜ地球外生命体はこの現象について人間たちに研究してほしいのか？」私はそういった疑問について、心を開いて自由に探求することができるようになった。天の住人たちは、何でもミステリーサークルとして描けるのに、その中でも特に「神聖幾何学を学べ」というメッセージを何度も何度も強調して送ってきていたのだ。

## 神聖幾何学（秘密結社が知って隠す核心）

1997年の秋、ロバート・ロウラー著の『神聖幾何学―数のコスモロジー』という本を見つけた。その本では、神聖幾何学と同じ模様や比率などが人体などの生物の身体や自然界の至る所に現れているということが指摘されていた。ピタゴラスのような古代哲学者の多くは神聖幾何学を研究することで、なぜこれと同じパターンが自然界にこれほど多く見られるのか推測した。ロウラー氏などは、こうした哲学的研究の多くが秘密結社によって世間から隠され続けているということも明らかにしていた。この「秘密の知識」をあえて一般に公開した者は、文字通り死刑に処せられたと言っていた。秘密結社のメンバーは、その情報を「常に隠して、決して明かさない」ことを誓わせられる。

秘密結社に加わった者の中には、神聖幾何学には「神へと至る道」についての秘密が隠されていると信じている者もいたようだ。幾何学を長期間探求することで、眠っていた人体と心と精神の部分を活性化することは、確かに可能なようだ。そのため、神秘学校（ミステリースクール）では、そうした情報は公けにせず、常に慎重に保護していく必要があると考えていた。もし誰かがこの力を手にしたとして、悪意を持って利用してしまった場合、甚大な被害が予想されるというわけだ。今ではすっかり神聖幾何学への興味を失ってしまった現代人だが、ダン・ブラウン氏の著作『ダ・ヴィンチ・コード』によって再び神聖幾何学は注目を浴びるようになった。ルネサンス期の絵画だけでなく、大聖堂のような建築物にまで幾何学模様が記号化されて埋め込まれているということは、数々の証拠もあり否定できない事実だ。もっと昔の、ストーンヘンジや大ピラミッドのような古代の遺跡にも神聖幾何学は使用されていた。昔から学者や哲学者にとって、幾何学そのものは実は生き物であり、それ自体が知能を持っていて、かつ神聖であると思われていた。瞑想などを通じてこの知識を活用することで、究極的には超人的な能力を身につけることができるとも信じられていた。その究極的目的とは、昇天（アセンション）と呼ばれるものだ。昇天

とは、人間を超えてより高みへと文字通り「昇っていく」ということである。昇天を遂げし者は、「光体（ライトボディ）」と呼ばれ体を手に入れるという。

私にとって、これもまた非常に心を惹かれる話だった。古代のミステリースクールでは、さまざまな神聖な幾何学的物体の模型を作り、それを研究し、長い歴史の中で熟練していったのだ。私もきっと、過去世において同じことをしていたのだろう。だからこの研究の先に、新しい科学的ブレイクスルーとなる「金鉱」が眠っているように思えたのだ。私たちの祖先は、ひょっとして地球外生命体からこの情報をすでに得ていて、当時の科学で理解できるように最善を尽くしていたのかもしれない。当時に現代くらいの大規模な観測手段があれば、とっくに科学界に革命を起こして、世界中の人々の生活は今より大幅に向上していただろう。最近分かったことだが、私の本を読んだ人たちの中には幾何学模様の画像を見た瞬間に、すぐに本を読むのを止めてしまった人がいるのだとか。理由は、幾何学は「数学」に関することで、「数学が嫌いだから読みたくない」からなのだそうだ。残念なことだとは思わないだろうか。私が今やっている仕事の駆け出しだった頃、自分の本の出版記念サイン会をしていたら、私の目の前でお客さんの一人が本を読むのを放棄したことがあった。まあ、ガリレオの望遠鏡に対して聖職者たちがとった態度と同じようなものだ。そんな態度をとられると、そのときは悲しくなるが、

「文明全体を進歩させたいのなら、何があっても、このような新概念を探求したいという好奇心を持ち続けるようにしないと」と、割り切って考えるようにしている。

## 量子場はまるで液体（回転がもたらす粒子から波動への変化）

ホーグランド氏がラジオ番組で語っていたことはすべて注意深く聞いていた。だが、どうやら彼はまだパズルを完全には解いていないということが分かってきた。幾何学が何なのか、どのように形成され、なぜ形成されるのかを、彼は完全には理解していない様子だったのだ。最終的にホーグランド本人も、神聖幾何学にはまだ解明されていない多くの謎があると認めていた。２０００年、私はホーグランド氏と舞台裏で共同リサーチを始めた。２００５年にはその時の調査内容を一般公開し始めた。しかし、四面体幾何学がどのようにしてガス惑星の巨大渦や固体惑星の地殻下の溶岩の中で旋回しているのかは、謎のまま残っていた。同様に、なぜこれと同じ幾何学が生物の中にも現れるのかも、解らないままだった。デパルマ博士の自転ボール実験と、自転する惑星の19・5度の緯度に現れる渦巻きとの間の関係性についても、まだ分からないことだらけだった。ホーグランド氏は、物体を「回転」させ始めることで何らかの力が働くと考えていた。そして、その力によって、エネルギーが四面体の幾何学的パターンとして現れるのだと推測した。だが、その「何らかの力」が一体何なのか、なぜ回転している物体の中にしか現れないのかなどの謎について、はっきりと解明できないままだった。このことは、私の著書『ソースフィールドの研究』で詳しく語った物理学的な議論なので、この本では深く語らずにおくことにする。

研究の早い段階で、私たち二人は自分たちが大きな勘違いをしていたことに気づいた。ルネ・デカルトの生み出した哲学は、物質主義がベースとなった哲学だ。その哲学においては、「全ての物質は極めて小さく硬い粒子が集まってできている」としている。この粒子は無くなったりしないのかという議論については、明確な答えが見いだされていなかった。デカルトの時代には物質が、粒子のような性質と波のような性質を併せ持つという「粒子と波動の二重性」のような量子論などはまだ存在していなかった。だがこの理論でいけば、物質は粒子としての性質を失っても、実体がない波動のような性質に変わるだけだと言えるようになるのだ。もし、ある物質全体を構成しているうちの、十分な量の粒子を「波動」の状態に変えることができたとしたら、その物体の質量が減少するという風に観察できる可能性もあると気づいたのだ。ここがデカルトには予想できなかったところだった。彼にとって、物体の質量を減らすためには、一部を切り落とすなどの処置が必要だと考え、それ以上は議論しなかったのである。

つまり、「物体の重さは常に一定」だという結論から、動かなくなっていたのだ。

この時点で私はデパルマ博士の「回転ボール実験」についてを再考してみた。ボールがまるで、濡れた犬が水を振り払っているときのようにぐるぐると回転するわけだ。それぞれの原子の中には、ある種のエネルギーが蓄えられていて、エネルギーは流体のようにふるまう。動き方によっては、中の液体が容器の外に飛び散ってしまうように、エネルギーが原子の外に飛び出してしまうことがあるのかもしれない。これは、原子が一度に吸収したり放出したりできる光子は一つだけとか、光子が原子と結合すると電子になるという従来の考え方とは異っている。だが、この新理論においては、物体を速く回転させると、中の「量子流体」が一部、原子の外へと噴出して、結果として「物体全体の重量が軽くなる」と考えられるのだ。それと、質量が減少するという謎の現象については、もう一つの仮説がある。それが、物体を回転させると「波動の状態に変換される粒子がある」という説だ。これは、粒子の「流体化」現象とも表現できると言える。カチカチの固い物質は「固体粒子」状態であるが、回転をかけることで流体のようにふるまうようになるということだ。そして回転の勢いが一定数にまで上がると、粒子は波動へと変化するのかもしれないのだ。

その後、ニコライ・コジレフ博士による「砲弾実験」という実験を発見した私は、この「量子流体」現象について確信を得ることになった[35][36]。コジレフ博士はまず、砲弾の重さを量ってから、それを地下のコンクリート製の部屋に向けて落としてみた。床に落ちた砲弾の重量を計ってみると、どれも欠けや割れも無いのに、落とす前よりも軽くなっていた。しかも、重量は次第に元に戻っていき、全重量が砲丸に戻るまでには20分かかった。先ほど述べた仮説で説明するならば、砲弾が床に激しく衝突した時に、中の「液体のようなエネルギーの一部」が原子から外へ「飛び散った」ことで、砲弾全体としての重量が軽くなったと考えられる。また、衝突後に砲弾内の粒子の多くが波動に変わったことで、全体の重量が減少したとも説明できる。そして時間の経過とともに空間と時間に蓄積されたバックグラウンド・エネルギーが砲弾へと戻っていき、波動は元の粒子状態に戻り、重量も元に戻ったと推測できるのだ。

ハロルド・アスプデン博士も実験で同じような結果を発見した[37]。まず磁石に毎分3250回の高速回転をかけ、800グラムのローター回転に必要なエネルギーを求めた。通常なら30ジュールのエネルギーが必要とされている。次に、磁石の回転を止め、それから九十秒以内に磁石を再回転させる。すると不思議なことに、磁石を元々の回転速度に戻すために必要なエネルギーが30ジュールのみと、最初と比べ大幅に減少していたのだ。この現象についても、先程の仮説で説明ができる。磁石の中にある「流体のようなエネルギー」が、磁石が物理的に回転を停止させられても、磁石の中でまだ高速回転をしているということだ。磁石を再び回転させ始めると、回転している流体エネルギーによって、磁石が最高回転速度に戻すのがはるかに容易になるというわけだ。このような実験結果を次々と発見していくうちに、私はそれまで物質や重力や磁気のことを、「自分が思っているほど理解していなかった」ことに気づいた。この物質中の液体のようなエネルギーを利用できれば、重力を克服できると私は信じている。

## 誰も理解していない知識（恐怖）と向き合う

何年にもわたり、何百という数のミステリーサークルが現れていった。それはまるで、地球外生命体から私たちに与えられた「宿題」のようだった。彼らは人間たちにこの科学を研究し、受け入れ、より細かく研究するよう求めているのだ。私は１９９６年と１９９７年の時点で神聖な幾何学をずっと勉強していたし、自分でもかなり詳しくなったと自負していた。だが、ミステリーサークルは同じメッセージを繰り返し表していた。ということは、人類の理解で、まだ何か足りていない部分があるということだ。もっともっと、真剣に答えを探さなければならない。これは私にとって、「最大の脅威に直面する」ことを意味していた。脅威とは即ち、見てもチンプンカンプンな複雑すぎるほどの技術的情報を見るようにして、真剣に研究に取り組むということだ。学校も教授も授業も無い。体系化されたカリキュラムも無しに、自分だけで一から答えを見つけなければならないという恐怖。しかも、この世界の誰も理解していない知識ときたものだ。少なくとも表向きの社会では。特別講習会なども無いし、そんなものは多分、世界のどこを探しても存在していない。夢を記録し、夢という言語を分析し始めたときと同じように、再び勉強に没頭する時が来てしまったのだった。

私は腕まくりをして、1998年からトム・ビアデン博士のほとんど意味不明なくらい難解な論文について詳しく調べ始めた。理解できない用語や概念が次々と現れ、時に酷くいらだたしかった。しかし私の祖父は、不慣れな情報に直面しても辛抱強くやり続けるということを教えてくれた。私が幼い頃から、彼は私を座らせては、特定のベアリングをカスタム設計するための「行列反転」のような、高度な三角法を使用したソフトウェア・プログラムについて説明をしたりしていた。「テーパーランド・スラスト軸受」は製作が非常に難しいのだが、彼の専門分野がこれだった。どんなサイズのベアリングにでもカスタム設計できるソフトウェアがあれば、その分野における大きなブレイクスルーになると彼は感じていた。当時の米軍は2種類のサイズしか適用されておらず、サイズを変えると機械全体を再設計しなければならなく、とても不便だったのだそうだ。当時は最新だったＩＢＭ製のコンピューターとフロッピーディスクを使って、彼はフォートランでソフトウェアのプログラミングをしていた。

２０００年に亡くなるまで、つまり私の幼少時代から思春期にかけて、祖父は私に仕事について細かく話すことがあった。自分が何に取り組んでいるのか、どんな問題を抱えているのか、どうやってそれを解決したのかを教えてくれた。彼はたった一つの；（セミコロン）がプログラム全体を動かなくさせていたことを発見したということがあったらしい。私は、彼が何を言っているのかを完全には理解できていなかった。だが、彼の話を注意深く聞いたり、質問したりすることで、恐れずに心を開いて、できるだけ多くのことを理解しようとする姿勢を学ぶことができた。ビアデン博士の難解な論文は、知ろうとする姿勢がなければ絶対に理解できない。だから、私にとってはあつらえ向きの、素晴らしい訓練となっていたのだ。幼い日々の経験は、科学的な研究にきちんと目を通し、数字や方程式を見ても怯《おび》えないことも教えてくれた。数学的発見を言葉を使って分かりやすく人に説明する方法を探し続けてきた。だが、何かを理解するのなら人から教えてもらうだけでは駄目だ。自分で発見する以上に理解を深める術など無いということだ。

## 惑星グリッド（UFOは幾何学ラインに沿って飛ぶ？）

私の研究を大きく飛躍させてくれた本の中に『反重力と世界グリッド』という、デイヴィッド・ハッチャー・チャイルドレス氏による論文集がある。[38] 彼とは『古代の宇宙人（Ancient Aliens）』シリーズで共演したこともあった。

この本を初めて読んだのは、まだ大学生だった1994年から1995年の冬休み、ニューヨーク州オルバニーにあるボーダーズ書店でだった。ホーグランド氏の場合はもっぱら四面体の幾何学にのみ焦点を当てていたが、チャイルドレス氏の本では他にもいくつかの幾何学的パターンが地球の挙動に影響を与えていることが明確に論じられていた。四面体に加え、立方体、八面体、二十面体、十二面体についても言及されていた。四面体を含むこれらの形は5つの「正多面体（プラトンの立体）」とし

て、プラトンが最初に提唱したと言われている。正多面体は、神聖幾何学に関するあらゆる本に必ずと言っていいほど登場する。正多面体には、独自の対称特性がある。どの線も同じ長さであり、すべての面は同一の正多角形で構成されている。これら5つの正多面体はいずれも球体の内側に完全にフィットする。

『反重力と世界グリッド』での興味深い章のひとつに、ニュージーランドの科学者ブルース・キャシーがUFOとグリッドの関連性について論じる箇所がある。彼は何百ものUFO目撃報告を分析し、UFOは常に同じ「格子線（グリッド・ライン）」に沿って移動していると結論付けた。キャシー氏はさらに、この格子線は地球上の隅々にまで行き渡っており、内側に立方体（正六面体）を形成していると述べた。立方体を形成する線は地球の地表部分とも重なっている。ホーグランド氏の四面体の幾何学、特にハワイが19・5度の緯度にあるという議論についても再考してみると、非常に興味深い相違点だということが分かる。ハワイを見れば、四面体が間違いなくそこを通ってい

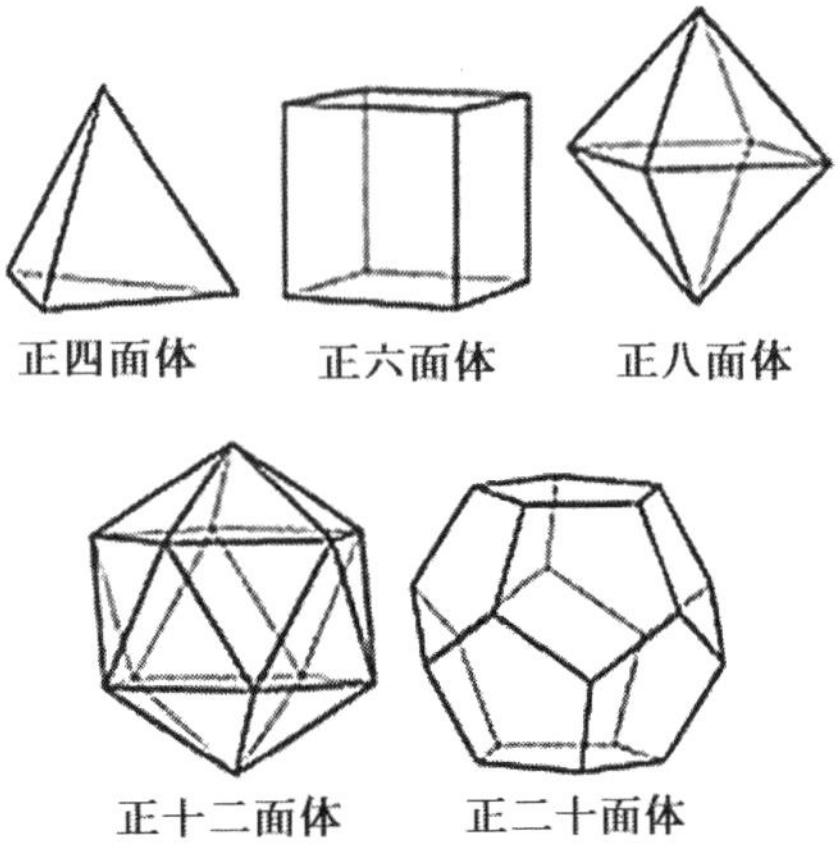

ることは何となく誰にでも分かるだろう。だが、正六面体のエネルギーパターンもそこには関係しているのかもしれない。四面体の周りに立方体を描くのはとても簡単なので、試してみてほしい。四面体は立方体の内部にぴったりと納まるし、体積もちょうど1／3になる。

## バミューダトライアングルは「10点の消失ポイント」の一つ

アイヴァン・テレンス・サンダーソン氏の論文の内容にはさらに驚かされた。チャイルドレス氏の本の中の、ウィリアム・ベッカー氏とベス・ハーゲンス氏によって書かれた章の中で、サンダーソン氏の論文について取りあげられている。サンダーソン氏は、跡形もなく消えてしまった飛行機や船舶の行方や原因についての研究を進める専門家だ。懐疑論者にとってこの手の現象には全く信憑性がないと考えるかもしれないが、実際に調査してみると数百どころか数千艇ほどの不可解な消失が起きたという、歴史的記録が事実として数多く残っていることに圧倒されるだろう。航空機が雲ひとつない空を飛び、感度良好なレーダーと無線通信を使って飛行している中にもかかわらず、突然消えてしまうというのだから恐ろしい現象である。遭難信号もなく、海面に油膜や浮遊物の痕跡もなく、海底に目に見える残骸もなく、突然消えてしまうのだ。行方不明になった元パイロットを探しに出かけた複数の救助機が、後を追うように痕跡も残さずに消えてしまったケースもあった。他にも、船が静かな海を航海している途中で突然姿を消したり、消えた後で突然無傷で発見され、中には食品がまだ調理中で残されていたり、乗組員だけが姿を消してしまっていたこともある。サンダーソン氏はこのような事件の謎を解明しようと、まず事件があった場所を地図上に画鋲で印を付けていった。すると、ほとんどすべての報告例が地球表面の10地点のうちの一カ所にまとまっていたのがわかってきた。

有名な「バミューダトライアングル」は、この10地点のうちの一つにすぎない。なぜこの地点だけが有名になったのかというと、チャールズ・バーリッツが書いた画期的ベストセラー本『謎のバミューダ海域』がマスコミに取り上げられたことで、群を抜いてよく知られるようになったという経緯がある。[39]

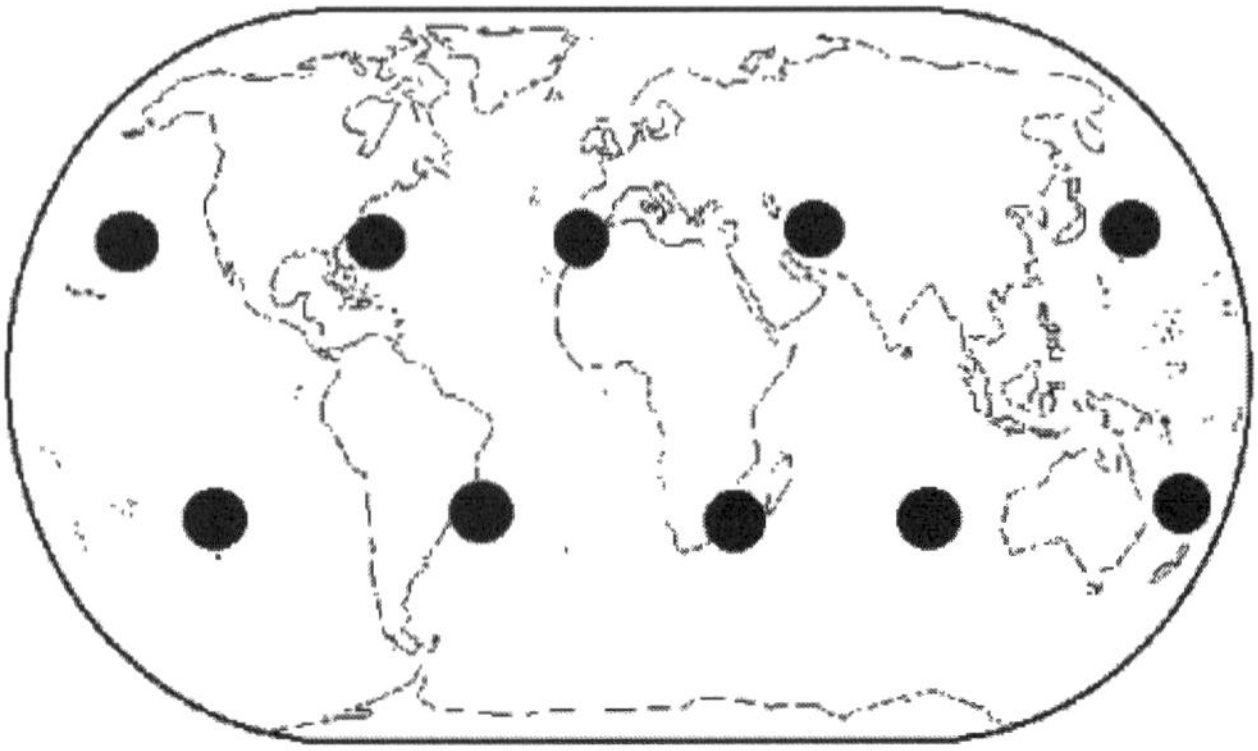

これらの10地点はすべて互いに等距離にあり、南極と北極を足せば、他の地点と完全に綺麗に並ぶことがわかる。つまり、合計12カ所の等距離ゾーンが出来上がるというわけだ。そして、これら12点の間を点で結ぶと、正二十面体の「神聖幾何学」が現れる。そう、正二十面体はプラトンの五種類の正多面体のうちの一つだ。この目に見えない二十面体の幾何学が、少なくとも地球上では四面体の幾何学と同じくらい重要であることが、読者の皆様にとっても明解になったと思われる。神聖幾何学は「時空ポータル」の謎を解き明かすための重要な鍵となる。それにしても、サンダーソン氏のような独自の研究家が一人でこれを発見したというのだから、驚きである。私はこの発見はノーベル賞に値すると思うし、ガリレイ、ニュートン、コペルニクスに匹敵する歴史的発見として評価されるべきだと考える。数年後、機密軍事情報に通じる内通者から聞いた話だが、これらの線と線が交わるボルテックス（渦）地点にはわざと軍事基地などが建設され、そのエネルギーが悪用されているということだ。

このサンダーソン氏の発見は幾何学をこれまで以上に神秘的で魅力的なものにしてくれた。ホーグランド氏の場合は、幾何学構造によって惑星上の大気嵐や火山の謎を解き明かしてくれた。だが今回判明した謎の地点では、飛行機のような大きな物体を人間を載せたまま完全に消してしまったという話だ。一体、失踪者たちはどこに行ってしまったのだろうか？　乗務員はまだ生きているのだろうか？もしかして、ここではない別の世界に旅立ってしまったのだろうか？　同じ時間に存在しているのだろうか？　理由は不明だが、これらの地点を通過した船や飛行機は一瞬で消えてしまったのだ。消えた船は航海中、その「悪魔の墓場」を通過した瞬間に、何の痕跡も残さずに完全に姿を消してしまった。

## タイムスリップ（天然のスターゲート）

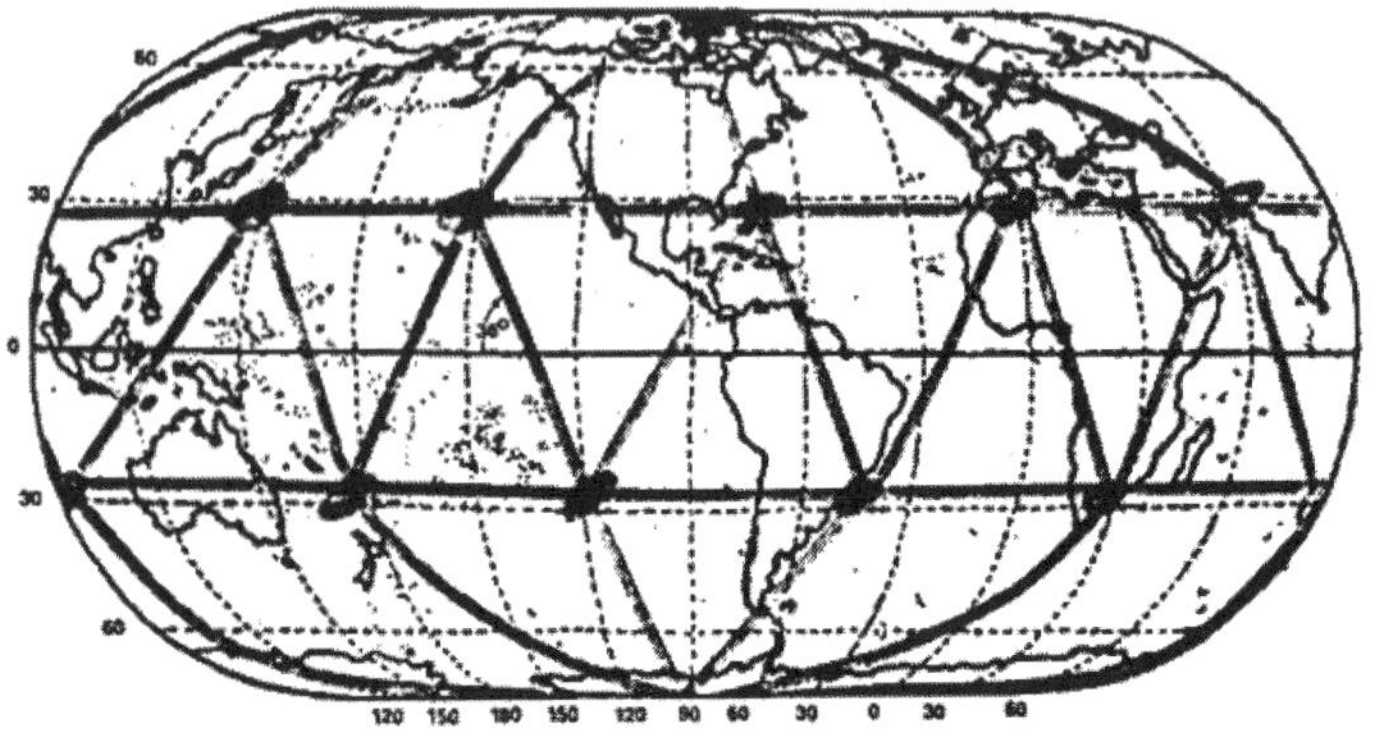

ベッカー氏とハーゲンス氏は、これら10地点で発生した「タイムスリップ」の事例についても研究をしていた。ある飛行機の場合、戻ってきた乗客の時計がすべて10分ほど進んでいたということがあった。恐竜が時たまこの渦の中に迷い込んでしまい、何百万年もの時間を飛び越えて現代に現れることがあるという話もある。この話が正しければ、ネス湖の怪獣や、ドラゴンの伝説、不死鳥の伝説、古代カンボジアの寺院にあるステゴサウルスの像などの、時間旅行についての不可解な現象について解明できるようになるかもしれない。このような渦が地球上に「天然のスターゲート」を作り出しているかもしれないのだ。その渦に飛び込むことで、空間と時間どころか完全に別世界や別次元へと旅立つことができるのかもしれない。ここでも、科学の新しい可能性があるように感じた。この幾何学が地球にどのように影響しているのかを完全に理解できれば、この力を利用して自分だけの天体を作ったり、宇宙人がすでにやっているような光速以上のスピードで宇宙を旅する乗り物を作ることができるかもしれない。そして何より、永遠の科学的謎であった本物の「タイムマシン」ができるかもしれないのだ。

## 巨石遺跡の世界マップ（二十面体＋十二面体のグリッド）

ベッカー氏とハーゲンス氏はサンダーソン氏の世界グリッド説に固執することなく、更にその先を求めた。この話は、ゴンチャロフ、モロゾフ、マカロフのロシア科学勢がサンダーソン氏の研究結果をさらに掘り下げていったことで、もっと面白いことになってくる。ロシア人科学者たちは、「正二十面体を裏返すと正十二面体ができる」ことをある日、発見した。正十二面体の各面は五角形となり、サッカーボールのような美しい幾何学模様になる。五角形でできているのはプラトン立体の中でも十二面体だけであり、恐らく最も神秘に包まれている幾何学である。

彼らが正二十面体と、それを裏返してできたこの正十二面体とを重ね合わせ、さらにそれを地球儀と重ね合わせてみたところ、驚くべき事実が明らかになった。一体どういうことなのか。各地に残された古代ピラミッドやモノリス、ストーンサークルなどの巨石建造物がすべて、この「二十面体＋十二面体グリッド」の線の上に造られていたことが

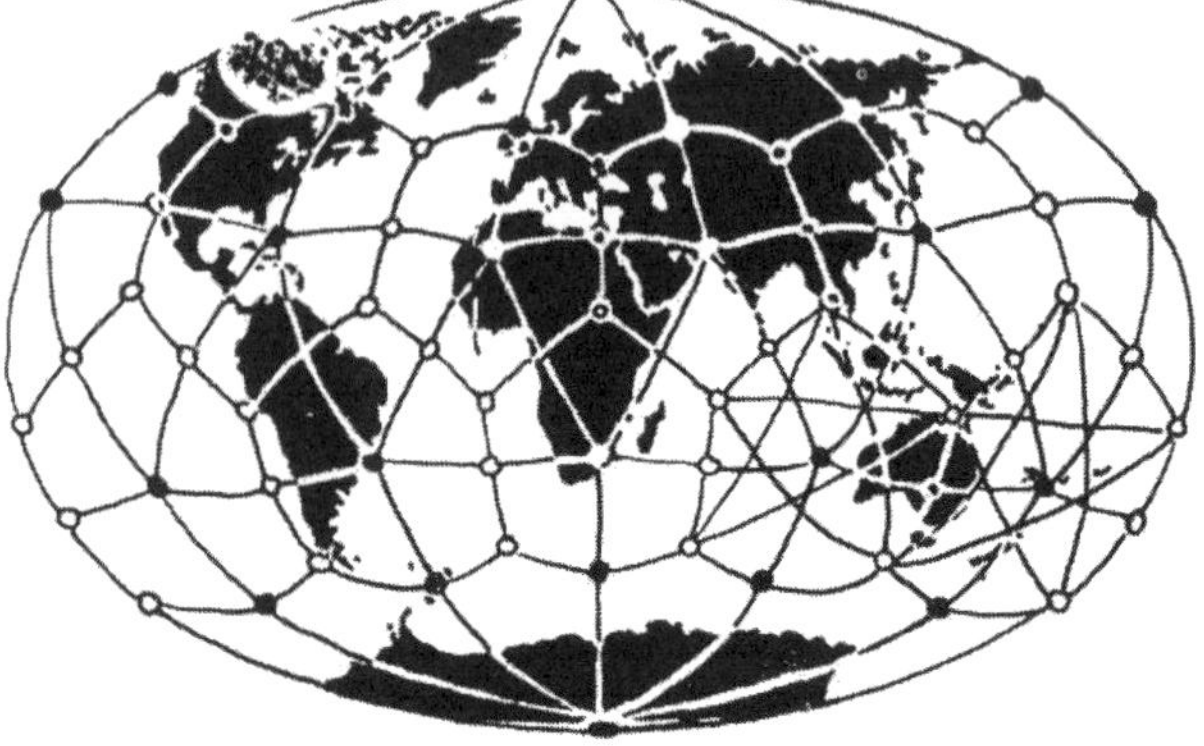

分かったのだ。見つかった巨石建造物の数は優に3000を超えていた。そして、格子が通っていない場所にはピラミッドや巨石遺跡などは一つも見あたらない。これは偶然とは言えないだろう。こんなことが現実にあり得るのだろうか？　これら古代遺跡はお互いに距離的にも離れており、全く交流がないはずの異文化同士だったにもかかわらず、この類似性。エジプトの大ピラミッドの形状については、南米のものとは違い、より滑らかな構造をしている。南米の方は巨大な階段のようなものがある建造物だ。調べていくと、南極大陸以外のすべての大陸におけるすべての巨石建造物は、「同じように」作られていることが分かってきた。各地でピラミッドを作った人たちは皆、「世界グリッド」の存在に気づいていたとでもいうのだろうか？　少なくとも、彼らに同じ方法を教えた「何者か」の存在を感じずにはいられない。

この謎についてさらに深く考えてみると、グリッドのエネルギーを使えば反重力の力を利用することができ、そうすれば巨石を浮揚させたりもできるのではないかと思えてきた。地球グリッドという目に見えない不思議な線、船や飛行機を消滅させてしまうだけでなく、うまく利用できれば巨石を浮かせて楽に建造物を作るためのエネルギーを生み出したりできたのかもしれない。それに、この線が通っていない場所では同じような芸当は不可能だったはずだ。これだけの仕事をグリッド線無しでこなすには、相当なエネルギーと労力が必要だ。本当に面白い発見だし、私の知る限りまだ誰も疑問にも思ってすらいない段階のようだ。疑問に思ったことの点と点を繋ぐことが難しいのだと思う。とにかく、ピラミッドを作った古代人たちは明らかに謎の高度な科学技術を知っていたはずなのだ。いくら検証しても、ロシア人科学者たちのこの発見を否定することはできなかった。答えを知る準備ができていた私だから、答えを得ることができた。

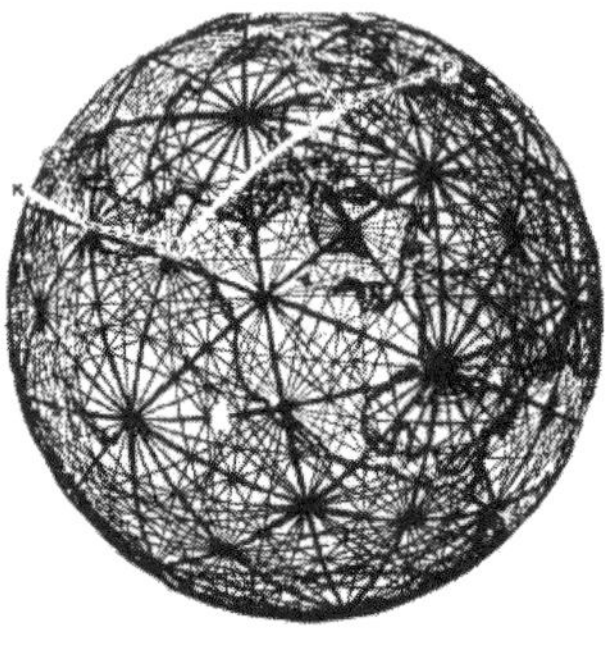

ベッカー氏とハーゲンス氏はこの説を採用し、さらに他の線を追加することで、すべての地点を補完することに成功した。こうして出来上がったのが「ベッカー＆ハーゲンス・グリッド」と呼ばれるものだ。このグリッドを通して地球を見ると、三角形の幾何学が１２０個地球上にあることが分かる。このグリッドを眺めていると、とても面白いことが解る。私は何時間もベッカー＆ハーゲンス・グリッドを眺めて熟考して過ごしていたのだが、見れば見るほど、「地球そのものがこのグリッドで形作られている」ことに気付いたのだ。オーストラリアは線と線の「結び目」のところに位置していることや、南米全体がグリッドを構成する三角形の幾何学の中にすっぽりと納まるなど、様々なことを発見した。ベッカーとハーゲンスは大西洋の

海底にある巨大な山脈「大西洋中央海嶺」全体が、その地域を通る世界グリッドの形と完璧に一致していることも指摘している。確かに、これらは偶然というにはあまりにも多く相関関係がある。疑っている人は一度見てみればいい。すべて納得するだろうから。世界グリッドは実在する。

## 液体に振動を加えると幾何学模様が浮かび上がる

年々、ミステリーサークルの数は増えていった。そして、四面体だけでなく他のプラトン立体すべてを研究するように人類に訴えかけているメッセージがあからさまに表れていた。１９９９年のイギリスにできたサークルは「どう見てもメッセージ」だったので、さすがに笑うしかなかった。７月16日にハニーストリートで、７月23日にウィンポールホールで、８月４日にウエスト・ケネット・ロング・バロウで、それぞれ「球体の中に正六面体」のミステリーサークルが描かれていたのだから。[40]

７月16日
ハニーストリート

７月23日
ウィンポールホール

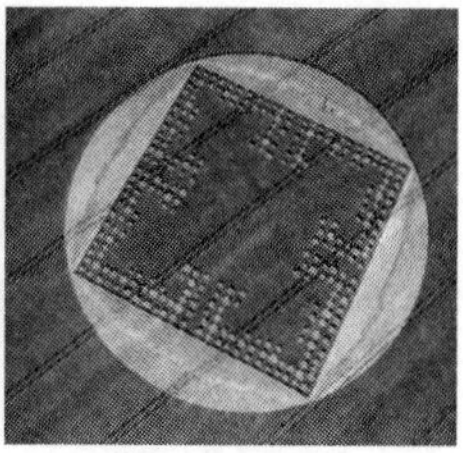

８月４日
ウエスト・ケネット・ロング・バロウ

他にも、水面に広がっていく音の波紋の図などが描かれていたこともあった。その一例が2001年の8月2日にケックスボローで、8月12日にケレスフォースで、8月15日にウェスト・ストーウェルに現れたミステリーサークルだ。ちなみに、ウェスト・ストーウェルでは翌年の同じく8月15日に、これと似たミステリーサークルが再度描かれていた。[41]これに関して、私は『サイマティックス』の父として知られるハンス・ジェニー博士の研究に辿り着き、幾何学がどのように形成されていくのかを理解できた気がしたのだった。ジェニー博士は、幾何学模様が流体に自然に現れることを証明したのだ。

ジェニー博士の実験では、水の中に浮遊する砂粒を用意する。そこに特定の音を使って水面を振動させると、驚くべきことが起きる。このときの音というのは、ピアノの白の鍵盤を弾くときに聞こえるようなシンプルな周波数の音だ。なんと音で振動した

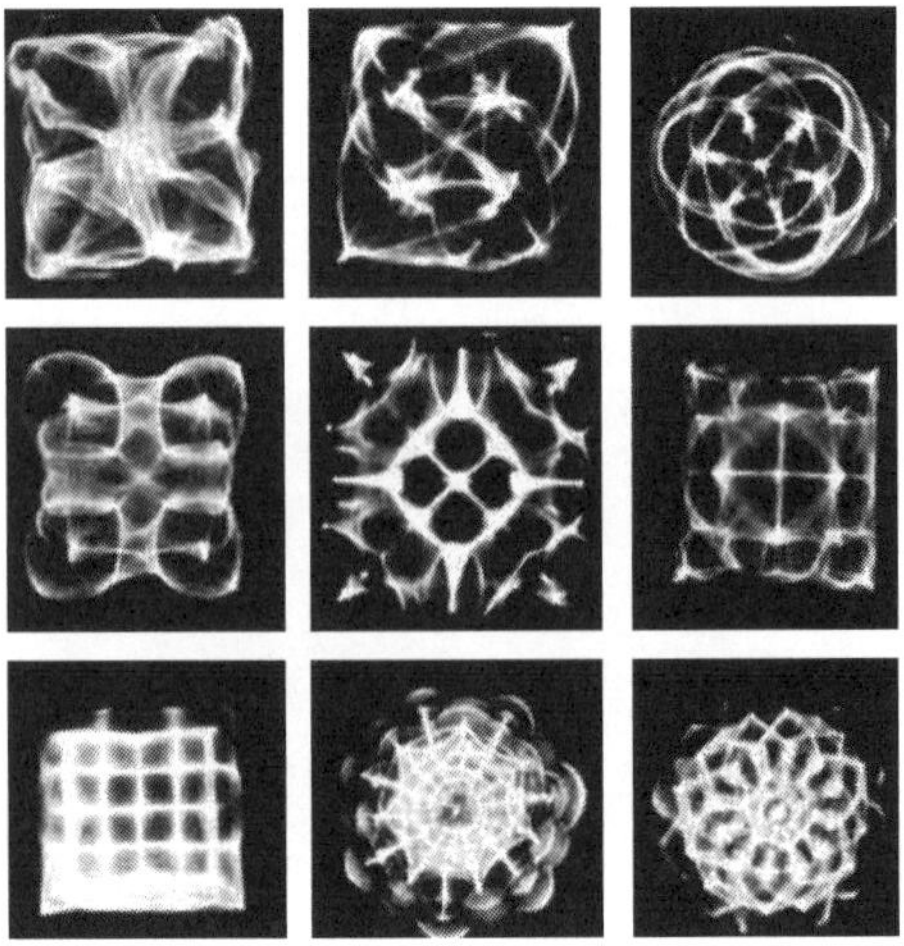

砂粒は、ひとりでに美しい幾何学模様を形成するのだ。この不思議な動きは、音が止むまで継続する。この実験を繰り返していると、プラトンの正多面体の幾何学模様を描くものもあることに気づく。つまり、正多面体とは振動の視覚的表現であるとも言えるのだ。「音が結晶化した」形が、プラトンの正多面体というわけだ。まさか自分の声が普段から幾何学模様を生み出しているなどとは想像できないものだが、実際にこうして目には見えない幾何学的形状が飛び交っているのだ。ジェニー博士が使っていたような実験道具を使えば、それを視覚的に確認することができるのだ。

## 『一なるものの法則』のおかげですべてが繋がった

これらの発見は、当時の私が発見した数多くの科学的謎のほんの一部に過ぎない。私はインターネットという新しい発見ツールを駆使し、これらのテーマを集中的に研究していた。のめり込むほど、いくらでも新発見が出てきた。私はすっかり夢中になっていた。毎日毎日、起きている間は四六時中、ずっと新しい知識を追い求めて生活していた。私の他の本でも書いていたように、『一なるものの法則』シリーズや「夢」は私の研究を後押ししてくれた重要な要素であった。だが、湧き上がってくるであろう「なぜその二つ？」という疑問に答えていなかったことに気づいた。あれは、UFOや超次元物理学を集中的に研究し始めてから3年後の、1996年の1月のことだった。『一なるものの法則』を読み始めた頃の話だ。その本を読む前、自分は独自の観点をもっていて、誰も見つけたことがない斬新ですごい新発見を沢山したのだと思いこんでいた。しかしこの本に出会って、私の発見はすでに語られていたことが分かった。それはまさに、「驚愕」の一言だった。しかも、その本で語られている理論はどれも私自身が考え出したものよりはるかに進んでいたのだ。「これが本物の高次元の情報源か」と確信した瞬間だった。

1996年1月に『一なるものの法則』シリーズを発見するまでも、面白い出来事が沢山あった。シンクロニシティや不思議な体験の数々によって、私はこの本へと導かれていった。本の中で、セッション14質問25の部分を読んだときには、感動を覚えたものだ。質問は「一なるものの法則はどのように地球人たちに伝達されるものなのか？」というものだった。そしてその回答は、「このようなチャネリングによる伝達を使ってきましたが、ほとんどの場合は夢やビジョンで伝えられます。その場合、〝私たち〟の正体や存在感などは意識されません」というものだった。[42] こうして1992年の9月から毎日、自分の夢を書き出すようになり、何年ものの間諦めず挑戦し続け、私はついに夢を解読する能力を開花させたのだ。だからこそ、このような遥かに高度な霊的導きを得ることができたのだろう。

## 夢という財産（その力には「限界」がない）

私は長年、ＵＦＯ研究家として真剣に研究に取り組んできた。多くの作品を手掛け、もっと自分が学んだことを世に知らしめようと、懸命に戦ってきた。その日々はあまりに忙しく、1992年から1996年の間にノートに書いた夢を読み直す時間も取れなかった。この本を書くことになって、ようやく私は自分がパソコンに夢日記をつける以前の、これらのノートを読み返す機会を得た。読み返していると、忘れていた自分自身についての豊富な情報が蘇ってきた。その中には、現在の私に関する予言まで含まれていたのだ。1992年に書いたことが、この本を書いている2019年の私についてなのだから、まったく驚きだ。当時の夢では、何故か私がどこに住んでいるとか、誰と住んでいるとか、家の周りに何があるとか、どんな家に住んでいるとか、今の目標についてだとかを正確に言い当てていたのだ。ここまでくると、もう理屈ではどうにも説明がつかない。意識そのものが時間の外側に存在しているから物理法則が通用しないとしか、説明ができない。

しかも、2019年にようやくノートを読み返すことになるということまで言い当てていた。それを書き記してから、実に27年が過ぎていた。夢の力には「限界」というものが無いようだ。これほど遠くの未来をここまで詳細まで記述しているとは。運命や、自由意志とは何なのかと考えざるを得ない。私はこのような過去にあったことが現在でも起きるという神秘的現象のことを「時間回帰現象」と呼んでいる。私の夢の世界と起きている時の世界との間で起きた不思議な出来事について、細かく書いていったらそれこそもう一冊本を書く必要が出てくるだろう。だから、その中の一部のみを後ほど紹介していきたい。夢の中で近い未来を正確に予測したという過去の体験も、本書を書くことでいくつか思い出すことができた。1996年、私がエドガー・ケイシー式のリーディングをし始めた頃から「時間回帰現象」がさらに加速していったように思える。未来の私が自分の記憶を勝手に改竄《かいざん》して勘違いしていないか確認するために、遠隔透視のやり方を試したこともあった。

この時点でもう興味を失っている人や、読み飛ばしている人、本を置いてどこかへ行ってしまった人もいるのだろうか。神秘現象を科学的に解明するのが好きでこの本を手にした人たちの中には、「だまされた」と感じた人もいたかもしれない。ここまで楽しんで読んでくれた人へ、「おめでとう！」もうこの章で細かい科学的議論は終わり。そういった話は昔の作品で散々語ってきた。過去に私が学んだ科学的考察について2章も使って紹介したのは、これが全部『一なるものの法則』で全部先に語られていたという私の受けた衝撃を、読者の皆様にも感じてほしかったからだ。1981年から1983年の間に書かれたこの全5巻の本の中で、この2章の中で私が発見したものと全く同じ科学的概念、いや、それ以上のことがすでに提示されていたのだから。だから、この本を読んで私の研究は飛躍的に向上していったし、それまで考えつかなかったことにも、答えが見つかるようになっていった。『一なるものの法則』が本当に伝えたいのは、科学的な知識ではない。その本質は、哲学と霊的指導だ。「他者への奉仕」という善良な考え方が、科学より何より重視されているのだ。

私が夢日記をつけ始めた頃の夢を研究するのは、とても楽しかった、忘れていた大事なことを次々に思い出すことができた。後に一なるものの法則や内部告発者からの報告で発見したことが、昔みた夢ですでに提示されていったことを知ったときの衝撃たるや、とても一言では言い表せない。「アセンション」についても、そのドラマチックな光景を垣間見ることができた。息をのむような鮮烈なシーンを、何百という夢を通して目撃した。それは映画さながらの強烈な映像だった。私が成してきたこと、そしてヒーリングの過程が夢によって導かれていたということ。そして、将来の私自身のアセンション。アセンションの予言について、私は全く疑ってはいない。その正当性は、私の27年間に及ぶ夢の未来予言の精度によって裏付けられている。夢の中でも最高にエキサイティングな予言。それはまだ実現していないが、必ず来るだろう。そしてそのときが来るまでの間、私はこの本を書くことに決めたのだ。

読者の皆様にとっても、私の夢のことや、それに関する経験、分析方法などを知ることで、自分自身の夢の解読法について学んでいくことになると信じている。夢は高次元からの導きとして活用できる。是非とも、これについて学んでいってほしい。『一なるものの法則』のセッション86質問7から言葉を借りるなら、霊的進化をあくまでも追求しつづけ、「熟練」した人にだけ知り得る真実がある。それは、「夢見」こそが霊的進化の上で最重要な修行であるということだ。私の精神的、科学的バックボーンとなっている『一なるものの法則』が保証しているのだから、私もこれを絶対にこれを約束しよう。夢の中で自分の守護霊（スピリチュアルガイド）と直接触れ合うこともできるようになる。本の情報源はこう言っている。

「起きているときの心が眠りにつくとき、熟練者が導き手たちに呼びかけ始めます。そして、ハイヤーセルフという名の神我に出会うこともあるでしょう[43]」

# 第7章

# イルミナティの家族か!?　不思議な友人と私の将来

## 最初の夢日記に書かれていたこと

ドラッグ中毒から立ち直って最初の1カ月目、眠る度に「夢を書きとめ忘れた」とか、「またマリファナをやってしまって最初からやり直し」とか、そういう悪夢ばかり見ていた。目を覚ますと最悪な気分なことが多かった。私が今手元にある最初の夢日記を見ると、書きとめた最初の夢の日付が1992年10月23日の日付だったので、やはりドラッグをやめてちょうど1カ月後で合っている。記念すべき最初に書き留めた夢では、私に大きな部屋が与えられ、自分の好きなように装飾や設計をしていいと言われた。与えられた空間は非常に広大で、天井も異常なほど高かった。部屋は壁も白で統一されていて、悪く言えばとても殺風景な風景だった。色は自分が思うように塗装していく必要があった。

私の隣には知的で穏やかな人が立っていて、「カラフルなパラシュートを天井から吊るせば部屋が明るくなるんじゃないかな」と言ってきた。さらに、「この空間は君が注ぐ創造エネルギーがそのまま反映されるんだ」とも教えてくれた。今にして思えば、この夢は落ち込んで可哀想な当時の私自身の心象風景を反映していたと言える。その部屋自体がどこかもの悲しい雰囲気だったのは、そのときの私がそういう心理状態だったからだろう。そのときの私は麻薬を止めることに命を懸けていた。止めないと幸せになれない。そしてもっと自分自身を見つめ直す時間と集中力のエネルギーを注ぎ込んで、「絶対に幸せになるんだ」と思うようにしていた。だから私は、人生に彩りを加える方法に最も興味を持っていた。

## 夢の記述が再び現実化（時間回帰現象）

翌日1992年10月24日の朝、私は唐突に「明晰夢」を見た。その夢では持ち前の生意気さで当時から問題児として有名だったロックンロール歌手の「ミートローフ」が、不思議な魔法を使う魔法使いとして登場したのだ。彼は動物の毛皮に魔法をかけて、獰猛な生きている動物に変身させることができた。しかもこの男は、それらの動物に私を攻撃するよう指示したのだ。

最初は驚いた私だったが、考えたらバカバカしく思えた。「ちょっと待て、毛皮が生きた動物に戻るわけがないだろ」ラバージ博士の本で覚えたことを思い出したのだ。夢の中で目を覚ますために、夢で起きていることが「現実的に不可能」なことに気づくようにすればいい。彼の魔法は、その良い例となった。そして私は、夢の中で「これは夢だ」と気づいた。そうすると、霧が晴れるように夢が明晰になっていったのだ。そこには私の兄弟や、父、祖父が一緒にいたので、彼らに「これはすべて夢だ」と説明してみた。ところが、誰も私の話を聞きたがらない。その後、ミートローフの後を追うことにした。奴がこれ以上モンスターを作って、人に迷惑をかけないようにしたかった。私は自分の手に意識を集中し、エネルギー弾を奴に放った。被弾したミートローフは、元のサイズの半分くらいの大きさに縮んだ。あと三回ほど奴を撃つと、マヨネーズの瓶に入るくらいのサイズにまで縮んだので、私は手からマヨネーズの瓶を具現化し、その中に奴をねじ込んでから蓋をした。瓶の中からは、ミートローフがこぶしで内側から瓶を叩く音や、くぐもった声が聞こえていた。

ここで、私はもう一度自分の家族に「私たちは夢の中にいる」のだと納得させようとした。あの捕獲劇の一部始終を見ていたはずなのに、やはりどうしても信じてはくれない。自分の手にいくつか指を増やしてから見せつけても、まったく無反応だ。もう話しても無駄だと分かったが、とりあえずこの出来事を書き留めておく必要があると感じたので、手からノートとペンを出した。書き終えてから読み返してみたら、書かれた文字はすべてフランス語だった。「僕ってこんなにフランス語できたっけ？」起きている時の自分のフランス語能力をはるかに超えていたのはすぐ分かった。夢の中では、フランス語の文法も綴りもすべて完璧だった。

この本を書いていた2019年の8月、本当に久しぶりにこの夢についての記述を読み返していたのだが、「時間回帰現象」が起きた。ふと家の裏口がある縁側に行ってみたら、そこにはビーバーの「毛皮」が落ちていたのだ。「さっき毛皮が昔の夢日記に出てきたところだ！」これにはギョッとして、まず何故こんなものが家の中に落ちているのかと思って、妻に確認してみた。どうやらこれは、私の妻が長年持ち歩いているシャーマン道具の一つだったようだ。彼女はクローゼットの中にあったビーバーの毛皮に蛾がいっぱいついていたのに気づき、蛾が卵を産む前に毛皮を外に置いて蛾が飛んで行くのを待つことにしたのだった。しかし、外は雨が降っていたので、仕方なく家の中で干していたのだという。よりによって毛皮がどう猛な動物に変身する夢について思い出した日にこのような出来事があったものだから、まさに驚くべき「時間回帰現象」と言える。

１９９２年の日記に書かれた次の夢を読んでいたら、またも現在の私の身に時間回帰現象が起きた。この夢の中では、私の前に表面が滑らかな氷のような「石」が並んでいた。石といっても滑らかで丸く、部分によってはほとんど透明だった。それぞれの石にはピースマークのような模様が彫られていた。石はガラスのびんの中で化学溶液と攪拌棒を使って培養されていたように見えた。溶液に放置した時間に応じて、好きな大きさにまで成長させることができたようだ。そしてその夢日記を読んだ２０１９年の現在、妻エリザベスが夢で見たのとほとんど同じ形の「結晶」を買ってきたのだ。結晶は白っぽい氷のようで、滑らかで丸く、約2インチの大きさの「石」だった。しかも表面にはスリ・ヤントラのマンダラが彫刻されていた。１９９2年の私の夢で出てきた石にはただのピースマークらしき模様が彫られていたのだが、大きな違いといえばそれぐらいのものだった。

１９９2年に書いた次の夢日記の日付は11月1日。夢の中、私は韓国人のグループと出会い、その中である一人の女性と恋に落ちた。それからちょうどきっかり2年後の１９９４年、私は日本人のガールフレンドのユミと出会った。２０１９年になって私は、これが将来を予言していた夢であったことを知ることになる。当時はこの夢を見ていたことに、まったく気づかなかったし、気づけなかった。１９９2年の11月末、この日は感謝祭の日だった。私はその夜にも、

「アジア人のガールフレンドができる」夢を見ていたことが、最近夢日記を読み返していて分かったのだ。

1992年11月3日、私は再び明晰夢を見ることができた。その夢では、幻想的なUFOが次々と空を飛んでいくのを見た。そして、「これは夢だ」と気づいた。このちょうど3カ月後、私はNASA内部情報を公開した人物の話を聞くことになった。つまり、またも近い未来が夢で予告されていたのだ。夢の中で、私は見ているこのUFOが本物かどうか判断がつかなかった。だが、もちろん起きている時の世界では、UFOが自由に飛び回っているなんて現実離れしすぎている。「夢を見ているに違いない」と思えるほどすごい体験だったのだ。夢を見ていると気づいたので、UFOに向かって「もっとすごい光景を見せてください」と祈ってみた。すると、UFOは巨大ながらも洗練された全容を私の目の前で見せてくれたのだ。それらの乗り物はどれも全部スマートな造りで、白色のボディで非常にハイテクだった。その大きさは現実にはあり得ないと思うほどの巨大さで、圧倒された。この夢は私に、子供の頃に何度も見たUFOの夢を思い出させてくれた。そして更に、3カ月後の元NASA関係者による内部情報公開への準備をさせてくれたのだと思える。

同年12月、私は地元に戻ったときに物凄い体験をした。この体験については、『シンクロニシティ・キー』や『アセンションミステリー』に書いた通りだ。ドラッグ中毒から抜け出せなかった昔の友人たちに私の霊的体験を小ばかにされて頭に来てしまい、大喧嘩をしてしまったのだ。その後、意気消沈していた私は夜空を見上げた。大宇宙に向かって話しかけてみた。「僕は、何か大きな理由があってここにいるんだろ?」その瞬間、視点を向けていた先に、一筋の流れ星を見た。そして大地からすごいエネルギーが流れ込んできて、全身を巡っていった。その体験は、「絶頂」と呼ぶに相応しい、凄まじくも美しい高揚感を伴うものだった。そして、ほどなくして大学で例の元ＮＡＳＡ関係者による情報開示の事件が起きたのだ。その時はＵＦＯ研究の方に熱が入っていたため、夢についての研究を少々怠っていたところがあった。１９９３年の夏までは、しばらく夢を書き留めることもさぼっていた。夢日記を再開してから見た夢のほとんどは、当時の私と母と、母が同棲していた当時の彼氏との間に感じていた緊張感がはっきり表れていた。その頃はＵＦＯもアセンションのことも、夢には出てこなかった。

## 危機の脱し方（精神世界本への傾注）

１９９３年の秋学期、私は大学３年生になった。越してきたばかりの今度の学生寮は３つの部屋が同じ壁を隔てて隣り合わせになっていて、寮内の全員の部屋の入口が共用の廊下に沿って並んでいた。男子寮で、シャワー室は共用だ。その寮は芸術科の棟のすぐ隣にあったので、「芸術家の卵が住む寮」と言われる場所だった。それだけに中々クリエイティブな人が集まっていたし、彼らと過ごす時間は結構楽しかった思い出がある。ところで、私の部屋の番号が「111号室」だったので、「シンクロニシティ、しつこ過ぎ！」と思って笑ってしまった。

私のルームメイトは「中世時代精神学生連合（SCUM）」という団体のメンバーだった。彼の人生の目的は、『ダンジョンズ&ドラゴンズ』というボードゲームの「ダンジョンマスター」になることらしい。ところでこのゲームだが、最近ネットフリックス社の『ストレンジャー・シングス』というドラマに登場したことで広く認知されるようになって、人気再燃しているそうだ。彼は仲間が探索できるための世界を自分で作り上げるほど、ゲームにのめり込んでいた。彼とその仲間たちはいつも私の部屋に来てゲームをしていて、いつも何時間も遊び続けていた。プライバシーのこの上ない侵害だったので、このルームメイトとの関係はサイアクだった。ダンジョンズ&ドラゴンズなんて暗いオタクのゲームに全く興味がなかった。ルームメイトの方も、最初の数日を除いてずっと無視を決め込んできた。それどころか私に対して地味な嫌がらせもしてきた。私のベッドに水をこぼしたり、灰色の粘土で短剣のようなものを作って、それをベッドの下や枕の上にかけたりしてきたのだ。

その部屋は12フィートほどの広さしかなく、寝床も二段ベッドの狭い空間に押し込まれていたわけだ。こんな気分の悪くなる毎日を過ごしていて、しかも悪戯《いたずら》の度合いが増して、身の危険を感じ始めてきた。「どうすりゃいいんだ」と思って、その時はＵＦＯの本よりも精神世界の本の方をもっと読んで、安心したいと思うようになっていた。ヒンズー教の聖典『バガヴァッド・ギーター』、仏典の『法句経《ほっくぎょう》』やダライ・ラマの『夜の闇の中の稲妻（原題：A Flash of Lightning in the Dark of Night,)』、トーマス・マートンの『禅と欲の鳥（原題：Zen and the Birds of Appetite)』、そしてウィルヘルム＝バインズ版の『易経』などを読んでいた。

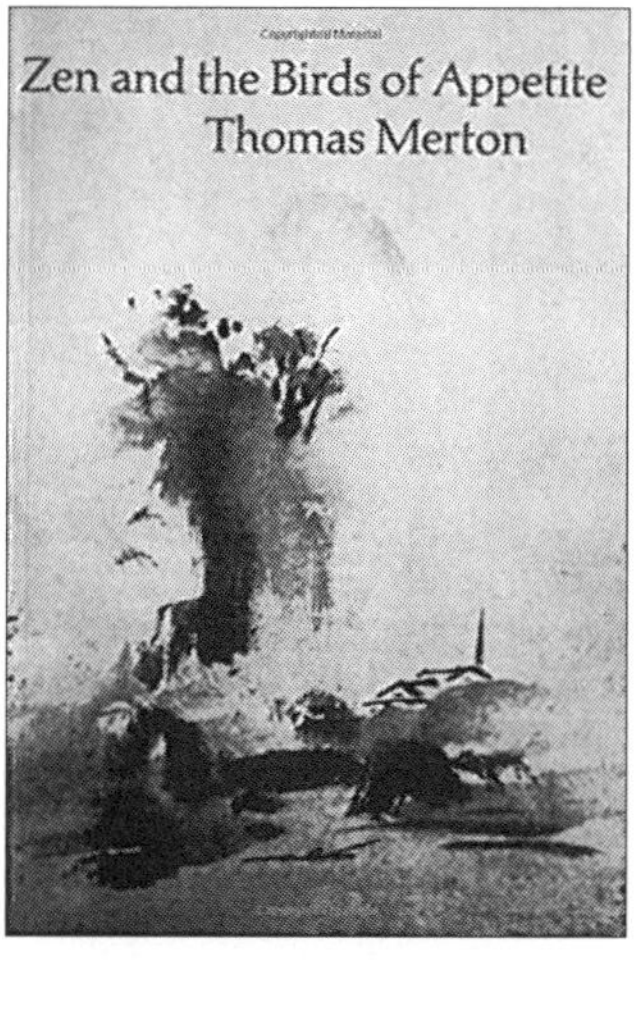

これらすべての作品を読んで分かってきた。『問題解決にはまず、他人への思いやりとか許すことが必要なのだな』。私は心を改め、ルームメイトにも心を開いて、長い会話をしてみたのだ。別に特別なテクニックを使ったわけでもない。強いて言えば、彼のことについて質問するだけだった。すると彼自身の問題に深く関わることになってしまうので、普通は面倒を避けたいと思ってしまうのだが、実は話を聞いてあげればあげるほど彼が抱えていた問題を取り除いてあげたり、モヤモヤを解消する手助けをすることができたのだった。自殺希望者が電話してくる「人生相談窓口」でインターンシップをしていたことがあったのだが、その時の経験がこの時、大いに役立ったなと今になって思う。こうして私は、ギスギスした人間関係を楽しい友情に転換することができた。その年は最後までうまくやっていくことができた。他人といい関係性を築く方法を教えてくれた、貴重な経験となった。

起きている間はできるだけUFOや超常現象の研究に時間を割いていた。その一方で、大学生として勉学も怠ることをせず、きちんとした成績を取ることもできていた。その頃は、超次元理論のことについて、考えない日は無かった。常に4、5冊の本を同時に読んでいた。それと、毎日シンクロニシティ体験をしていた。夢日記はさぼっていたが、タイプライターで日々の出来事についての日記はつけていた。その時の日記を見ると、何百冊もの本を読みながら毎日シンクロニシティが起きていたことが分かる。まとめると随分と分厚い日記になって、まるで不思議な出来事のカタログのようだ。

どの程度興味を抱いてくれたかは分からないが、このルームメイトにも私の研究をいくらか話してはいた。彼は、その年の末に地元に帰郷する予定だった。高校時代の恋人と結婚することになっているらしかった。彼が大学に行くとき、地元に残してきた恋人なのだそうだ。その後、彼はダンジョンズ&ドラゴンズは全部やめたらしく、キリスト教牧師になった。私が彼の人生にどんな影響を与えたとかは言ったことは無かったけれど、精神的なことへの関心を抱く切っ掛けにはなれたのかもしれないと思っている。

## 儀式的虐待（記憶のフラッシュバック）

その後、4年生になったとき、1歳年下の友人の「アーティ」に私のルームメイトになってほしいと頼んだことがあった。彼は喜んで承諾してくれた。アーティは私より背が低く、薄毛の金髪で、華奢な顎をしていて、分厚いレンズの眼鏡をかけていた。この通り見た目は弱そうでも、彼は天才と呼べるレベルのＩＱを持っていたのだ。ニューヨーク市から車ですぐのところにある、小さくも裕福な州、コネチカット州で彼は育った。アーティは私のＵＦＯ研究にとても興味を持っていた。どれだけ長話になっても最後まで聞いてくれた。私が３年生になってからはずっと親しい友達だった。私が「チェンバー・ジャズ・アンサンブル」という音楽バンドでドラマーをしていた頃、ギターのアダムを通じてアーティと知り合ったのが、彼との初対面だった。私が読んでいた本の要約をすると、ずっと興味深そうに黙々と聴き入ってくれていた。発言するのは質問のときくらいだ。分からない単語があればすぐに全部質問してきて、学ぶ姿勢がとても熱心ですごいと思った。

私の方も、アーティの数奇な運命にすっかり魅了されていた。彼とルームメイトになりたかったのは、これが理由でもある。私の知る限り、アーティの両親はどちらもアメリカ政府、秘密結社、黒魔術、軍事防衛請負業者、そしてＵＦＯ関連技術のリバースエンジニアリングとも何かしらの関係を持った、非常に秘密主義的で恐ろしいカルト集団に関わる人物だった。アーティの母親は彼が７歳の時に自殺し、父親も彼が10歳の時に不可解な状況下で失踪した。このときアーティには父親は失踪ではなく、「死亡した」と伝えられたようだ。アーティは幸運にも、たまたま母親の友人だった一般人の女性とその夫の下で育てられることとなった。

大学を卒業してからも、アーティに時折、気分が悪くなるような「記憶のフラッシュバック」が起きていた。その内容がただ事ではないと悟った彼は、自分の妻にも思い出したことがあれば話すようにしたのだという。大学時代にも彼が同じ「フラッシュバック」について教えてくれたが、そのときの私は「そんなこともあるんだな」ぐらいにしか思わなかった。アーティは自分が幼い頃、真夜中にどこかに連れて行かれたことをぼんやりと思い出し始めた。目的地に着くと、そこには動物の仮面をかぶっている人々がいた。ウシやシカの角がついている仮面をかぶっている大人の群れ。男性たちはスーツのジャケットを着て、ネクタイも普通だった。女性たちは優美なドレスを着ていた。私が彼に、「そのとき、どんな気分だった？」と尋ねてみた。彼は、「怖かった」と言った。というか、あまりの恐怖で動けなかったのだそうだ。彼の兄もそこにいたという記憶があったので、数年ほど前にそのことを覚えているか兄に尋ねてみたそうだ。だが、彼の兄は一向に話したがらなかった。口では「覚えていない」と言うが、ひどく動揺していたらしい。アーティはまた別の日に再びその話をしようとしたところ、兄が「全然覚えていない！　いやだ、やめろ、やめろ！」と言って激しく動揺したので、アーティはもうそれ以上深くは聞かず、すぐに話題を変えたそうだ。

本書を書くにあたり、私は久々に彼に連絡し、記憶のフラッシュバックについて尋ねてみた。するとアーティは、過去の体験を瞬間的に思い出したことがあったようだった。記憶の中、彼は何者かに傷つけられそうになっていたらしく、非常に奇妙で、気分が悪くなるような光景だったそうだ。皆様が信じるか否かはともかく、このように忘れていた過去の「トラウマ（心的外傷）」が突然蘇ってくる体験を持つ内部告発者は多い。このようなトラウマを、心理学者たちは「儀式的虐待」と呼んでいるようだ。記憶喪失について、専門用語では「解離」と呼ばれているようで、これも内部告発者の報告の中で非常によく見られる要素である。２０００年に「スヴァリ」という内部告発者が出した著作を通して、私はこの暗黒世界についてさらに知り始めることになり、そこで友人アーティの話がスヴァリの「イルミナティ」の話とぴったり一致していることに気付いた。彼は自分の身に起こったことを忘れてしまっていたようだが、具体的に覚えている被害者も実は存在している。自分の体験を公表する人も、少しずつだが現れてきた。スタンリー・キューブリック監督の映画『アイズ ワイド シャット』は、この社会の暗黒面を世間に暴露したことで知られている。

私の知る限り、アーティは自分の両親が巻き込まれていた地獄から逃れることができたようだった。ルームメイトだった私は、彼に自分の構築した理論について披露したことがあった。

アーティの語った話の背景には、さらに深い闇があることには気づいていた。彼はその闇をしっかりと見つめるために頑張っているのだ。しかし、まだ多くの体験は謎のベールに包まれたままだった。本書を２０１９年に書き上げたとき、彼に電話でそのことを伝えた。そのとき、彼の体験の謎についての答えを、私が知っている限り詳細にわたって話すことにしたのだ。そのお返しとして、またショッキングな新情報を得ることになった。人は嘘をついたり話をでっち上げたりしているときには、すべての点を繋ぎ合わせて、意味をなすように準備してから話すようにしていることが多い。アーティの話では、パズルのピースを組み立てる必要がたくさんあったが、彼自身はそのやり方を分かっていなかった。そして私が彼から得たデータを繋ぎ合わせて検証すると、やはりそうだったのだ。何年にもわたり多くの内部関係者から私が学んできたことや、いわゆる「イルミナティ」や「秘密宇宙プログラム」などの私の個人的研究とも、非常によく一致していた。彼の両親は内部関係者だったのだ。

## 孤児院での精神実験（イルミナティ構成員への洗脳プログラム）

アーティの両親は子供の頃、フリーメイソンのような秘密結社が運営する孤児院で知り合ったと言われている。その孤児院は「ボーディング・スクール（寄宿学校）」を自称していた。

アーティの父親はまだ幼い頃に自分の父を火事で亡くしたそうで、その後に孤児院に入れられた。児童家庭サービスなどは無かった頃なので、秘密結社の一員の親を亡くした子がいたら、全員そのボーディング・スクールに入れられていたのだ。その施設に入ると、母親同伴のもとで施設内の精神科施設で行われる「研究」や「実験」の被験者にさせられる。これはどう考えても「マインドコントロール（洗脳）」についての実験施設だったに違いない。

両親が成人する頃には、その精神科棟の建物の方は取り壊されてしまったらしい。アーティはその施設についての手がかりとなる情報を必死になって探し回った。その自称ボーディング・スクールは、1930年代から1950年代にかけて同地域にある諸大学とも協定を結んでいた。その学校を卒業した子供たちは、その後も研究対象として精神科医たちに監視されているのではないかとアーティは睨んでいた。研究対象者たちがその後どのような職に就くなどもすべて監視されていたようだ。監視といっても公然とではなく、秘密裏に行われていた。両親の過去の謎を解き明かしたかったアーティは、両親が通っていたのと同じ「ボーディング・スクール」で働くことに決めた。何年か働き、そこに住んでいた孤児たちを助けていった。結局、これといって奇妙なことは何も起こらなかったが、彼は非常に重要な新しい手がかりを得ることに成功した。さらに、後で調べたら、彼は自分の父親が育った部屋と全く同じ部屋に住まされていたことが判明した。そのことを誰も教えてくれなかったし、彼も何年もそれを知らずに過ごしていたというのだ。

その孤児院の元従業員たちとアーティが話してみたところ、そこには週に2、3回、「精神科医」がやって来ては子どもたちを検診して、さまざまな薬物を投与していることがわかった。昔そこで働いていて事情を知っている女性がいて話を訊いてみると、当時のアーティの母親が「病院」と呼ばれる場所に時々連れ去られて行ったということを話してくれた。連れて行かれたアーティの母は、翌日まで部屋に戻ってこなかったという。これはスヴァリの書籍内にある記述と一致している。アーティの母親が非常に専門的な「訓練」を何時間も受けていた可能性は十分にある。スヴァリによると、イルミナティを自称する秘密結社には、才能に応じてメンバーを6つの分野でのスペシャリストに養成するための学習プログラムがあるらしい。その6つとは、科学、軍事、政治、指導者、学者、霊能者と言われている。[44] そして、国家レベル評議会よりも下のランクである「局所指導者会議」のメンバーであっても、同じく軍事、科学、学者、金融、訓練官、科学という6つの部門に分かれるのだそうだ。[45] そのランクの者だと、国や世界レベルの「政治」には関われないということが分かる。

「6つの分野の学習プログラム」について見る前に覚えておきたいのは、「マインドコントロール」による学習と実践についての科学が実在しているということだ。スヴァリなどは、イルミナティ候補生を訓練する部門に所属していた。各分野の所属メンバーは、拷問に近いマインドコントロール・プログラムに耐えなければならない。科学部門のメンバーは、この訓練法について分析し、プログラムの過程を管理している。スヴァリは、「一般人が訓練無しにプログラミングを受けた場合、心臓発作で死亡するか、完全な精神崩壊を起こして一生を入院して過ごすことになる」と描写するほど重度のトラウマになると述べている。イルミナティのメンバーは全員、暗示にかかりやすくなる薬物が投与されるという。これはLSDに似ているが持続時間が短く、より深い催眠状態になる効果があるという。催眠状態に陥ったメンバーには「指令」が与えられる。キーワードだったり、「訓練用の映画」だったりを見聞きすることでこのプログラミングが発動し、電気ショックと植え付けられたトラウマが引き起こされる。このとき、肉体に傷が現れるなどの現象はなく、傍《はた》から見ても何が起きたかは分からない。

洗脳プログラムの目的としては、被験者の心を分裂させることと、分裂した人格の断片にプログラミングをして、「いつでもスイッチを入れられる状態に保つ」ということである。これを3歳半になる前の人間に行えば、「二重人格者」を作ることができるという。その年ならば、表の人格が裏の人格に気づくことが無く、思い出そうとしても別人格の時の記憶が無いので、何も思い出せないようにできる。別人格の方は、特別な「キーワード」を使って自由に呼び出すことができる。アーティの母親と父親が育った孤児院の内部でなら、周囲の視線を遮って自由に子どもたちを洗脳できるということだ。1962年の『影なき狙撃者』と2004年の『クライシス・オブ・アメリカ』（どちらも原題はThe Manchurian Candidate）という映画の中で、『MKウルトラ』として知られるこの洗脳プログラミングについて実際の者に近い形で描写されている。「プログラム可能な暗殺者」がいれば、殺害した記憶が無いのだから、秘密結社が欲しがる人材というわけだ。1968年6月5日にロバート・F・ケネディを暗殺したサーハン・サーハンをはじめ、近代史でこうした人材が使い捨てられていった例は数多くある。

「軍事部門」では、第二次世界大戦のナチスドイツの軍服のような制服を着て、重火器の扱い方や爆弾製造法、暗殺技術、尾行と監視、罠の設置法、ストーカー行為、暴動鎮圧などを覚えさせられる。スパイ戦術もその内の一つで、隠蔽工作や尾行された場合に捕捉を逃れる方法なども学習させられる。「指導者部門」では、大企業の最高経営責任者（CEO）などの社会人として必要な能力を備えた模範的社会人を育成し、そこから他者の考え方に影響を与えられるように訓練される。「政府部門」、これは細かい説明は不要だろう。法学の学位を取得のための知識を習得し、「政府とはどう機能すべきか」をあらゆる角度から学ぶという分野だ。指導者部門と別の分野なのは、「指導者」のカテゴリーには大企業の社長だけでなく、俳優、ミュージシャン、ニュースキャスターなども含まれ、どの分野においてもイルミナティの忠実な計画執行者であり続けることが教え込まれるからだ。エンタメには力が入れられているようで、そのために、「エンターテインメント部門」という副部門まであるらしい。

「学者部門」とは、イルミナティという組織を教科書から完全に抹消する役目を持った、学者集団の形成に焦点を当てる部門だ。これらの学者たちは、世間に知られることなく歴史的な決議をする秘密会議などを企画、または参加をする。会議では国家や企業などの社会構造についての理解が促され、同時にそれらに侵入して支配する方法などが語られる。たとえば言語能力が優秀なスパイを敵国に送り込み、物理的に内側から支配をする計画など。

最後の「霊能者部門」については、「体外離脱法」などの超能力を使える者を育成し、入手困難な情報を収集させることに焦点を当てている部門であると言える。「時間旅行」の実践もこの分野に含まれるそうだ。例えば、被験者は超能力を使って、過去のある時点にまで時間の流れを遡り、そこにいた酔っ払いなどの精神状態が不安定な者の体に「侵入」し、占領した体を使ってターゲットとなる人物を暗殺するなどの行為を働いているという話もあるのだ。これが成功すると、世界のタイムラインが別のものへと移動してしまうのだという。変更したタイムラインでは、前のタイムラインについて覚えているのは変更者本人以外にはいないのだそうだ。スヴァリによると、映画『マトリックス』に出てくる「エージェント」のように、被験者は誰かの身体を占拠し、殺人を犯させたりできるのだという。２０１４年のＸ－ＭＥＮの映画『フューチャー&パスト』では、ウルヴァリンが１９７３年に時間旅行をして悪い出来事を予防するというシーンがあるが、これが元ネタだ。

ここまでを初めて聞いた人にとっては、私が話していることがどんなにぶっ飛んでいるように聞こえているか、分かっている。私はこういった話を何名もの内部関係者から聞いてきた。べつに、どの話が真実かを議論するために本書を記しているのではない。「その話をマジで信じていて、話をしてくる本物の内通者が沢山いる」それを伝えたいのだ。スヴァリによると、体外離脱の訓練は肉体を酷使するらしく、普通の人よりも早く白髪頭になるなどの影響があるらしい。それから「霊能者部門」は、アーティの幼少期の体験談そのままに、奇妙な仮面をつけた大人たちで闇の儀式を執り行う。これらの黒魔術儀式は特別で厳格な行程がある。

もちろん、アーティが自分の両親について初めて私に話してくれたときは、私はまったく気づかなかったし、知らなかった。点と点が繋がり始めたのは、2000年にスヴァリを知って、彼女のイルミナティについての証言を読み始めたときだった。アーティが孤児院での元同僚に久々に会ったとき、子どもたちが施設の地下下水道へ連れて行かれていたのを見たという話を冗談っぽく語っていたそうだ。その後、施設内の古い建物の一つには、いつも鍵がかかっている下の階へのドアがあることをアーティは発見した。整備員によると、それは下水道の入り口なのだそうだ。もしかしてそこが、儀式が行われていた場所だったのかもしれない。

## 元諜報員からの情報（「金か、死か」の選択の人生）

成人したアーティは、コネチカット州にあるキリスト教の教会に通っていた。その教会は非常に原理主義的で、厳格な規律を守らねばならなかった。しかしアーティにとってキリスト教信仰は、子供時代から心をかき乱してくる謎の記憶から逃れ、慰めを見いだせる居場所となっていた。その頃、アーティは教会である一人の男性と出会った。陸軍レンジャーとグリーンベレーを歴任し、現役で中央情報局（ＣＩＡ）で働いているという謎多き男性だった。さらに彼は、アーティの父親のことも知っていたのだ。アーティの父親は全寮制学校を卒業した後に軍隊に入り、その後陸軍情報部に入り、ベトナム戦争に従軍していたことを、アーティはこのとき初めて知ることになった。父親の戦場での仕事は主に兵站《へいたん》業務であった。さまざまな場所にひそかに潜入し、敵地内部の図を詳細まで描き、侵入の形跡を残さず脱出することができた。本部に戻ると描いた地図を上司に渡し、上司はこの情報を使って暗殺や捕虜の救出、敵軍の財産の押収の指示を出していた。私と繋がっている内部告発者の一人が、何年もの間まさにこの任務で働いていたので、本当の話のはずだ。

兵站業務は非常に困難で危険な仕事だ。これをこなすには、相当なスパイ技能と専門の訓練と膨大な知識を必要とする。敵兵士を制圧する戦闘技術にも長けていなければならない。しかも、こういった仕事を辞めようと思っても、後で例外なく酷いPTSDに悩まされ、まともな一般人生活を送れなくなると内部告発者たちは語る。植えつけられたトラウマがふとした瞬間に蘇ってきて、寝ている間もずっと寝汗をかき、記憶と共にアドレナリンが最大限に放出される。もしくは、普通の日常生活が退屈すぎて、何をしても戦場での興奮を得られずに、享楽的な生き方で彷徨《さまよ》い続け、結果的に深い鬱《うつ》に陥ることもある。その業界に携わり続けている者も、ますます仕事が面白く感じ、給料もどんどん上がっていくのでなかなか抜け出せなくなる。普通の生活をしていたら一生関わり合いがなさそうな有力人物と直接関係を持つことも当たり前になってくる。こうした諜報員の多くは、一見普通の会社員のふりをして裏では諜報機関で働き続けている。また、諜報機関でキャリアを始めた者が後にＤＩＡ（国防情報局）のような、世間の認知度が極めて低い影の有力組織や部門に入ることが可能になっていく。

忠誠心と実力があれば、誰にでもより高い権力の地位が与えられる。諜報員は守秘義務を固く誓い、家族には自分の本当の仕事について一切口にできない。もし少しでも秘密を漏らしてしまえば、建前としての生活含め、すべてが崩れてしまう。普通の退屈な仕事をしていて、誰かに仕事内容を尋ねられても、それについて話したくないという態度を取り続ける。だが、いつしか重すぎる責任と秘密に押しつぶされ、家族関係が崩壊してしまう者も少なくない。そうした者にとって家族は部外者の集団となり、反対に自分の直属の同僚や上司としか本当の親密関係を築くことができなくなる。私が子供の頃、父が毎晩、ゼネラル・エレクトリック社での仕事について、必ず一つは土産話を私や兄に持って帰ってきたのを思い出す。だから自分の仕事について一言も話さない父親と聞いても、私には想像が難しいところがある。とにかく、これが諜報員たちが歩まざるを得なかった人生だったということだ。

私はアーティに会うずっと前から、諜報機関というものを信用していなかった。私の中学時代の友人で、学年で最も成績の良かったケビンには、地元の原子力研究所で働く両親がいた。ケビンは両親の仕事場に行ったことも無かったし、そこでどんな仕事をしているのかも両親は教えてくれなかった。彼らが家で仕事の話をしている時にケビンが部屋に入ると、すぐに話をやめていたのだそうだ。ケビンの両親は、「UFOとETは本当にいる」のだと何度も言ったことがあったが、その理由までは明らかにしなかった。しかし、何故だかそのことについてはとても心配していて、我々人類は非常に危険な状況にあると考えていたようだ。ワームホールや、空間と時間は相互に結びついているというアインシュタインの「時空連続体」の概念についても話していたそうだ。つまり、空間を移動すると時間も移動することになるという考えだ。

私がこの本を書いている間にインタビューをしたある著名な内部関係者によると、諜報機関の下位から中位までの地位にいる人は皆、UFOが存在することも、UFOが地球上に墜落した事件も、そして墜落したUFOの仕組みを研究し再現することで「自分たちのUFOを作り上げた」ことも常識なのだという。そして地下にはそれぞれ最大6万5000人を収容できる276もの大規模な地下都市があることや、その中には地球外文明による地下基地があること、そして高機密プログラムに参加する者には、それらの地球外基地を訪れる機会が与えられることもあるという。いったんその世界に入ると、再び地上の「日常生活」に戻ることはほとんど不可能になる。こんな話を初めて聞いた場合は、多くの人にとって受け入れられない事実だと思う。だが本当のことを言うと、これだけ長い間、これだけ大規模な嘘で地上の人々は騙され続けてきたのだ。ロズウェル事件が本当に起きた事件なら、米軍と軍産複合体は、墜落したUFOの研究の結果、それを組み立てるのに70年以上かかったということになる。

アポロ計画は人間を月に送り込むという、一見不可能に思える偉業を成し遂げた。だが、その後はほとんど大きな進展が無いとは、どういうことだと思われるだろうか。人類は退化してしまったのか？　あるいは単純に、宇宙進出をあきらめてしまったからなのだろうか？　地上から望遠鏡で月を見ても、誰も月の裏側は見ることができない。そう、軍産複合体にとってそこは、基地を建設するのに絶好の場所なのだ。さらに、リバースエンジニアリングによって製造された反重力宇宙船には「マスキング」と呼ばれる特殊技術がある。この技術を使えば、肉眼では誰も宇宙船を見つけることができなくなる。見ることができる唯一の方法は、最先端の赤外線暗視技術を使用することぐらいだ。しかも、そのことを世間に公表しようとすれば、すぐに脅迫の対象にされてしまう。２００１年にスティーヴン・グリア博士の「ディスクロージャー・プロジェクト」で私が会った内部告発者の一人、ダン・サルター氏は、「知りすぎた人」や「見てしまった人」たちを買収したり、脅迫したりする任務についていたという。闇社会では「金か、死か」として知られている脅し手法だ。

## 「機関」（ある科学組織で）

軍を退役した後、アーティの父親はとある科学組織で働き、亡くなるまでその仕事を続けたという。法的な理由からその団体の名を明かすことができないため、ここでは「機関（The Organization）」と呼ぶことにする。アーティが組織について知っていたのは、そこでは多くの自動化されたマシンが動いていて、彼の父親はそこで「調査員」として働いていたらしいということだけだった。作業エリアのいくつかは完全密閉されていて、あまり手入れが行き届いていないようだった。彼の父親は、黄色の床の、エアコンが効いた良い部屋で働いていたということまでは分かっている。彼の上司と思われる人物は後に、「君のお父さんのオフィスは、私のよりいいぞ」と冗談めいた口調でアーティに語ったそうだ。アーティがニューヨーク州立大学　ニューパルツ校で研究の際に使っていた「分光器」の一つに、記憶の中のものと同じような装置があったらしい。

「機関」についてオンラインで調べてみたところ、どうやら公営企業と民間軍事会社の両方と結託していることが分かった。機関の一部は、航空宇宙産業のために炭素繊維部品を製造する防衛請負業者としての活動をしていた。すでに多くの内部関係者から、ステルス爆撃機よりもはるかに高度機密扱いになっている航空機が実在していることと、その製造がＵＦＯ関連のブラック・プロジェクトの一部であること、そしてこのプロジェクトには防衛軍事請負業者が一枚噛んでいるとされることの聴き取りをしていたので、これには思わず納得してしまった。機関の大半の部分は、民間部門として製品を製造していた。世界企業番付フォーチュン５００社の上位企業を対象にカスタム設計された製品の販売をしていたわけだ。高度に機密扱いされた裏の仕事をカバーする、表向きのビジネスというわけである。ビル・クリントン元大統領、ジョージ・W・ブッシュ元大統領、および商務省からも、その業績に対していくつもの賞をもらっていた。ここ10年ほどで、機関は大手の未公開株式投資会社に買収された。つまり、非公開化されてしまったということだ。

アーティーが24歳か25歳の頃、彼とその兄弟の前に、機関で父親と一緒に働いていたという男性が現れた。マサチューセッツ州ノーサンプトンで、アーティの父親との共同プロジェクトに従事していたのだという。アーティが「コネチカットにある〝機関〟で働いていたのではなかったでしょうか？」と聞き返すと、男はショックを受けたような心配しているような表情を浮かべ、すぐに話題を変えてしまった。アーティの兄弟も、あまりにもおかしな態度だったので今でもこの男性について冗談を言っているそうだ。ここから推測できるのは、父親には自分の家族にも話していなかった、裏の仕事があったということだ。その機関が航空宇宙防衛の請負業者だったと考えると、アーティの父親がどこかの研究所で高度な機密技術を開発していたと考える方が、完全に理にかなっているのだ。全体の仕事の一部に過ぎなかったとしても、必ず機関と関わりがあったはずだ。興味深いことに、アーティの父親が加入していたエリート団体とは、アーティが通っていた寄宿学校を経営していた団体と同一の団体であることも判明した。しかも、1986年に表向きには亡くなったという知らせが出る前には、彼はその学校を首席で卒業しようとしていたのだった。言っておくが、その団体とは、「フリーメーソン」ではない。似ているが、あまり知られていない別の組織だ。

## 天才少年（イルミナティの科学部門による育成か）

こうしたことを念頭に置いて、アーティの興味深い少年時代の話を聞いていただきたい。彼は生後18カ月でミッキーマウスのテーマソングを歌ったり、すでに流ちょうに話すことができた。しかし小学校1年生の時に急に視力が弱くなったらしく、すでに老眼鏡をかけていたそうで、それが恥ずかしくて注目を浴びたくなくなり、人前で声を出して音読するのができなかったのだという。しかしひとたび勇気を出して音読してみたところ、あまりの流暢さに1日で読書の最下級クラスから最上級クラスへと移されることになった。アーティは天才児だった。それからは少年時代を通してその神童ぶりを遺憾なく発揮することになる。クラスの皆が電卓を使っている中で、一人だけ複雑な数学の問題を頭の中だけで処理して、誰よりも早く解くことができた。5～6桁の数の掛け算や割り算はお手の物だったのだが、なぜか数年後にはその能力は衰えていき、二度と戻ることは無かった。

アーティの母親は看護師の仕事をしていたというが、訃報があるまで彼と一緒にほとんどいつも家にいた。母親の記憶については思い出すことが難しいようだ。その理由についても後述する。アーティは4、5歳のときに、母親の看護学の教科書をすべて読破し、ヒトの妊娠過程の各段階を何も見ずに詳細まで話すことができた。知らない単語を見つけたらすぐに辞書で調べていた子供だった。百科事典を読んではいつも興味を抱いた話題についてまたさらに別の本をたくさん読んだ。読む本に子供向けの本は一切含まれていなかったという。兄弟が外で友達と遊んでいる間、アーティはいつも家で本を読んでいた。幼稚園に入る前からすでに母親から科学クイズを出されていたのだとか。しかも簡単な問題が出題されているわけではなく、「胞胚期」や「原腸胚期」について詳細を具体的に説明するように尋ねられたのだそうだ。

それと、これは非常に奇妙な出来事だが、アーティが6歳か7歳のとき、日本語で何かをしゃべったことがあったそうだ。彼の母親はこの時点で存命で、彼らが居間にいた時にそれは起こった。父親の方はロッキングチェアに座り、ナイフで果物か何かを切っていた。アーティが日本語を話し始めると父親はアーティを見つめ、明らかに怒った口調で「おい、今何て言った？」と言った。アーティは反応しなかった。父親は「何ていったんだ？」と繰り返し尋ねてきて、結局アーティは「分かんない」と言った。父親は執拗に同じ質問を繰り返し、アーティも同じく回答し続けた。しばらくして父親が「何故知っている？」と尋ねてきた。アーティは心が傷ついて、目に涙が溢れ始めた。本当に分からなかったから。どうしてか分からないけれど、日本語を話せてしまうのだから仕方がない。

後に、彼が叔父と話しているとき、このときのことが話題になったことがあった。叔父は、アーティの父親は日本語を完璧に話せたと言った。父親は軍隊にいた頃に日本語を修得したのだが、アーティも同じく真似して覚えてしまったらしく、このとき自然と口にしてしまっただけだったのだ。だが、彼の父親は日本ではなくベトナムで兵役についていたはずなので、「なぜ日本語？」と、これもまた大きな謎ではあった。まあ、そういう世界にいた人間なのだから、もう何があっても不思議ではないのかもしれない。ちなみにアーティは普段の生活で、教師に日本語を教えてもらう機会などは一切無かった。寝ている間に日本語を覚えさせられていた可能性はある。イルミナティの「学者部門」が、将来のスパイとしての訓練の一環として、身につけさせた能力だったのかもしれない。

## コンタクト体験（……あれは誰だったのか？）

アーティの体験で特に興味を持ったものが二つある。一つはアーティが4歳の頃に起きた出来事だ。彼はスパイダーマンの絵がついた下着と、同じ柄のシャツを着てベッドで寝ていた。目を覚ますと、下着は前後ろ逆さになっていたが、シャツはそのままだった。彼は自分の下着を逆さにはいたりは絶対にしなかったし、寝ている間に逆になったなんてことが起きるはずもない。しかもこの話は、私がさまざまな本で読んだUFOアブダクションやコンタクト体験の話と非常に似通っていたのだ。1994年にこれを聞いたとき、私は彼に言った。「身体検査のようなものを受けたのかもしれないね。それも、下着の前と後がどっちなのかを知らないような者から」。それに、私自身にも似たような体験があったのだ。前述したように、真夜中に起きて徘徊したり、荷物をまとめて家の外に出たりなど。

アーティが小学校1年生のとき、外の庭に大きな光る物体が降りてくるのを見たと言っていた。何事かと思い、眠い目をこすって外に出たことをぼんやりと覚えているそうだ。そこを両親に見つかったので、「大きな光の玉を見に来たんだ」と言ったところ、両親は「そんなものは見えなかった」と答えたそうだ。やはりUFOによるアブダクションやコンタクト体験に思えたので、私はアーティに言うことにした。アーティからすると、そんなことを言われたのは初めてだったそうだ。しかし、彼の両親の不審な言動もあって、言わねばならないと感じたのだった。

彼の話を聞いていると、そこには地球外生命体以上のさらに何か大掛かりな秘密が背後にあるのではないかと思えてきた。彼のUFO接触（かもしれない）体験も、彼の両親が関与していた謎の集団による仕業だったのかもしれない。「MILABS（軍事的拉致）」として現在は徐々に人々が認識しつつある秘密軍事プログラムの一環だったのかもしれないのだ。『アセンションミステリー』の第2部を読んだことがある人なら、軍産複合体が独自のUFOを使って人々を誘拐しているという証言を、私は多くの内部関係者から受け取ったということをすでに知っているだろう。２０１９年11月7日のテレビ番組『ジェニー・マッカーシー・ショー』で、内部告発者のコーリー・グッドがジェニー・マッカーシーのインタビューに応えた際、アーティの証言と非常によく似た彼自身の子供時代の経験を詳しく話した。コーリーは番組内で、次のような体験を明かした。

「ＭＩＬＡＢＳはMilitary Abductions（軍事誘拐）の略です。ＭＫウルトラが横行していた時代には、他にも知られていないプログラムがたくさんありました。彼らは、できれば7歳未満で、特定の能力を持つ若者を探していました。学校でのテストなどのさまざまな方法で、子供たちが持つ能力を見つけ出します。能力を持つ子供たちを特定すると、〝探検家プログラム〟というものに招待されます。学校ではなく、博物館などに連れて行かれ、そこで実施されます。私の場合、テキサス州フォートワースにある軍事基地に連れて行かれました。当時はカースウェル空軍基地と呼ばれていました。日中、彼らは子供たちの能力をさまざまな方法で検査して、それを訓練させました。プログラムは10年間も続きました。10年の訓練が終わった後は、またさまざまな異なるプログラムに移されます。その中には、かなりダークなものもあります。私がたまたま選ばれたのは、秘密宇宙計画でした。私はそこで20年間働いていました」

コーリーはさらに、これらのプログラムは、特に「問題を抱えた家庭の子供たち」を意識的に探していると述べた。そうした家庭の子供たちの方が両親があまり子育てに関心が無い傾向にあり、注意を払わないため何が起きても気づかれないことが多いのだ。初めて地球外の人間に会うとき、人は異常な外見の存在を見てトラウマになってしまうことが多いのだが、そうした子供たちの方が一般の大人よりもはるかに適応力があった。家の裏庭で子供たちを拉致する際にも、そうした機関は自前のＵＦＯを使って、子供を誘拐していたのだ。アーティはその並外れた知能と数学的スキルが突然失われてしまったわけだが、これもＭＩＬＡＢＳに関するコーリーの証言と共通点があった。コーリーの場合、「直感エンパス」の訓練を受けた体験を次のように述べている。

「当時は、直感エンパスが切望されていました。彼らはこの生まれつきの能力を計画に利用するために探し求めていました。子供たちの能力を伸ばすために、宗教のグルのような人や科学者などと会わせて、訓練を受けさせます。血清のような薬物を子供に投与し、この能力を高めさせますが、難点は神経系統を焼き尽くしてしまうことでした。神経がオーバーヒートしてしまうのです。直感エンパスは、危険や嘘を検知するために利用されました。中には地球外生命体との接触にも慣れている者も多くいます。尋問されている地球外生命体のそばに座らせられて、彼らがどんな感情や感覚を抱いているのか見破るようにさせられます。感情の裏にある真意や動機を見つけて、分析させられたりしました。それと、当然のことですが、このプログラムから去ろうとする者は全員、記憶をすべて消されます。これを、〝白紙状態〟と言っていましたね。記憶を消したら、普通の生活に戻します。すると昔のことはもう何も思い出せません。直感エンパスの約3～5％の人に、昔の記憶を取り戻し始める人もいます。記憶が蘇ると非常に混乱し、トラウマを抱えてしまいます。さらに、記憶が蘇ると今度は軍が介入してきます。もっと混乱に陥れることで忠誠を誓わせたり、もしくはまたもう一度白紙状態にしたりします」

コーリー・グッドの語ることによると、地球外の魂を持つ人たちはまず、彼らの地球外の故郷から来た善良な生命体からコンタクトを受け、その次に地上の軍事組織によって誘拐される傾向にあるそうだ。機関は善良な地球外生命体にコンタクトされた者を探し出し、接触の詳細を記録してから、すべての記憶を抹消する。日常生活に戻された彼らは、どちらからのコンタクトについても記憶していない。高度な時間操作技術を使用しているためか、拉致された人たちは事件発生直後の時刻に戻される。現場にいる他の人たちや動物は、何らかの技術を使ってその場で「睡眠状態」にさせられる。これは「デルタ」と呼ばれる技術で、アーティのように記憶が残っているケースは珍しく、例外だということが考えられる。

コーリーは私の過去の体験についても心当たりが大いにあるようだが、機密であるとして明かしてはくれない。私自身では、断片しか思い出すことができない。絶対に自分がイルミナティの一員では無いということは分かっていて、その点はホッとしているのだが。ＭＩＬＡＢＳの秘密宇宙計画に関わった人は意外と多いが、機関の黒魔術的なものに苦しめられた経験を持つ人はそんなに多くない。それだけ記憶の白紙化技術は強力なわけだが、唯一、記憶を呼び覚ます方法がある。それが夢を記録することなのだ。記録した夢を分析することで、自らの「魂」からすべてを思い出すことができる。夢というのは自分が信じている現実とはあまりにもかけ離れているものなので、まさかそれが実際に自分の身に起きた出来事だったとは、想像しにくいことだろう。これらの情報を得たとき、私は子どもの頃の夢や体験を思い出していき、自分がＭＩＬＡＢＳに関係があったと確信するに至った。実際に何が起きていたのかがどうしても思い出せず、苛立たしくもあるのだが、本当に起きているときには何も思い出せないという驚異的な技術なのだ。

## 霊的存在の招喚、秘密宇宙プログラムと関わっていた（両親の不審死）

アーティの母親は癇癪《かんしゃく》をおこすことが多かった。その治療のためにしばしば入院もしていたが、かえって悪化するばかりだった。悲劇の死を迎えるまで、彼女はずっとネガティブな感情に苦しんでいた。湧き上がる怒りを抑えられず、時に奇行に走ることもあったという。高速で手を動かしながら、空中に妙な「シンボル」を描いたりしていたようだ。または、驚くべき正確さで複雑な印を結んでいたという。これを見たアーティは、まるで好きだった忍者映画に出てくるシーンのようでカッコいいと思っていたそうだ。映画では忍者が素早く指でなにかの印を結ぶという場面があったからだ。

しかしその動き方はまるで悪霊かなにかに憑りつかれたような、とにかく異常なほど素早い動きだったそうだ。１９９４年、私はアーティの母親が黒魔術を使って悪霊を呼び出そうとしていたのではないかと推測した。それも、彼女が自分で発明したやり方ではなく、何者かによって操られた上で黒魔術を使わされていたのではないかと考えたのだ。恐らく、孤児院にいた頃に何度も夜中に連れ出されていたのは、これを仕込まれていたのではないだろうか。悲しいことではあるが、現に夜中に連れ去られて何かを仕込まれて帰されるという事案が世界的に見ても数百から数千と発生しているのだ。アーティは、母親が手を使って記号を描いている様子はとても恐ろしく、自分を痛めつけてくるのではないかと怖かったという。

ある日、ものすごい現象があった。母親がこの動作をしていた内に、アーティの部屋に「天使が降臨した」というのだ。母親の動きから、それが目に見えるようにはっきりと感じたのだという。母親は明らかに天使の声がはっきりと聴こえていて、動く天使を目で追って、突然しゃがみこんだかと思うと急に気分が落ち着いて恍惚とした様子になったりしたのだという。しかも母親が座り込んだ瞬間、アーティも心の中で誰かが癒しの言葉を伝えてくるのをはっきりと感じたというのだ。それはとても美しく、愛情のある存在だった。この上なく安心して、天国にいるような気分だったという。この話を信じてくれるかわからなかったという理由もあり、アーティは兄にこの話をしたことは無かったらしい。だがこの体験は、アーティがキリスト教徒になることを決定づけた経験となったそうだ。私はアーティの体験を信じる。この世界には、我々を見守り、導いてくれる善意の存在がいると信じる。私自身の経験からも、こうした地球外生命体が存在していることを否定できない。

その後何年が経ち、現代ロケット技術と防衛請負事業をリードしてきた有名な科学者であり、オカルティストでもあったジャック・パーソンズと似たようなことを、アーティの母親もやっていたことが判明した。2015年1月2日付のVice誌に掲載された記事によると、パーソンズは「ババロン・ワーキング」という呪術的な儀式を執り行い、その中で彼は「剣を使って空中にオカルト的シンボルを描く」という儀式を執り行ったという。[46] ルーン文字やシジルといった特定の魔術シンボルを空中に描き、それらが光輝いていることをイメージするというものだ。こういったオカルト集団においては、儀式によって実際に霊界に影響を与えることができると信じられており、霊的に人を守護したり、霊的存在を召喚して使役することも可能だと考えられている。

パーソンズが行った「ババロン・ワーキング」の儀式の目的は、やはり霊的存在を召喚することであった。だが、具体的にどんな存在だったのかは謎に包まれている。その科学誌の記事には次のような記述があった。

「アメリカの初期のロケット計画を推進し、冷戦時の宇宙開発競争に貢献した偉人が、実はオカルト界のリーダーでもあった。しかし、パーソンズは大真面目にやっていたのです。

彼にとって魔法とは、ロケット技術と同じコインの裏面だったのです。昔はどちらも不可能だと思われ、人々から嘲笑されていたが、人々にとっての常識になるまでにはそうした道を必ず歩む必要があるのです[47]」

コーリー・グッドなどの内部告発者は口を揃えて言うことだが、オカルトと秘密宇宙プログラムとの関係性は、人々が思うよりずっとずっと深いのだという。

アーティの母親は1982年4月27日に自殺した。その日はアーティの親友の誕生日だった。当時彼はまだ7歳で、その日はリトルリーグの入団テストに出ていて、終わったら親友の誕生日パーティーに行く予定だった。家に帰ると、母親は薬を大量に飲んでグッタリとしていて、同日の夜に息を引き取った。

アーティの父親が一人で養育をすることになったのだが、アーティは父親が仕事で何をしていたのか一言も聞いておらず、家にいるときも母親の自殺についてほとんど触れなかった。母親の死後3年たった10歳のとき、友人の誕生日パーティーの準備のために土曜の朝早く起きると、父親が玄関に立っていた。一言も喋らず、いつになく長い間、息子を見つめていた。恐ろしいとは感じなかったが、とても気まずい雰囲気だった。たまらず「パパ、どうしたの？」と訊いてみたが、すぐに返事をしなかった。同じ質問を5回繰り返すと、最後に父親は「愛してるよ」とだけ言った。それから、アーティが誕生日パーティーに出かける直前、また父親が「大好きだよ」と言ってアーティを抱きしめた。

アーティが帰宅すると、遠くから隣人が大声で呼びかけてきた。父親が働いている間は乳母として3年ほど働き、面倒を見てくれた隣の人だった。話を聞くに、なんと父親が病院に運ばれたそうだ。すると叔父が家に訪ねてきて、「お父さんは体調が悪そうだった」と言った。だが、具体的なことは何も教えてくれなかった。その後、乳母はアーティに、父親が亡くなったことを伝えた。アーティは通夜には出ず、葬儀で父親が入った棺だけを見送って、それっきりになった。私はこの話を初めて聞いたとき、本当に彼の父親が死んだとは信じられなかった。

今では答えが分かる気がする。私の知識と経験を総動員して導き出した推測を言わせてもらえば、アーティの父親はこのとき本当はまだ生きていたはずなのだ。恐らく彼の父は、残りの人生を地上から隔離された、地下世界や地球外の軍事施設で過ごすことになったと考えられる。なぜそうなるのか？　それは、彼が犯したミスに対する罰だったのかもしれない。本当の仕事について誰かに話してしまったというミスだ。このような過ちを犯した場合、地上人であっても地上を後にして、秘密基地で余生を過ごさざるを得ないというのは、その業界では普通のことだ。ひとたびそっち側の世界に行ってしまうと、再び平凡な地上生活に戻ることは決して許されない。まあ、失敗した者をただ抹殺するよりは、はるかに望ましい選択肢であると考えられる。なぜなら、アーティの父のような者たちは非常に専門的な分野で高度に訓練されていたので、秘密プログラムではまだ需要があるからだ。私も、とても世話になった内部告発者の一人であるピート・ピーターソン博士の関係者から、脅迫を受けたことがあった。私が特定の話題についてオンラインで話したら、「拉致されて、残りの人生をずっと地下都市で過ごすことになる」と言われて悩んだが、それでも私は続けることを決意した。結局、脅すだけで実行はしなかったということだ。私はこうして、まだ元気にやっていけている。

私の情報に基づく推測が正しければ、アーティの父親は地下に連れ去られた後、もう隠すこともなく大っぴらに、より高度で機密度の高い「ブラック・プロジェクト」の仕事を「機関」の直轄で続けられるようになったはずだ。彼は知っていたのだ。自分が本当はなにをしていたのかを実の息子にも言えないままだったが、もし口にしてしまえば息子に害が及ぶであろうことを。だから、息子を見つめて「愛している」とだけ伝え、抱きしめるしかできなかった。そして彼は地上を永遠に去ることになった。突然の失踪をするのなら、社会にとって分かりやすい「お別れ会」を開かねばならない。そう、自らの死を偽装工作するのだ。秘密結社というものは、あらゆる手段を用いて手の込んだ「見せかけの死」を演出する。アーティの父は、去り際に息子に意味深なことを言い残したりと、私が思うに、少しだけ規則から外れそうになったようだ。もちろん、内部情報を漏らしでもしていたら、すべて記録と監視がされているので、息子に危害が及ぶ可能性があったことを承知していたはずだ。だから、できることだけをやったということだ。

本当に不思議に思うほどに、アーティの話は私が後に見聞いたさまざまな方面からの情報とも完全に一致していたのだ。だが、この話を初めて聞いたときから、私は直感的に彼の父親は実際には死んでなかったと強く感じた。彼は別に鬱病でもなければ、怪我をするようなこともしておらず、病気でもなかったし、自殺をほのめかしていたわけでもなかった。遺書なども残っておらず、明らかに不審な死だと最初から感じた。

父親の葬儀では、21発の礼砲が贈られ、アーティと弟はアメリカ国旗をもらったそうだ。そして奇妙なことに、式には陸軍兵士の他に、海軍の服を着た男性、海兵隊の服を着た男性、そして空軍の制服を着た男性までもが参列していたのだ。アーティの父親は空軍で勤務していた。だが、海軍や陸軍や海兵隊も葬儀に出席しているのは、明らかにおかしい。普通の退役軍人の葬儀にこれだけ勢揃いするのは非常に珍しいことだし、つまり普通の葬儀では無かったということだ。これは、彼の父親が軍産複合体の中でも重要な地位を占めていたことを示している。そっち側の世界では、彼が関与していたと思われる「ブラック・オプス・テクノロジー（黒い軍事技術）」の開発が秘密宇宙計画の中でも最重要項目だったからだ。

アーティが養父母に初めて会ったのは、父親の葬儀の後のことだった。母も父も失くし、孤児になった彼は、叔母が父親の養育権を引き継ぐことを知った。そして叔母が法律に則《のっと》って公式な「養母」となった。恐らくだが、彼の叔母と叔父もアーティの出生の秘密や、背後にあった秘密主義カルト集団のことも全部知っていたと考えられる。よって、最も可能性が高いのは、この叔母がアーティを秘密教団から脱出させて、普通の人生を送ることができるように面倒をみてあげようとしたということだと思われる。こうして叔母はアーティの両親の親友から自主的に養育権を譲り受けたと考えられるのだ。彼女とその夫には子供がおらず、ずっと子供を欲しがっていた、という理由もあったのかもしれない。両親の親友であったというこの女性は、かつて母親も勤めていた薬局で働いていたという。アーティと新しい両親の新生活が始まった。

すると、もうあの恐ろしい儀式や両親の謎の行動を目撃して不安になることも無くなって、アーティは幸せな日々を送れるようになった。しかし、養父母がアーティの親権を獲得するために随分苦労したらしい。アーティがそれを知ったのは、それから数年経ってのことだった。それぐらい法廷闘争は長く膠着《こうちゃく》状態が続いていたようで、最後にはおかしな判決によって、アーティを養子にすることは認められないとされた。ということで、法律的には「養父母」ではなく、彼の「保護者」として認められるのが限界だったという。

## 二つの謎の物体（卵形物体とクリスタルリボルバー）

アーティが中学生の時、代理母の叔母は彼にエドガー・ケイシーについての名著『永遠のエドガー・ケイシー――20世紀最大の予言者・感動の生涯』を手渡した。さらに、ジェス・スターンの『眠りの預言者（原題　Edgar Cayce: The Sleeping Prophet）』など、ケイシーに関するいくつもの本を彼に手渡した。大学時代、アーティは私が話すラー・プタハ神や、アトランティス、エジプトなどのケイシー・リーディングで語られた事柄に関する情報を聞くのが好きだった。これらの話題についても、後ほど語っていくことにしよう。アーティは子供の頃からスフィンクスやピラミッドに夢中で、小学校4年生のときにはエジプトの大ピラミッドについて論文を書いていたほどだ。ケイシーについての本は、彼の興味をさらに後押ししたと考えられる。

アーティはエドガー・ケイシーに関する本をたくさん読んだり、エジプト学を学んだことに加え、二つの「謎の物体」についての不思議な話を身近な人から昔に聞いたことがあったそうで、これも非常に面白い話だと思った。これらの話について理解するために、私もずいぶんと頭をひねったものだ。話のどこかに、私の研究と接点がありそうな部分があるはずだと感じたからだ。その物体とはどんなものだったのか、一つ目について語っていこう。アーティは次のような話をしてくれた。ある日、アーティの父親代理の友人が、コネチカット川の泥沼からラグビーボールほどの大きさの「金属製の卵形の物体」を見つけた。その物体は見た目に反して異常に軽く、

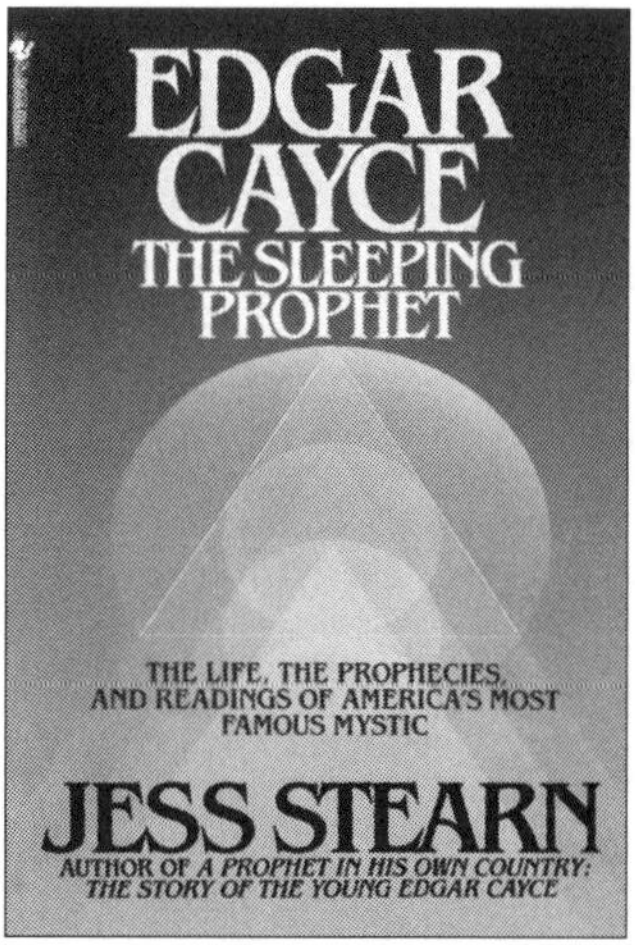

見た目はつやのないくすんだアルミニウム色の金属でできた物体だった。しかも、切ったり焼いたりしても表面に全く傷がつかず、目に見える継ぎ目やボタンなどはどこにも無かった。これは一体何なのか。分からないので、とりあえず金属製の卵形物体を台所のテーブルの上に放置して、それから何週間もずっとそのままにしていたそうだ。その後のある日、息子が家で「犬笛」を吹いていたら、笛の音が鳴ると同時に卵形物体はとつぜん花のように二等分に開いた。分け目には、らせん状の縫い目が残ったそうだ。物体の内部には、回転式名刺ホルダーのようなものがあり、ポラロイド写真のようなものが収められていた。ただの写真ではなく、非常に薄い金属製の素材に印刷された絵だった。写真はいずれも正方形で、かなりの数があった。

分かったのは、この人工物がこれまでにコネチカット川で起こった歴史的な出来事を撮影するための「写真撮影機」だったということだ。出てきた写真の中には、この川を渡っている「数百年前の船」の写真が含まれていた。そのうちの一枚には、1812年の米英戦争当時のコネチカット州ノーリッチと思われるものまであった。イギリス軍がコネチカット川を上って、内陸に攻め入ろうとしていたところが撮影され、写真として残されていたのだ。卵形物体が撮影したと思われるこの写真には、川を封鎖するのために川全体に鎖がかけられている様子が写っていた。他の写真を見ると、これまた困惑するものが写っていた。１８１２年の米英戦争とはまったく違う時期である、「アメリカ独立戦争」の一場面のような写真があったのだ。当たり前だが、このような技術はそんな大昔には存在していなかったはずだ。もしかして、この謎の装置を使って「昔の景色を再現する画像を作っている」秘密の集団がいるのではないだろうかと、彼は考えた。

このような驚異的な体験をしてすっかり動揺してしまった彼は、取り急ぎＦＢＩに連絡してこの件について報告をした。その物体が一体何なのか、それをすぐに知りたかったのだ。もしこれがロシアのスパイが使用する秘密道具だったりしたら、いますぐ報告する義務があるとも考えたのだろう。それにこの物体を発見した自分には所有権があるので、もしかしたら政府の財政的支援を得て、この新発見を世に送り出す第一人者になれるかもしれないという思惑もあった。しかし、そんな彼の狙いもあっさりと外れることになった。彼の家に何者かが訪れてきた。明らかにＦＢＩ捜査官ではなかった。とても協力的とはいえない態度の、数名の男性が彼の家に突然現れて、自分の職業も名前も名乗らなかった。そして家の中に入るとすぐにその物体を押収していった。その間、何の質問にも答えず、何の情報も与えようとしなかったという。アーティはその捜査官が銃を持っていたかは聞いていなかったそうだが、状況からして恐らく持っていたと考えられる。とりあえず、こうした異常事態にもかかわらず、非常に手慣れた様子だったという。恐らく以前にもこの謎の物体を没収したことがあったと思われる。

二つ目の物体については、一つ目よりもさらに奇妙な話だった。この情報はアーティの代理母が友人の女性から聞いた話をアーティが又聞きしたものだが、後にその友人の夫からアーティは同じ話を詳しく聞かせてもらったそうだ。アーティの代理母はある程度機密世界の人間との関わりがあったが、彼女自身が内部関係者というわけではなかった。代理母の友人の夫というのは、実は大手防衛関連企業で働いていた人物だった。彼はそこで「結晶」を動力とする銃のような装置を目にすることになった。その装置を使えば対象物を「浮遊」させることができるようだったという。その技術は「音の力」を扱うものだったらしい。その装置自体は水晶でできているように見えたが、大きさの割には、思ったよりずっと軽量だったという。

装置にはリボルバー銃のように異なる内容物を入れるための「回転バレル」が備わっていた。入っているのは平らな底と尖った頂部を持つ、4面のオベリスクの形をした結晶だった。結晶の大きさは大体手のひらサイズで、長さは15～25センチメートルくらいまで、さまざまだった。バレルを回転させて、中の結晶を廻すことで、メイン機構と結晶を係合させることができるという仕組みだった。結晶には滑らかではないものや、透明ではないものもあった。中には先が欠けていたりなどの形が崩れているものもあって、そういった結晶は機能しなかった。滑らかで壊れていない結晶ほど、充填《じゅうてん》して回転させることで望ましい音が出たそうだ。一方で、音が全くでない結晶もあったらしい。

水晶入りの銃が音を立てている間、それを対象物に向けることで、大小関係なく物体を空中浮遊させることができたという。そのときの研究結果によると、装置をうまく使えば人間の心理状態を非常に幸福感に満ち溢れた「ハッピーな気分」にさせることができたというのだ。私が「根源の場（ソース・フィールド）」と呼ばれるものについて科学的研究をまとめていた頃、これと似たような研究結果をロシアの研究機関の調査内容で見たことがあった。軍事機関はこれを使って、人々の気分などを遠隔操作できるかどうかを実験していたようだ。その軍事的研究が今はどうなっているのかは定かではないが、できることならそのような装置を自分のために手に入れて、色々と試してみたいものだ。ケイシーのリーディングや『一なるものの法則』シリーズの情報によれば、古代アトランティス文明においてはこのような「結晶」を使った技術が広く普及していたという。バミューダトライアングルが飛行機や船を消滅させてしまうのは、まだ海底下で活動している巨大な結晶の所為もあるとケイシーは言い残している。そうした結晶は「ファイアーストーン」と呼ばれており、なんと古代文明一つの、全体のエネルギーをまかなうことができたというのだ。

そして、アーティが耳にしたこれら「世界を変える可能性を持つ」二つの技術は、軍事機密プログラムによって大衆からは隠されているのは明らかだ。腹が立って仕方がない。卵形物体の方は、地球外生命体が地球に残した人工物だというのは疑いようがない。それも何千年前というレベルではなく、何千世紀も昔に、地球人を観察しにきた地球外集団がここに残していったのではないかと感じている。もしかしたら、こういった地球外由来の物体が何十万と、世界中のさまざまな重要な場所に配置されているのではとも想像した。この男性は幸運にもそのうちの一つを見つけることができたということだ。卵形物体の表面には継ぎ目すらなく、人間が発明したカメラレンズよりもはるかに精度の高い写真を撮影することができた。つまり、それだけの高度な技術が使用されていたのだ。この物体の場合だと、製作者は人間のように写真をデジタルで保存するよりも、物理的に画像を保存する方法を採ったようだ。それかもしくは、物理的な写真は実は取り外し可能なメモリーカードのようなもので、ホログラフィック・プロジェクターに挿入して、立体映像として投射できたりするのかもしれない。彼らの技術を理解できれば写真に写っている「画像」以上のものを見ることができるかもしれないのだ。たとえば、音、匂い、色、質感などを含め、当時の風景をありのまま完全に再現したりなど。

「クリスタル・リボルバー」についてだが、これはエジプトなどの古代建築の遺跡で、かつて使われていた技術ではないかと私は感じている。ピラミッドを構成している、一個あたり数トンほどある巨石のブロック、もしかしてこの音の技術を用いて石を持ち上げることで、ピラミッドは建てられたのではないだろうか？　このような素晴らしい先進技術を未だに我々は使用できず、軍産複合体はこういうものを独占して、隠し続けているなんて、非常にやるせないと思わないだろうか。元ＮＡＳＡ関係者の内部情報にもあったが、奴らは「真実を知ると我々の文明が崩壊しかねないので、隠れて管理している」という言い訳をいつもしているようだが、私はこれに同意しない。我々は現に疫病、経済崩壊、世界大戦を乗り越えてきたではないか。ＵＦＯだって、実際に人類の目の前に現れたって、なんとか対応できるはずだ。特に、地球外生命体のほとんどが愛情深く、慈悲深い善人ばかりで、何千年もの間人類を守ってきたと皆が理解できたら、きっと先端技術を持っても何の問題も無い。大丈夫なはずだ。

## 更なる謎へ

大学を卒業してからも、アーティと私は少なくとも年に1、2度は電話で連絡を取り合っていた。彼は両親に関する謎の答えを求めて、両親が育った場所を訪れていた。その彼の決意と物語の行方に、私もどうなってしまうのかドキドキしていた。2008年のある日、降りしきる雨の中、アーティと後の彼の妻は、ボーダーズの書店に入った。ところがボーダーズには探していた本がなかったらしく、10分足らずのうちに店の外へ出た。外に戻ると、彼らの愛車シボレーHHRのフロントガラスのワイパーの下に、バインダーに入れる用の「クリアポケット」と、その中に文書が入れられ、置かれていたのを見つけた。

それは「マインドコントロール」に関する文書だった。コロンバイン高校銃乱射事件での二人の発砲犯のうちの一人、エリック・ハリスについて触れられていた。黒色のマーカーで、「エリック・ハリス」の名前が丸で囲まれていたのだ。文書の中では、ハリスは「MKウルトラ」として知られる洗脳支配を受けていたという筆者の推測が書かれていた。当初から一流の大学や病院が関わる、国を挙げての極秘研究プロジェクトとしてMKウルトラ計画は存在していた。アーティにとっては自分の両親がこの計画に絡んでいたこともあり、非常に耳馴染みのある話だった。その計画では催眠術や電気ショック、さまざまな精神薬の投与によって、被験者の内側にもう一人の別人格を意図的に形成する。被験者は起きている間、その別人格の存在に気づかない。さらにこの別人格は本人格とは個別に情報を蓄えることができるし、危険な任務を高い精度で遂行することもできる。この洗脳プログラムは１９７０年に議会聴聞会で暴露された際、その後は廃止となる方向性となったはずだった。アーティは１９７５年生まれで、彼の両親はちょうど計画が盛んに進められていたころに例の孤児院で育った。彼の両親はこの不愉快極まりない極秘プロジェクトに巻き込まれていた可能性が非常に高いと言える。

エリック・ハリスの名前を丸で囲んだ人物は、同じペンを使って次のような文字を書き残していた。「こいつは、どんな奴か？　調べてみるといい。君が探している答えが見つかるかもしれない」。アーティの妻はこれを見て困惑し、取り乱した。それ以前からアーティがこのような話をするたびに、「頭がおかしくなったんじゃないか」と感じていたそうだが、こうして目の前に現実の出来事として起きてしまった以上、彼のこれまでの話が作り話やデタラメではなかったということが分かってしまったのだ。本屋に入っている間の、ほんの数分間目を話していた隙に、文書はフロントガラスに置かれていた。つまりその前から、誰かに後をつけられていたに違いない。

その後、本書を書いている現在から2、3年ほど前、彼の身にまたも奇妙な出来事が起きた。アーティと彼の妻がお店に入ってから、すぐに外に戻ると、彼の車（現在はフォード・フュージョン）のフロントガラスの下にまたもクリアポケット入りの文書が残されていた。ドラマで見るような、新聞や雑誌の記事を切り抜いて文字が書かれた紙だった。「あなたの身体能力と精神能力は低下してしまった。もう治すことはできません。ですが、これ以上の脅威は排除されました。もう怖くありません。もう心配しないでください」と書かれていた。実際のメッセージには句読点も使われておらず、どこか無機質な印象があったらしい。彼も妻も二人して極度の恐怖を感じていた。こんなメッセージを突然もらっても、まったく落ち着けやしない。それにしても、この出来事によってアーティが子供の頃ＭＩＬＡＢＳのプログラムに参加させられていたという仮説が、さらにもっともらしくなった。

この話を聞いて、私はアーティがマインドコントロールに苦しみ続けていて、身体能力と精神能力が損なわれてしまう結果となったのでは、と説明してみた。だが、それも余計な心配だったようだ。叔母の懸命な対応のおかげで、アーティは「両親がやっていたことなどもう関係ない」と、完全に過去の呪縛から解放されていたようだった。2011年、アーティは「機関」に連絡して自分の父親の過去について尋ねたことがあったらしい。父親の名前を挙げ、1986年に亡くなる前にそこで何をしたのかと聞いてみたそうだ。だが、電話の男はどの質問にも答えなかった。アーティが父親が捜査官のような仕事をしていたはずだと言うと、男は「ええ、そのようなものです」とだけ言った。「後ほど、こちらから電話をかけ直します」と言って切ったそうだが、いつまで待っても電話はかかって来ないし、もう一度電話をし直してみると今度は「メールで詳細を送ります」と言っていたが、それもやはり送られてこなかった。その後、再び電話をかけて尋ねてみると、一人の男性がついに回答をくれたそうだ。「あなたのお父様は、いくつかのプロジェクトを検査官として歴任していました」と言っていたらしい。だが、それ以上の詳細については何も言わなかったそうだ。

アーティの話をこうして公表することで、より多くの内部告発者が現れるようになってほしいものだ。次の章では、私とアーティがルームメイトだった頃の話をしようと思う。私が20歳のときに初めて彼女ができた時の話でもある。不思議な世界の探求心がさらに駆り立てられ、地球外の存在、軍産複合体、そして夢の中で目覚めた魂としての私たち自身の起源を知り始め、これからの人類の運命についてを知り、真実を追求する情熱に拍車をかけることになる、それらの切っ掛けとなる出来事について。

# 第8章
# ワンダラーの覚醒

## 日本人のガールフレンド・ユミとウォーク・インのこと

大抵の場合、完全な霊的な覚醒をするにあたって、まずは物質界への執着を自らの力で断ち切っていく必要がある。私の場合、まずは精神的に成長するために約1年がかかった。アーティとの共同生活が始まった大学4年生のときから、私の覚醒物語が動き始めた。その頃、日本出身の新しいガールフレンドとのファーストキスの直後、よりによってハチに腕を刺されてしまったという出来事があった。「何かおかしい」と思った。本書では、彼女のことを「ユミ」と呼ぶことにする。1994年の秋、私を含む5人もの男性陣が彼女の愛を巡って、熾烈《しれつ》な争いをしていた。こうして私がユミの彼氏の座を勝ち取った結果になったわけなのだが、直後に「ハチに刺された」というのも一つのシンクロニシティであったと言えるのかもしれない。といっても、良い意味ではなかったようだ。その翌日も「嫌な前兆」はあった。仕事中に新しい恋人ユミのことを考えてボーっとしていたら、手押し車を足の上に落としてしまい、あざができてしまったのだ。私たちはお互いにエキゾチックな外国人の恋人が欲しいと願っていたこと以外、接点があまり無かった。話すことと言えばお互いの言語についてくらいなもので、少しずつ日本語を覚え始めた私は、彼女にも英語の細かい指導をしていた。その後、アーティがキャンパスの外にある家に引っ越したので、ユミと私は同じ屋根の下で一緒に暮らすようになった。

何年か後、アーティが見た不思議な夢について話してくれた。彼の夢にイエス・キリストのような存在が現れて、その年になったら「ディヴィッドに無料で部屋を貸してあげるように」というお告げをもらったのだという。「なぜですか?」とアーティが尋ねると、「ディヴィッドの経験のために非常に重要なことであり、霊的覚醒に繋がるから」と言われたのだそうだ。実際、アーティの行動は私にとってこの上ない贈り物であった。おかげで大学4年生の間は、ユミと私とで、キャンパス内で最高にクールな寮生活ができた。キャンパス外に住んでいた同級生が栄養失調だの飢餓だのになって苦しんでいるのを見て、私もキャンパス外に住むのが少し怖かったのだ。キャンパス内に住居もあって食事も充実していれば、余計な時間をとられずに

UFO研究に勤しむことができた。

ユミは私がいつも本ばかり読んでいるのが気に入らなかった。私はいつも「宿題があるんだよ」と言って、研究室に籠ってばかりだった。それか、彼女が眠っている間にこっそりと部屋を抜け出して、本を読んだり。そんな日々を過ごしていたら、とても変なことが起こり始めた。ある夜、ユミが寝ている傍らで私はルース・モンゴメリー博士が書いた『我々の傍にいる宇宙人たち（原題：『Aliens Among Us）』』という本を読んでいた。ルース氏はハイヤーセルフから直接読み取った情報をタイプライターで書いていたと言われている。エドガー・ケイシーが催眠状態で行っていたことと似た手法だ。ルース氏は、「ウォーク・イン」と呼ばれる現象について詳細まで語っていた。

ウォーク・インを経験した人の人生というのは、大抵の場合悲劇的な出来事が連続する凄絶《せいぜつ》なものであり、魂がこれ以上生きることを諦めたくなるような人生になるのだという。そうすることで、霊的に

大きく進化した地球外の魂が「入れ替わる」ことに魂が同意するのだそうだ。ウォーク・インの影響は極めて甚大なものとなる。一夜にして、その人は霊的覚醒を経験することになるのだ。考え方や、行動、感性のすべてが、突如これまでとは大きく変わることになる。人生のすべてが新鮮で新しく感じ始め、以前は克服できないと思っていた問題も容易に解決できるようになったりする。その夜は遅くまで、そんなことが書いてあった本を読んでいたら、「もしかして僕も、地球外の魂を持つ者なのかな？」とふと感じてきた。といっても、私の人生はいつもこんな調子だったし、ここに書かれていたウォーク・インの人生の定義とは違っていた。高度に進化した異星の魂と入れ替わって人生の何もかもが激変したというような出来事は、それまでは無かったと言える。

そんなことを考えていた矢先、隣で寝ていたユミの上半身が急に起き上がったのだ！　それで、眼を開けて私を見つめたか思うと、日本語で何かを喋って、そしたら、また眠りに落ちたのだ。意味が分からないし、真夜中にこれは、正直言って怖すぎた。だが彼女が日本語で喋った言葉を、とりあえず意味は考えず聞こえたままに書き留めておいた。私の知らない単語を使っていたし、「〜わね」みたいなことを言っていた。翌朝、それを訳すよう彼女に頼んでみた。当然というか、前夜の出来事については覚えていなかったようだった。彼女は辞書を引いて英語で何と言うのか調べていた。どうやら彼女が口にしたのは「輝いているわね？」という一言だったようだ。私は思った。もしかして何らかの霊的な力が一瞬彼女に宿って、この一言を「言わせた」のではないかと。私の内に輝いている光……それは霊的な意味での話だったのだろう。そのとき読んでいた本に書いてあったように、異世界からきた魂を持つ人も地球上にはいて、私の魂も本当にこの惑星の外から来たものなのかもしれないと思った。なかなかのシンクロニシティだ。それで、ユミを通して霊的な存在が言った一言は、私が地球外の魂、もしくは天界の魂を持っていると言いたかったのではないかと思えてきたのだ。そのような存在は、地球では珍しいらしい。だから私はこの惑星でいつも独りだと感じていたのだろうか。

他にも、ある晩また彼女が突然起き上がって、何か言ってきたことがあった。そのときは、何か大事な物を手に持っているような仕草をしながら、日本語で「コンノワラジヲカッタンダケド」と聞こえる言葉を言ってきた。さっぱり意味が分からなかったが、とりあえず私はすぐにこれを書き留めた。彼女はそれから目を大きく見開き、部屋の中を見回して観察していた。彼女はまるで、部屋が伝統的な日本建築とは全く違っていたので、とても不思議がっているような様子だった。そうしていたら突然、何らかの力によって彼女はスッと眠りに落ちていった。その時の彼女の様子ときたら、まるで目には見えない天使的な存在がやってきて、彼女を優しく元の姿勢に戻してあげて、目を閉じさせてあげているかのようだった。

その翌朝、彼女は私が書きとめた言葉を翻訳してくれた。「このワラジを買ったんだけど」彼女によると、「ワラジ」とは英語で「サンダル」のことらしい。日本では草鞋《わらじ》という伝統的な履き物があるのだそうだ。だが、彼女はそのようなものを持ったことも無かったようだったし、なんでこんなことを言ったのか、どういう意味か、とても不思議がっていた。もしかして二人の過去世に関係があることかもしれない。次の日の晩にも、これを仄《ほの》めかすような出来事があったのだ。またも突然起き上がった彼女は「オバクン」という寝言を言いながら、私の足を撫でてきたのだ。「オバ君」と言いたかったのだろうか？　いや、明らかに私の名前では無い。そういえば子供の頃、私の夢の中に出てきたあの男性の老人は、「オビ＝ワン・ケノービ」の姿だったのを思い出した。１９７７年にスター・ウォーズの映画を見てからというものの、ずっとオビ＝ワンの姿で私の前に現れるようになったのだ。「オバクン」はオビ＝ワン・ケノービを略した「オビケン」に聞こえなくもない……もしかして、彼女のハイヤーセルフがその名前を使って、私が人間を超えた存在である「ジェダイ」になるための道を歩み始めていると伝えたかったのだろうか。

## シャーマニック・イニシエーション（ダルシャンだったのか）

ユミと私は恋人になって早々に関係が悪化していき、頻繁に口げんかをするようになった。どうすれば彼女を喜ばせられるのか分からなくなり、「もう別れてしまおうか」とも考え始めていた。耐えきれないほどの苦悩で、引き裂かれるような辛い日々だった。彼女の「愛している」は、私の「愛している」とは意味が根本的に違っているのだと、理解してきたのだ。ストレスが重なり、ひどい腰痛を発症した。それでも、まだ何とか持ちこたえていた。

1994年の12月初旬、私が所属していたジャズ部が旧本館で主催する演奏会を行うことになったので、ユミを誘って観に行くことにした。コンサートではゲストとして招かれたサイケデリック系ジャズ・サックス奏者と、伝統的シャーマン風の服を着たトゥバ人女性によるコラボ演奏を聴くことができた。私はユミと一緒に最前列に座って観賞することにした。女性シャーマンはトゥバ人伝統の「喉歌」を披露した。腹に響くような低音のダミ声と甲高い笛のような高音を同時に奏で、会場内になんとも神秘的な雰囲気を作り出していた。最前列にいるのに音がホールの奥から聴こえてきたりと、「どんな音響システムを使っているんだろう？」と感心した。後ろを見てみると、確かにそこにはスピーカーは置いて無かった。なんと彼女は観客席の奥に彼女の声を移動させることができたのだ。まるで宇宙人の腹話術師のようだと思った。

それを聴いていた私は、目を閉じて深く瞑想することにした。この女性は本物のシャーマンだと思ったので、彼女の視ている世界がどんなものなのか、意識の領域から覗きこんでみたかったのだ。呼吸を深く、規則正しく整えていく。自分の心音を数え、パラマハンサ・ヨガナンダの名著『あるヨギの自叙伝』で覚えたヒンドゥー教の瞑想法を使った。6拍息を吸い、3拍息を止め、6拍息を吐き、3拍息を止めた。目を閉じたままで、何度かこれを繰り返した。女性の声によって私は、非常に深い超越レベルへと導かれていった。彼女の発していた音が、私の体全体を、芯まで震わせているように感じた。息を吐いてから息を止める時間はたったの3拍のはずなのに、とても長く感じた。3回目の鼓動が聞こえたらすぐ息を吸おうと待ち構えた。

突然、胸が激しく痙攣した。息が吸えない。胸全体が動作しない。もう肺に酸素が無い。気が付けば、目も開かないではないか。その一瞬、私は大きな恐怖心に襲われた。だがその直後、世にも不思議なことが起こった。気がつくと私は、星々が瞬くどこか別の空間にいた。そこは寒くも暑くもなく、すべてが「ちょうど良い」快適な空間だった。目の前には星雲のような、銀河のような、球形の形をした美しい光があった。真ん中は明るい白色で、その周りに黄色、オレンジ色、赤色の星々の層が続いていた。渦巻き銀河がいくつも重なったような、あるいは原子の中にいくつもの電子が廻って、球を描き出しているような光景だった。

この光の塊を見たときの気持ちといえば、言葉では言い表せないほどの「超歓喜」と言えるものだった。まるで宇宙のすべてを知ることができるような。すべての答えは球の中心にある白い光から発せられているように思えた。考えただけで、どんな疑問にも答えてくれる。同時に、「疑問なんて最初から無いんだ」と思えた。そこにはただ、常識を超えた暖かさ、安らぎ、親近感、所属感があった。それはそう、「故郷」と呼べるものだった。愛する人と一緒に見る、綺麗な小屋の中での暖炉の火のようだった。私が今まで感じたどんな「故郷」よりもはるかに「故郷」だったのだ。永遠とも思える、純粋だが熱狂的な「宗教的絶頂感」の中に私はいた。だが、「そこに永くはいられない」ことも分かっていた。この経験を言葉で表すのは難しいことだ。

帰る前にせめて何かしておくべきだと感じた。だから私は、自分の人生について、3つの具体的な質問をした。すると、すぐに答えが返ってきた。一つは「ユミと一緒にいるべきか」という問い。すぐに分かったのは、私たちは基本的に相性が悪く、すぐに別々の道を歩むことになるということだった。次に、「UFO関連の仕事に就けるか」という問い。答えはYESだった。人生すべてが、すでに私をそっちの方向へと導いているのだから、信じるしかないと感じた。最後に、「私の仕事は、人々を霊的な教えや、癒しや、進化の後押しをすることなのか」と尋ねた。不思議な感覚が全身を巡った。「それが私の最も重要な役割だ」と言われたのだ。

3つの質問に対する答えを得た私は、自分の体に戻ろうと考えた。「呼吸をしたい」と思うようにしたら、私の体がその願いの通り、肺に命じて息を大きく吸い込ませた。眼と口が開く。次の瞬間、私に人生最大の衝撃が訪れた。なんとその女性が私の方へ歩み寄り、8フィートほど離れたところに立って、私が目を開けるまで待っていたのだ。私が目を開けた時、彼女がそこにいた。彼女も私をじっと見つめていた。二人はそのまま、目を合わせたままだった。これは決して私の空想ではない。本当に起きたことだ。本当に衝撃的な体験だった。それから彼女は私におじぎをし、含みのある笑みを浮かべた。目はずっと見開いたままだ。その瞬間、彼女が意図的に私をシャーマン的領域に招いたのだということを、完全に疑いの余地なく、確信したのだ。聖者に会って得られる精神の高揚をシャーマンやヨギは「ダルシャン」と呼び、それを他者に発生させることができると読んだことはあり、実在性について疑っていたわけでは無いが、実際にこの身をもって体験したのは初めてのことだった。

## 崩壊

背中の痛みは酷くなる一方だった。ある日、フードコートで椅子に座っていた私は、背中を大きく反らせて伸びをしてから、「よいしょっと」という感じで勢いよく上体を持ち上げる動きをした。その瞬間、「ビキッ」という鈍い音が聞こえ、「やってしまった」と思ったらもう遅かった。すでに酷かった腰を、もっと悪くしてしまったのだ。直後、焼けるような痛みが襲ってきた。もう、まっすぐ立つことすらできなくなってしまった。「もうダメだ。僕とユミはもう終わりだ」というメッセージだったように思えた。すでに心の中ではそう感じていたし、兆候もたくさんあった。でも私には、ユミと別れようとする意志が残っていなかったのだ。その後、アーティが私の家に来てくれた。私は、何事もないように振る舞おうとしたのだが、動くたびに苦痛だったので彼はすぐに理解したようだった。病院で診てもらった方がいいと言われたので、救急車で近くのバッサー病院の救急室に運ばれることになった。レントゲンを撮ってみると、幸い脊椎に異常は無いことが分かった。処方された鎮痛剤のコデインと筋弛緩剤を手に病院を出て、「精神作用がある鎮痛剤とか、こういうの飲むのは2年ぶりか。でも、仕方ないよな」と思っていた。薬や身体的ストレスによって免疫力が低下したこともあり、その後は「伝染性単核球症」というひどい病気を発症してしまった。しかも、期末テストの時期に重なってしまうという始末。結局、テストは病気から回復してから受けさせてもらうことになった。

クリスマスになり、私は冬休みは母が一人で住む実家で過ごすことにした。一方、ユミは高校時代の友達と楽しい休日を過ごしに日本に戻っていた。その頃の私は、大きな芋虫が沢山出てくる気持ち悪い夢をよく見ていた。夢の中、「うわー！」と悲鳴をあげながら体にまとわりつく虫を剥がしていた。恐らくこれは、私の体とウイルスの戦いを表していたのだと思われる。1月になり、なんとか病気も治って、学校にも普通に通えるようになっていた。ユミは日本の友人たちに結局会えなくなったらしく、落ち込んでいた。それからは毎日「日本に帰りたい」と言い続け、私にもその不満をぶつけてきた。「もう何を言っても、何をしても、僕には彼女を救うことができない」と思った私の心中といったら、ひどく惨めなものだった。

しかし、ユミが日本から持ち帰ってきた「予言」は面白いと思った。彼女が親戚の家を訪ねた際、私の写真を親戚のみんなに見せたらしく、その親戚というのが実は神道《しんとう》の巫女《みこ》さんで、しかも有名な霊能者なのだそうだ。女性は、「直観力」という言葉では収まらないほどに優れた「霊感」を持っていることで有名だった。たまに他人が心の中で思っていた本音を感じ取って、それを本人に話し始め、思っていたことを当てられた人が感動して涙を流すということも珍しくなかったのだとか。彼女と会うための料金は高額で、スケジュールも常にいっぱいで、年に一回以上会うこともできないような多忙な人のようだった。そんな彼女だが、ユミの両親とだけは特別な関係を持っていたようだ。ユミが進学先候補である3つの都市名を言うと、巫女はその中でも特にニューヨークのニューパルツに行くことを勧めたのだそうだ。その巫女によれば、ユミには彼女以上の霊感が眠っているらしい。「その女性の下で霊的修行を積んでみればいいんじゃない？」とユミに提案してみたが、そういう見えない世界は少し怖いらしく、どうにも踏み出せない様子だった。

というわけで、この巫女にも私の写真を見てもらったのだそうだが、そのとき巫女はこのように言ったらしい。「この人はとても有名になるわよ。霊的指導者ね。誰もがその名を知る、霊的指導者になるわ」。私にとっては嬉しい予言ではあったのだが、本当かどうか確かめる術もなかった。ユミはあまりこういう話をしたがらないタイプだったから。だが、それ以前にもトゥバ人女性によるシャーマン的な幻視体験で光から教えてもらったことや、この巫女さんが言っていたこともあり、私の将来について本格的に意識し始めた予言であったのは間違いない。1999年、私はこの予言を自分のウェブサイトに『ワンダラーの目覚め』というタイトルで掲載した。この頃の私は全くの無名だったし、将来著名な霊的指導者になると言われたと公表しても、当時の読者にはピンと来なかっただろう。だが、今では世界中で数百万人に知られる有名人に、本当になってしまった。

その巫女はユミに2インチ幅の金の小板のようなものを、私に渡すように頼んだ。その小板はラミネート加工で密封されていた。大きな正三角形と、三角形の下に木の幹のような絵が描かれていた。木の幹からは上向きに枝が約20本伸びていて、三角形の縁のところまで届いていた。私は学期末までずっとこのお守りを持ち歩くようにしていた。巫女は、このお守りが私の霊的な運命をより早く達成する手助けをしてくれると言っていたそうだ。実はそれまで本物のゴールドは持ったことは無かったので、物珍しかったというのもあったのだが。ユミが日本に戻るまでは、そのお守りは常に持ち歩いていた。

辛い毎日ではあったが、悲しくなった時はトゥバ人シャーマンが与えてくれたあの体験を思い出すことで、なんとか乗り切っていた。1992年の10月にドラッグを止めてから自分の夢を書き留めるようになり、1993年初頭には夢よりもUFOの研究にすっかり夢中になっていた。だが、1993年の夏にはまた夢日記を再開するようになった。と思ったら、またまたUFOの研究に没頭するようになり、1995年初めの頃の私は、自分がどん底にまで落ちたように感じていた。「僕は何をしたかったんだろう？」もう一度自分の夢を思い出して、夢について真剣に研究する必要があった。私はノートとペンをベッドの横に置き、その晩は夢をみた。その夢の内容ときたら、驚きの内容だった。

## もう人を殺すのを止めるんだ

夢を見たのは1995年1月30日。私は、ユミとの関係がうまくいかなかったことを、すべてユミだけのせいにしていた。そして、彼女が殺される夢を見たのだ。前章の「夢分析入門」で述べたように、夢に現れる登場人物はすべて自分自身の一面である。この場合、ユミは私の女性的な一面を表していた。この夢の中での「ユミの殺人事件」は、私自身の繊細で思いやりがある部分と、私自身の感情的で他人の気持ちに敏感な一面が、最近の経験によって異常なまでに傷ついてしまっていたことを意味していた。夢の中で殺人事件が起きたのなら、まず自分自身や人間関係を見直してみることだ。そうすれば、本当は何が問題なのか、どうすれば改善できるかを考えてみるきっかけができるだろう。

夢の中で、ユミは2回殺害された。二つの異なる場所で、2度も殺されたのだ。夢という手段で、私に何かが伝えられようとしていた。夢の中、私は捜査官として事件の現場を訪れていた。最終的な犯行に至るまでに、どのようなことがあったのか。それらを徹底的に調査する必要があった。調査を進めるうち、どちらの犯行現場にも「自分自身が現場にいた」ことを示す証拠が見つかった。私だけがアリバイが無かった。どちらの犯行現場とも接点があったのは、私だけだった。第一容疑者が私自身ということが判明していくのだった。夢が終わる頃、「ユミを殺したのは自分」だということを確信していた。しかし、このことを周りに話したらすぐに逮捕され、投獄されてしまうだろう。そう思って、同僚の捜査員には言えないままだった。

目が覚めて、この夢を書きとめた。気分は最悪だった。繰り返しになるが、夢分析でこの夢について読み解くなら、私はシャーマン女性による導きを否定して、ユミとの幸福とはいえない関係を続けてしまったせいで、私の内的な女性的自己が「殺害」されてしまうのだというメッセージがあることが分かる。

2学期になっても私とユミは不仲なままだった。喧嘩をしない日が2、3日も続いたことはなかった。彼女はすぐやきもちをやくようになり、私に他の友達ができないように邪魔してきた。私の方も、一人になったらベッドで胎児のように体を丸め、シクシクと泣いてばかりいた。夢ではいつも、「早くこの状況から抜け出せ」と言われ続けていた。ドラッグを止めて2年半ほど経過していた頃だ。私たちの部屋のすぐ隣の部屋には、アルコール依存症の隣人が住んでいた。ユミを殺した夢を見てから数日後のある晩、隣の部屋でガラスが割れる大きな音がした。それから、恐ろしいほどの静けさ。いつもの騒々しい音楽も消され、囁き声すら聞こえなかった。

その後すぐ、どうしてもトイレに行きたくなったので、寮の共用トイレに入った。そこには長髪のロックンローラー風ないでだちの隣人がいた。服は血まみれで、べろべろに酔っ払っていた。その横には彼の友人と思われる同じく長髪の男がいて、彼の白Tシャツも血だらけになっていた。その男は私を見ると、急に攻撃的な態度で突っかかってきた。「なんだてめぇは！」「出ていけ！」「誰にも言うなよ！」「言ったらぶっ殺すぞ！」激しく動揺した私は、すぐにトイレを出て部屋に戻った。後で知ったことだが、隣の部屋の男たちがビール瓶を壁にぶつけて手を切ってしまったらしい。そして部屋の外で血だらけになってよろよろしているところを見て誰かが警察に通報し、彼らは結局病院に運ばれたそうだ。私にとってこの出来事は、「負のシンクロニシティ」としか感じられなかった。この件がきっかけとなって、私の周りには暴力と苦痛の負のオーラが渦巻いてしまっていることを、意識し始めた。しかも、私だけではそれに対して何もできずに、ただ喰われてしまうのみだと痛感したのだ。その時は何故だか解らなかったが、この現実世界での恐ろしい出来事は、ユミを殺してしまった夢とも関係があるような気がして、不安でたまらなかった。

その二年後の1997年、私は退行催眠のセラピストに教えてもらったことも織り込んで、催眠状態で霊的リーディングをするという、エドガー・ケイシー的なことをやり始めた。この時もユミについての別の夢を見たのだが、この夢はそこから更に2年前にみた、「ユミの殺害事件」の夢とも関係がある夢だった。2年前の夢では、自分が彼女を殺したという記憶が無かった。だが、夢の最後にはユミを殺したのは自分だったということを思い出せた。2年後に見た夢においては、ユミは日本の田舎に住む男性として、一緒に住む私は女性の姿で登場したという「記憶」として表れた。彼は釣りをしに家を留守にすることが多く、帰ってくる度に私に乱暴をしてきた。あまりの暴行に、失禁するほどだった。なんとかしようと私は、町に住む一人の老婆から毒を受け取り、お酒に酔って帰ってきた彼の醤油に混入したのだ。楽に死ねる毒と聞いていたのに、実際には地面に倒れて激しく痙攣し、口から泡をふいて苦しんだ。本当に最悪の光景だった。怖すぎてトラウマになるかと思った。たまらず、私は夜の闇の中へ裸足で走り出した。外は土砂降りの雨で、強い風が吹いていた。あてもなく走り続けていると、いつのまにか吊り橋のところまで辿り着いていた。橋の下は深い谷があり、落ちたら岩に激突して即死だろう。それなのに私は、水浸しの橋の上で足を滑らせてしまい、谷底に落ちてしまった。このまま死ぬのかと思った。

地面に激突する直前、私は自分が、落ちるというより上に向かって「昇っていく」のを感じた。目の前は真っ暗になり、いつもの光の存在たちがそこにいたのを見た。彼らは私が転生するたびに、いつでもそばにいてくれたと知っている。私たちは朗らかに笑って冗談を言い合った。「あの時は本当にしくじったな～」と私は言った。このような絶望的な状況で発せられるユーモアは、臨死体験をした人にはよく見られる現象だ。恐ろしい出来事に直面したときでさえ、大したことなかったように冗談を言う。死後の世界は愛情と理解に満ちた世界なのかもしれない。

1997年、退行催眠を体験する前、もう一つ夢をみた。その夢の中で、私はアジア人女性だった。ユミと電話で別れた直後にみた夢だった。ユミとの別れ方は、思い出したくないほど悲劇的なものだった。私のルームメイトのエリックは、「こんな別れ方、あんまりじゃないか」と不満を漏らしていた。私は、心を強く持っていないと状況に押しつぶされてしまいそうで、耐えられそうにないと感じていた。その夢の中では、私は醬油の瓶の匂いを嗅いでいた。その匂いには何か危険な化学物質が添加されている気がして、臭かったのだ。夢から醒めて、この奇妙な夢について書き留めていると、突然私の心の中に言葉が断片的に思い浮かんできて、私はそれを口にした。ほとんどの言葉は日本語だった。訳が分からないまま、聞き取れた言葉をとりあえず書き残すことにした。それは、次のような言葉だった。「やつ を おごし――no good（良くない）。もう やめ ころし」当時のハウスメイトには日本人ガールフレンドのユリコさんがいたので、彼女にどういう意味なのか訊いてみた。すると、次のようなことが言いたいのだと解釈できた。「あいつを脅しても、だめだ。もう人を殺すのは止めるんだ」当時、これを聞いたときはあまりのショックに啞然としてしまったのを覚えている。「脅し」を「おごし」と聞き間違えたこと以外、完全に聞き慣れない難しい日本語を聞き取れていたということにも驚いた。

翻訳した文を見たとき、私は驚嘆すると同時に恐怖も感じていた。私は日本語で「脅す」とか「殺す」という単語も知らなかったのに、自分の声でそう言っていたのだから。夢についても、どう考えても普通の夢ではなかった。それは、自身の過去世についてを思い出すきっかけとなったのだ。そう、過去世において私は日本人女性だったことがあったのだ。そして、自分の夫に毒を盛り、吊り橋から滑り落ちて死亡したのだ。後に、退行催眠を体験して初めて分かったことだった。大きな謎が解けた。子供の頃、橋を渡っている途中で車が滑って崖の下に落ちて死ぬという夢を何度もみたことがあったが、この過去世のせいだったのだ。それと、子供の頃から特に理由もなく暴風雨を異常に恐れていたのも、このためだった。過去世における死への恐怖が、本能的な警報として表れていたのだろう。

このことは、夢が「多次元」であることを示す良い例となる。私が1995年1月30日に書いた最初の夢日記では、一度ではなく二度、ユミを殺してしまったと書いてあった。続いてちょうど2年後の次の日である1997年1月31日、私は醤油の瓶の匂いを嗅いだら臭かったという奇妙な夢を見た。日付まで関連性があるということには、本書の校正をしていて初めて気づいたのだが。夢というのは、見たときの心理状態や精神的問題が比喩として現れるのだということを念頭に置いておかねばならない。たとえば1995年の私の夢について言えば、登場人物は私にとっての誰なのか、自分自身のどの一面なのかといったことを分析できるようになるべきだったのだ。それができる段階にまで達すれば、夢の中で「過去世における出来事」が出てくることだってあるというのが分かってくるだろう。

ユミとの関係は、過去世から付きまとい続けているカルマの一種だったのだ。このカルマは、なんとしても今世のうちに浄化しなければならなかった。この過去世における出来事のせいで、私たちは来世でも一緒になる必要ができてしまった。そして同じような機能不全の関係を持つことも、決定事項だったのだ。だが、今回こそはより良い選択をする必要があった。だから私たちは、今世で再び一緒になる必要があり、同じように機能不全の関係を持ち、その終わりに「前回よりも良い選択」をしなければならなかったのだ。１９９５年1月30日の私の夢、これは私が「機能不全の関係を続けていると、いつか本当にユミを殺してしまうことになる」ということも、私に気付かせてくれた。なぜ、どのように、いつ、犯行に及ぶことになるかを、夢は予測していたのだ。だが、今世では私は逃げなかった。過去世で起きてしまったような殺人事件エンドにしなかったのだ。私は地上に戻ってきて、初めからやり直す必要があった。今度こそは、結末を自分自身の意志で決着させるために。

輪廻転生について研究する人たちの間では、この話は常識と言っていい。自分の身近な人たちは、わけあって身近なのであって、ほとんどは「新しく知り合った」人では無いのだ。その人たちとの間に起きることはすべて偶然起きているのではないし、過去に色々あったから今こうして、理由があって起きている出来事なのだ。そして、夢の中には時々、過去世で起こったことが正確に描写されることがある。幸いにも、自分の口から知らない日本語が出てきて、それをほぼ正確に書きとめることができたから、私は自分が見た夢が単なる偶然ではないことに気づけた。そして、自分の過去世の悲劇についても知ることができた。知らない言語をテレパシー的に受け取って、言葉にする。このような信じがたい出来事が無ければ、私とユミが過去世で一緒に暮らしていたなどとは信じられなかっただろう。2003年になり、私は日本に行く機会があったのでユミと再会を果たした。「過去世で君を殺してしまって、ごめんね」と謝ってみたら、彼女は笑って「気にしなくていいよ」と言ってくれた。今では、とても幸せな人生を過ごしているそうだ。

## UFO研究の分野で将来成功するという夢

私がユミを殺してしまうなんて。しかし、そんなとても悲しい夢を見てからは、私は毎朝自分の夢を書き留めることを心に決めた。そしてそれからはずっと、そうしてきた。1995年2月1日、2回目にみた夢が現実になった。正夢というべき現象だ。その日のノートには、

「父が財政的な危機的状況に。父は電話で誰かと話をしていた。保険関係のローンでお金を借りようと交渉をしていた。私は、父がお金を全く持っていないなんて信じられなかった。しかも危険な借金をしてまで生計を立ててきたなんて」と書いてあった。後で分かったのだが、父はこのとき、ラジオ番組の司会者という仕事を失業してしまい、本当に家庭が深刻な財政危機に陥っていた。この夢が後に現実のものとなろうとは、これを書いたときの私は全く意識していなかった。

そのわずか5日後の1995年2月6日、壮大で複雑で、色々な解釈ができそうな予言の夢を見た。夢の中で、私は「郊外にある大きな家に帰宅する」ということを何度も何度も繰り返していた。家に帰るたびに階段を駆け上がっては、トイレに入り、そのトイレの窓から向かいの建物の窓へとジャンプしようとした。そして、窓から跳ぶたびに下に落っこちて、死にそうになった。こんな危険なことを、なぜか何度も何度もやらなければならないという気がしていた。夢の中に出てくる「トイレ」は、普通は「自分自身の中に癒されていない部分がある」ということを象徴している。「トイレの窓から跳びだす」という私の繰り返していた行為は、「ユミとの関係で傷ついた自分自身の想いから逃げ出したい」という心理状態を意味しているのだと思われる。このときの私は、「経験から学ぶ」ということを選択しなかったのだ。窓から窓へとジャンプするという行動は、過去世から今世へと渡るということを表している。しかもジャンプに失敗して落ちてしまったということは、これは過去世での「吊り橋から落ちる経験」を暗示しているのだと思われる。要するに、私はユミとの関係を上手に決着させるためには、「何度も生まれ変わらなければならなかった」のだと夢は言いたかったのだろう。

4回目にトイレに駆け込んだとき、ふと「もう同じことを繰り返すのをやめた方がいいかも」と思って、ピタッと動きを止めた。今度はトイレだけでなく、家の他の部分を探索してみようかと考えることができたのだ。毎回同じように危険なジャンプをせずとも、向こう側に行く方法があるかもしれない。だから、階段を駆け上がろうとしたときに踏みとどまって、居間の方に足を向けた。夢の中ではもう一人、若いアフリカ系アメリカ人の女の子がいた。女の子は私の障害物競走をずっとここから観察していたようだった。だが、彼女にとっても私が突然方向転換をしたのは驚きだったようだ。先述したように、夢の中に自分とは異なる人種の登場人物がいるときは、地球外生命体や天使などを表していることが多い。この場合、黒人の少女は、私のハイヤーセルフの一面を表していたのだと思っている。夢を何度も書き留めていたことで、私はやっと自分の魂が言わんとしていることに目を向けることができるようになったのだ。

「や、ディヴィッド・ウィルコックだよ」私は息を切らしながらその少女に言った。「あら……いいのよ、ディヴィッド。実は結構前から、会えればいいなと思ってたの」意味が分からないと思った。「どういうこと？」「うーん、でも、言えないのよ。とりあえず、地球外の人たちがいま、この家を建てているところなの。あなたがここにいることも知っているのよ」彼女のこの発言に対し、私は答えた。「おいおい、冗談だろ？　この家を建てたのは宇宙人だっていうのかい？」彼女は答えた。「そうよ、ディヴィッド。そこの左に曲がったところにいるわ。今ちょうど働いてるところだと思う」「本当かなぁ。じゃあ、この目で見てこようじゃないか」ユミと一緒にいると、大好きなＵＦＯ関連の本を読むこともできなかった。だからこの夢は、そんな私に「頑張って本を読み続けて」と伝えていたのだと思っている。

夢はまだ続いていた。私は、少女の言う通りに廊下を奥まで歩いてから左に曲がった。左折したということについて、基本的に左に曲がることはあまり良い意味では無いと先述していたが、この場合においてはネガティブな意味では無いと私は解釈している。進む方向の意味については一定の意味に解釈してしまうよりも、常に夢自体が何を言いたいのかを考慮した上で判断した方がいい。なぜ左折なのか。当時のガールフレンドは、私がＵＦＯの研究をしているのを嫌がっていた。それを意味していただけなのかもしれない。左に曲がると、そこからはまた長い廊下が続いていた。廊下の突き当たりまで歩くと、そこには腰くらいの高さのバリケードがあったので、それを跳び越えた。その先にあったのは、まだ完成していない工事中の部屋だった。後で窓になると思われる隙間から外を見てみた。すると驚いたことに、この家の建設工事をしていた「グレイ宇宙人」が8人いたのだ！　彼らの体は明るい藍色（インディゴ・ブルー）の光を帯びていた。「夢分析入門」の章で述べたように、夢に中にインディゴ色がでてきたら注目すべきだ。これは、自身の超能力が活性化しているという意味でもある。ETたちは部屋の中に巨大なシャンデリアを取り付けているところだった。他にも金色の装飾がついた黒大理石の浴室を作ってもいた。動いているグレイを見るのはなかなか貴重というか、新鮮な体験だった。

## コーリー・グッドと「ブルー」

20年後の2015年、私は友人であり秘密宇宙計画の元関係者であるコーリー・グッドから、1950年代にアイゼンハワー大統領と面会したという「青い肌のグレイ型宇宙人」の集団についての話を聞いたことがあった。政府の秘密プログラムに関わっていた者たちは、この存在を「ブルー」と呼んでいた。彼らはアイゼンハワーに取引を持ちかけた。「核兵器の開発をすべて廃棄することに合意すれば、地球上から貧困や病気や飢餓をなくし、世界を救って人々の生活をいい方向へと一変させるような、素晴らしいテクノロジーを人類に提供する」と。他にも提示してきた条件があり、「世界統一の精神性向上および新しい科学についての教育プログラムを作ること。それによって、世界中の宗教は実は同じ真理について、異なる視点で語っていただけだということを人類全体に理解させることに努めること」というものだった。

「ブルー」のこの提案を、「グローバル主義」に似ているとして危機感を覚える人もいるかもしれない。だが、このように意見が合わないからといってお互いに喧嘩するのはもう止めよう。『ソースフィールドの研究』や『シンクロニシティ・キー』で科学的に説明したように、宇宙そのものは生き物であり、意識を持っていることは公然の事実である。いくつもの内部情報によれば、アイゼンハワーは人類にはこの計画を受け入れる準備ができていないと感じ、宇宙人の提案を拒否してしまったというのだ。この情報を受け取る20年前から、すでにこれと同じETが自分の夢に出てきたのだから、驚きだ。私の夢では、ブルーは豪華な邸宅を人類のために建てていた。アイゼンハワーに拒絶されても、人類を助けることは諦めていないようだ。

同じ夢の中では、政府関係者が同じ場所に登場した。彼らは地球外生命体の行動を観察していた。「見てはいけないものを見てしまった」と心配していたようだ。近所の人は誰も何も知らないはずだ。まさかこの家の中で宇宙人が家を工事中だなんて。だが私の予想に反して、この建物の左にある別のビルの中から、もう一人の男がそのすべてを監視していたのだ。その男性も私と同じようにショックを受けていたようだった。すると突然、軍服を着た男たちがマシンガンを持って彼の後ろに現れた。背中に銃を突きつけて、彼は軍人たちに連れ去られていった。

私はすぐにその場所を去ることにした。同じ連中に見つかりでもしたら大変だからだ。ETは政府が見ていても構わずに働き続けていた。建物のメインルームに戻ると、父の友人だった女性と鉢合わせた。彼女はニューヨーク州の繁華街で大規模な音楽イベントを開催したこともある富裕層の有名人で、私の父とも親しい仲だった。夢分析においては、この種の著名な権威者は、天使的な地球外生命体を表すことが多い。女性と私が話をし始めると、彼らの施設で重要な仕事を紹介してくれることになった。つまり、ブルーたちと一緒に働くことになるということだった。「是非ともそうしたい!」そう思っている自分が、自分の中にいた。素直に嬉しかった。とてもエキサイティングな提案だった。これを夢の象徴的に解釈するならば、「自分はＵＦＯ研究で生計を立てられるか不安を感じているが、もし本気で取り組むことにしたら、素晴らしい結果が待っている」という私のハイヤーセルフからのメッセージだったのだろう。ＥＴが建てていた家は非常に美しく、私がＥＴチームに加わることにしたら、私も住むことができるようになるということだ。その家は、何年か後に私がＵＦＯカンファレンスを開くことになったホテルに外見が非常に似ていた。

夢の中でこんな素晴らしい申し出を受けたというのに、私は小さな赤い車で友人の女性を迎えに行く約束をしていたことを思い出した。赤色は性と生存本能の色だ。その友人の女性というのはユミと同じようにアジア人で、しかも夢の中でも私のガールフレンドだった。約束の時間通りに来なかったら、彼女は私にひどく腹を立てるだろう。だから私は、家でＥＴと仕事をするのを断腸の思いで断ることにした。とりあえず、彼女との再会はわざとらしく喜ぶことにした。父の友人だったその女性は、「あなたが必要だったのに」とがっかりした様子だった。夢の象徴的に解釈すれば、これは私が恋愛関係の方を選ぶことで、自分自身を大事なＵＦＯ研究から遠ざけようとしていることを示す夢だったのだ。私がとったこの行動の結果は、夢の続きでよく理解させられることになる。とても非情な、残酷なやり方で。

## ソロモンの夢（過去世のカルマを清算する）

その屋敷を出る準備をしていたら、部屋の中に大きなテレビがあることに気がついた。映っているのは、ホラー映画かなにかだった。場面は玉石で作られた長いトンネルの中だった。灯がついた「たいまつ」がトンネルの壁に沿って約15フィートごとに均等に取り付けられていた。それぞれの松明の間には、手首が壁に打ち付けられた、朽ちかけた死体があった。このシーンを見ていたら、突然、自分自身がその映画の中に入っていることに気付いたのだ！

気が付けば私は、テレビに映っていたはずの暗いトンネルの中にいた。暑さで息苦しい。湿った地下道のかび臭さと、不快な松明の煙の匂い。そのときの恐怖感といったら。まさに地獄のような風景だった。トンネルの一番奥には長髪の男がいるのが見えた。磔《はりつけ》になった死体と同じように、彼も磔にされていた。男性は驚くほどイエス・キリストに似ていた。突然、暗い廊下の先から恐ろしい悪魔のような声が聞こえた。「ソロモンよ、力は俺の方が上だ。さあ、俺の言う通りにしろ！」振り返ると、邪悪な存在がそこにいた。宙に浮く黒い布の破片で覆われていた。左手には杖を握りしめていた。杖のてっぺんには、骨の手に握られた水晶球という典型的な「悪の魔術師」のような見た目だった。顔はよく見えなかったが、大きな角がある馬の頭蓋骨に見えた。子供の頃に観た『バンデットQ』という映画に出てきた悪役を思い出した。邪悪な存在が杖を私に突き立てると、今度は場面がソロモンの回想になった。

今度は自分が風景の一部であるように感じた。目の前には鎖につながれた霊的な存在がいて、私は宙を漂っていた。突然、何の前触れもなく、厚さ13センチほどの金属棒が何本もソロモンの体を突き抜けた。傷口からは血が噴き出した。物凄いリアルだった。刺さった棒の長さはさまざまで、ソロモンはまるで小さな子供のように、悲しみに涙を流して泣きわめいていた。これはイエスの磔と、ロンギヌスの槍によって体に受けた傷を象徴しているものと思われる。私のハイヤーセルフは当時の私が直接「イエス・キリスト」の名を使わないようにしていたことを知っていたのだ。だから、直接「イエス」というよりも「ソロモン」と呼ぶようにしていたということのようだ。ところで、夢の中でキリストが出てきたら、それは自分自身の魂のうち最高の霊的使命を指し示している。

その後、「馬の頭をした鬼」がソロモンを罵《ののし》り続ける場面があった。今度はいつのまにか私の体が極大化していて、手には小さな人間があって、ブードゥー人形のようにその人間に針をゆっくり突き刺していたのだ。穴を正確に開けることに集中していたのだが、その私の行為は明らかに「悪魔」からの指示によるものだった。針を突き刺すたびに、自分自身の体に激痛が走った。肉体の痛みというより精神的な痛みだった。そう、自分が針を刺しているそれは、自分自身だったのだ。夢を書き留めていたとき、私の目に涙が浮かんできた。これが私とユミとの関係を示唆しているのだということを、もう十分良く分かっていた。そして、私は自分自身を救い出すために、立ち上がらなければならないことを。夢は私がユミに夢中になっていることと、それで私のUFO研究に使う時間が奪われ、もはや彼女との関係は私の使命における「障害」となってしまっているということを伝えていたのだった。そして真意は分からなくとも、夢の中に出てきた謎の勢力は「私を必要としている」ことも理解できた。

私は自分のこの夢の「助言」を真剣に受け止めることにした。そして、ユミに伝えた。「UFO関連書を読む時間がもっとほしいんだけど」私はユミのために毎日多くの時間を割くようにしていたし、自分だけの時間だって必要だった。そのすぐ後の1995年2月11日、人々が空飛ぶ円盤のように見える鍋をつかって、砂金をすくいだそうと探している夢を見た。私も鍋を手に取って、他の人と同じように作業を始めた。始めてすぐに、複雑な構造の「時計の部品」が中に入った石が見つかった。その部品はすべて純金製だった。夢の中だったが、「ヤバイ、ものすごい歴史的発見をしてしまった！」と感じた。これは、元NASAの人から話を聞いて読んだ、モーリス・シャトレイン著のUFO本『私たちの祖先は遠い宇宙の彼方から来た（原題：Our Ancestors Came From Outer Space）』で知った「古代の機械」を自分が発見してしまったと思ったのだ。[48]

1902年5月7日、エリアス・スタディアトスというダイバーが、ギリシャのアンティキテラ島沖で「歯車」のような外見の岩を発見した。この機械には、惑星軌道を追跡できる非常に高度な機械装置が埋め込まれており、日食や月食を予測することができた。[49]この機械は古代ギリシャの難破船の中で発見され、少なくとも20種類の歯車が内部に使われていた。当時のギリシャ人の技術よりもはるかに洗練された技術である。この計算機に表示された最後の

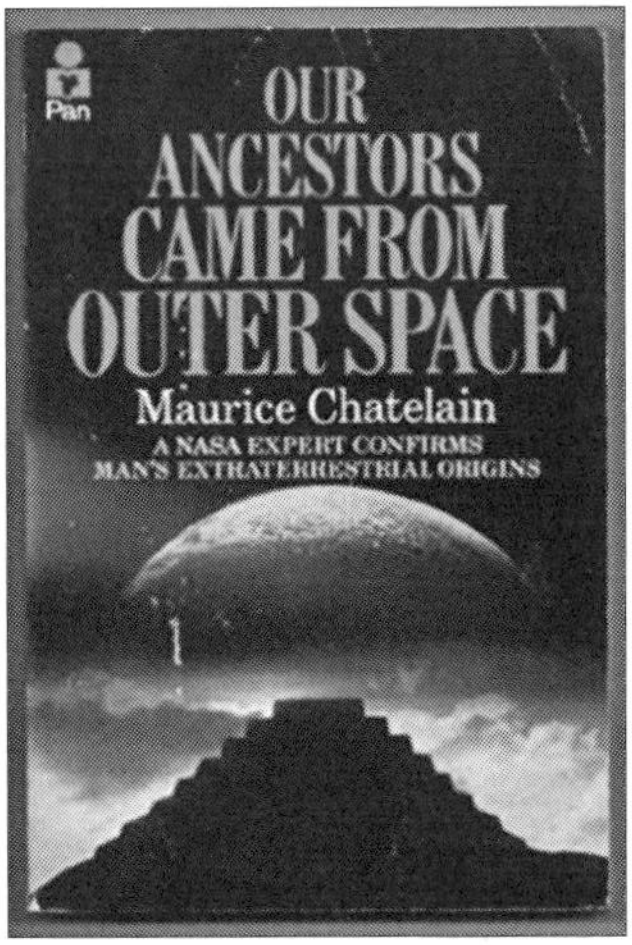

日付は紀元前86年。[50] もしかしたら、当時のギリシャよりももっと古代の、失われた高度な文明の遺物だったかもしれない。夢の中、このような考古学的発見をした私は、とても喜んでいた。

## 初めての「アセンション」の夢

私は「夢からの警告」に耳を傾け続け、ようやくUFOについての研究を再開できるようになっていた。そして1995年3月5日、本当に素晴らしい夢を見ることができた。この日は日本の神戸でマグニチュード7・3という大地震があった1995年1月17日のすぐ2カ月後だった。ユミは自分の家族のことをとても心配していたのをよく覚えている。その夢の中、私は大都市にいた。周りには大勢の人が集まっていた。以下は、当時ノートに書いたことをそのまま書き写したものだ。

「ユミが自分の母と話している最中に電話を切った。彼女のお母さんが、日本で大きな地震が来るのではないかと、とても心配しているというのだ。彼女はとても落ち着きがなく、不安そうだった。彼女を見ていた私も、とても奇妙な気分になった。まるで自分の身体が高速で振動しているような感じがした。めまいがしたり、吐き気がしたり、ふらふらしたりもした。窓の近くに行き、窓ガラスに映る自分の姿を見ると、すごいことになっていた。私はマグネシウムを燃やしたときのような非常に明るい白色の光を発していた。しかも、濃いヒゲが生えていたのだ！　光のせいか、ヒゲは茶色にみえた。目に映る私の姿は、まるで自分の未来を見ているようだった。それで、なぜあごひげが生えているのかと思い、調べてみることにした」

この夢は、私が今では当たり前に口にしている興味深い要素について触れている。『一なるものの法則』などでも語られているように、我々の集団アセンションが起きる時期は、大地震を伴う「地球変動」が起きる時期と直接相関していると思われるのだ。この夢の中では、私の体が高速振動している感覚があったが、これは昇天する過程で経験する「身体の活性化」を象徴しているものと思われる。それが終わると、突然、自分がキリストのような光の存在に変身していたのだ。これは、「約束されたこと」なのだと思っている。イエスなどの偉大な大師が人類と交わした古代の約束の成就《じょうじゅ》なのだ。『一なるものの法則』などの書物では、イエスは人類に昇天への道を示すための「道しるべ」であるとされている。エドガー・ケイシーは、イエスのことを「長男」と親しみを込めて呼び、彼がその日に示す道を、人類全員が歩まねばならなくなる日が来ると説いた。詳しくは後の章で説明するが、もし我々がいま、他者への思いやりと愛を持ち、奉仕しようというメッセージを真摯に受け取ることができなかった場合、別の惑星でまた２５０００年分の生まれ変わりを体験して、それはメッセージを受け取ることができるまで続くことになるだろう。これに対する考えや反応は、人それぞれのはずだ。だが私に限って言えば、この世界に蔓延する虐待、いじめ、病気、喪失、貪欲、嫉妬、裏切り、怒り、抑うつ、そして三次元世界での生活には、はっきり言ってもう、うんざりしているのだ。「ただ人に親切にする」だけでこんな「地球学校」とやらを卒業できるというのなら、とりあえずやってみるのも手じゃないだろうか。

# 第9章 卒業（宇宙からシンクロニシティに導かれて）

## 将来への警告（夢のメッセージを読み違える）

学期末になり、私は心理学の学士号を取得することになっていた。成績はまあ良い方だったし、卒業できるかについては心配はしていなかった。それに、これは通過点に過ぎないと考えていたのだ。私は大学院への進学を考えていた。できれば今研究していることを継続したかった。よって、目標は「形而上学や霊的知識に関する修士号を取得すること」にしていた。博士号などの上級学位を持っていれば「プロのUFO研究者」としての信頼性も高まると思っていたのだ。進学先を吟味した結果、コロラド州ボールダーの「ナロパ大学院」が最適だと思った。応募要項として、「なぜこの学校を志願したのか」を説明する願書を提出しなければならなかった。

ただ、この将来の計画が上手くいかないだろうということが、夢で既に予告されていた。1995年3月7日、コロラド行きのバスに乗っている夢を見た。夢の中、私を乗せたバスは途中で大量の泥水の中を渡らなければならなくなり、結構な大変な目に遭った。やっとのことでコロラドに着いたので、まずは電話を探すことにした。滞在先を決める前に家族に一報入れとこうと思ったのだ。探し回ってようやく見つけた電話は、泥だらけだった。常識外れの妙な光景だが、私が当時いかに世間知らずであったかを示す「夢の比喩的表現」なのだと思う。それから階段を上った。その先が行き先のはずだった。しかし、階段を踏み外して、15フィートも転げ落ちてしまったのだ。これもユミとの過去世での結末を思い出させるような体験だった。だがこの夢の中の私は無事だったし、怪我も全く無かった。周りの人達が階段から落ちた私を心配して見に来た。ただの怖い夢と思われるかもしれないが、この夢は私に対する「コロラドに行ったらつらい思いをする」という意味の警告であったのだ。それでも私は、思いとどまるつもりもなかった。

願書を書き始めた1995年、私が願書に書く話題として選んだのが、「地球規模の大変動」についてだった。1995年1月17日、日本の神戸で震度6強の大地震が発生した。一千億ドル以上の被害をもたらし、6000人以上が亡くなり、45000人が住居を失った。[51]私にとって、当時の彼女ユミの出身国での出来事であったことから、身近に感じることとなった。願書を書くべくパソコンの画面を見つめている間、窓の外にはよく晴れた景色があった。この社会が崩壊しつつあること、この惑星は信じられないような大きな問題に直面していることを願書で論じ続けていると、突然、良く晴れていたはずの窓の外の景色が一変し、嵐が吹き荒れる景色になった。突然のことでキョトンとしていたら、あっという間に近くの木々が激しい風に吹かれ、大きな音を鳴らしながら前後に激しく揺れた。空も真っ暗になって、雷が鳴り始めた。バケツをひっくり返したかのような土砂降りの雨が降り始めたかと思うと、次の瞬間、閃光が見えたと同時にすぐ近くで物凄い大きな雷鳴が聞こえた。寮の近くの電柱に雷が落ちたようだ。それと同時にパソコンが壊れてしまい、「保存」ボタンを押さないで書いていた私の論文が、すべて消えてしまった。すべての努力が水の泡と消えたときの脱力感ときたら、言い表しようがない。「最後に笑うのは保存していた者」とはよく言ったものだ。

電気が戻って、再び願書を最初から書き直しになった。どうせだから、今度はつい先ほど起きた出来事を内容に加えることにした。これはシンクロニシティの一種だと思い、疑っていなかった。「さっきの突然の激しい嵐は、いま進行中の地球規模の変化について語る私の説を支持してくれているのだ、きっと。だからこの論文を最初から再構成する機会に恵まれたのだ、ラッキー！」と思うようにしたのだ。というのも、色々とタイミングが良すぎるのだ。起きることにはすべて意味があり、単なる偶然ではないとは、本当に思っている。これは、大学院が私を仲間に加えてくれるという「兆候」なのだと確信していたのだ。その後、「面接をするからすぐにコロラドまで出向いてほしい」と書かれた手紙が大学院から届いた。卒業後わずか2週間で、早速遠距離へ旅行だ。その年はとにかく色々なことが起き過ぎて、気持ちの整理もついていなかったというのに。なにより、このときの私は気づいていなかったのだ。雷鳴と土砂降りの雨、書いていた論文の焼失、これらすべてが実は、「コロラドへ行くな」というメッセージを私に伝えるための「予兆」であったことを……

## シャイニング（ハイヤーセルフを通したメッセージ）

この雷雨の日の前日、大学の卒業式を控えた日、元ルームメイトのアーティが私の部屋に遊びに来ていた。私が形而上学的な話を始めるとユミは大体すぐに興味を失って、いつもベッドで気絶したように眠っていた。私とアーティの方はというと、ルース・モンゴメリーの作品やジェームズ・レッドフィールドの『聖なる予言』などで語られていた「アセンション」の概念について、長々と話をしていた。

　このときの私はすでに、アセンションの概念が私をＵＦＯ研究へと導いた要因であったことに気づき始めていた。そして、私が組み立てている最中であった説の全体像も、この概念についての話と適合するということにも気づくようになってきた。さらに、慈悲深い天使のような地球外生命体が、人類のアセンションに深くかかわっていることと、それこそが私が言いたいことなのだとアーティに熱弁していた。アーティにとっても刺激的な話だったようで、この論説にすっかり魅了されていた。そんな中突然、ベッドで寝ていたユミが起き上がったのだ。明らかにまだ、ぐっすり眠っていたままの状態でだ。そしてゆっくりと、深く眠っている状態のまま、彼女はアーティと私の方を向いた。

　私にとっては何回目か分からないくらい、見慣れた光景だったのだが、アーティにとっては何が起きているのか分からず、恐怖でしかなかったようだった。ユミはそれから何かを言い始

めた。「シャイニングは？」彼女は私の方をじっと見つめて尋ねた。トゥバ人シャーマンの女性がしていたような、とても不思議な微笑を浮かべていた。すると、また「スイッチが突然オフになったように」彼女はベッドに倒れこんだ。一部始終を目撃したアーティは目を丸くして仰天し、間抜けな笑顔で私を見た。一体何が起きたのかと言いたげな表情だった。「よくあることさ」と私はアーティに言った。「何かの力がユミを通して私にメッセージを送ってくるんだ。明日、彼女は何も覚えていないだろうさ。いまのは明らかにアセンションについてのメッセージだ。多分、私たち二人が霊的な光を放って〝シャイニング（輝いている）〟と言いたいんじゃないかな。私たちが実際に昇天する日のように、輝いているということなのかも」

ふと、今のユミは「輝いている」を英語でなんて言うかを知っていたから、今回は日本語で言う必要がなかったのだと理解した。私はアーティに、ユミが以前日本語で「輝く」と言っていたことを説明した。今回も、ユミのハイヤーセルフが自分の身体を通して私に大事なメッセージを伝えようとしていたのは、火を見るより明らかだった。つまり、私が知り始めていた「アセンション」の概念について、これが私にとって非常に重要だから探求すべきだと言いたかったのだと考えたのだ。これも私のアセンションが成就するということを示す、予言の一つであると言えるかもしれない。

そして、卒業式の日。壇上で卒業証書を受け取ったとき、私の心は将来への不安でいっぱいだった。正直言って、私は恐ろしかったのだ。もう少しの間、大学生でいたかったのが正直なところだった。もし卒業するのにもう1年かけたら、両親はひどく腹を立てていたことだろう。大学院に行かないのなら社会人になるしか道はない。だが、「社会人になる」ほど怖いものはなかったのだ。心理学の学士号は博士号に比べると就職に大して役に立たないということは、誰もが知るところだと思う。社会人になったら大学生活で享受していたあの自由さのほとんどを失うことになるし、ひょっとして何もかもうまく行かず、極貧生活に陥ってしまうのではないかと心配でたまらなかった。そうは言わないまでも、少なくともニューヨーク州では心理学の学士号だけで良い仕事を見つけるのは相当に難しいことだった。

私はユミと一緒に車で実家に帰り、卒業後の1週間ほどは一緒に過ごしていた。ユミが私の実家に来てから2日目の夜、私はラバージ博士の明晰夢「ＭＩＬＤテクニック」を使って、意図的に自分自身を誘導することによって、壮大な明晰夢を見ることに成功した。夢の中で、私は大学があるニューパルツに戻っていた。キャンパス内を縦横無尽に飛び回り、皆が私を見て驚いていた。ワクワクしながら、この体験をメモしようとしたのだが、取り出したメモ帳も夢の一部だということをすっかり忘れていた。起きてすぐ自分の体験を思い出しながら書き込み、書き終わったらそのページを眺めてみた。すると驚いたことに、英語で考えながら書いたはずの文章が、すべてフランス語で書かれていたのだ！　しかも、自分の知識では到底作れそうにない難しい文章を書いていて、辞書片手にチェックしてみてもそれが正確な文章だったことが分かった。どういう仕組みなのだろう、本当に驚きの体験だった。そして、感謝すべき経験でもあった。なぜならこれは、以前に見ていた明晰夢とも絶対に関連性があると明確に分かったからだ。

## 預言者（3次元世界を旅立つ）

ユミと破局した日、彼女を乗せた黄色いタクシーが行ってしまった後、私は地下室に降りて泣き始めた。「結局別れることになってしまった。なんだったんだ」と、ひどく後悔していた。もう恋人としてやっていけないだろうということには、うすうす気づいていたはずなのに。ユミは「3年待ってほしい。戻ってくるから」と言っていたが、私はもう別れるしかないと感じていた。自分の故郷の国で、新しい恋人を見つけてくれればいいのに。私はそれで良かったのに。そして私は放心状態のまま、階段の下にあった本棚を眺めていた。ハロルド・シャーマンのＥＳＰについての本など、私が幼い頃に書かれた本が並んでいる。なんとなく手を伸ばしたのはカリール・ジブランの『預言者』という本だった。[52]私は腰をおろしてその本を読み始めた。その本は未読で、とてもいい本だと聞いたこと以外は何も覚えていなかった。

まだ頬が濡れたまま、この本の最初の場面を読んでいた。ついに現れた予言者が、故郷を離れて旅立つように神に呼ばれているというシーンだった。最初は、これがどれほど重要なことなのかわからなかったが、読み続けているうちに、一つの大きなシンクロニシティに気づいた。『預言者』に出てくる登場人物は、いずれも私自身の一面を表していたのだ。そして、私があと数日でコロラド州に出発することについても暗喩があるのを見つけた。預言者が港で出発するための船を待っていると、その村全体が彼の門出を涙で惜しんでいた。これを読んで私もまた泣いてしまった。ユミが行ってしまったことを思い出した。本当につらい経験だった。預言者との別れの際、友人たちや家族は彼に、最後のお別れの言葉をくれないかと尋ねた。

この時点から先は、預言者はさまざまな質問に対して興味深い返答をしていく。私が特に感銘を受けたのが、預言者が見えざる力である愛を使って、魂という「小麦」を挽いて、「パン」を作るのだ、と説く一節だ。預言者は仕事と献身の尊さについて語った。それにも心から完全に同意した私は、また感涙してしまった。「別れ」「仕事」「奉仕」、あまりにシンクロニシティが多く強烈で感動してしまい、読み進める私の手に涙がこぼれていった。そのときは家に誰もいなかったのは幸いだったと言える。私がこのような素晴らしい本を読めたのは、ユミが出て行ったおかげとも言える。だから、彼女には感謝しなければならない。奇跡なんだと思った。遠くへ旅立つ預言者に、コロラド州ボールダーのナロパ大学院へと旅立とうとしている私自身を重ねて読み進めていった。

私はなにも、自分自身こそが預言者だとか思っていたわけではない。だが、そこには確かに無意味な偶然ではない、意味のある偶然「シンクロニシティ」があるのを感じていた。それから3年後、バージニア・ビーチで霊的な知識に詳しい農場経営者の人に出会い、友人になった。彼が言っていたのだが、この『預言者』という本はアセンションについての書物であると多くの霊的指導者たちに見なされているらしい。そのことを知った私は、またも驚いた。偶然手に取った本が、アセンション関連書でもあったなんて。預言者が乗り込もうとしていた船は、「昇天（アセンション）」の比喩であり、それに乗って3次元世界を旅立つという意味なのだという。

## 道中、列車の中で（ボルダーへ）

ナロパ大学院は、チベットからボルダーに移住した高名なラマ僧であるチョギャム・トゥルンパ・リンポチェによって設立された。私は現地に赴いて面接を受け、そこで合否を決めてもらう予定だった。

私はそれまで車を所有したことがなかった。飛行機に乗ったのも、子供の頃ディズニーワールドに行ったときに乗ったきりだった。そのときは両親はともに体調を崩していて、ほとんど生死にかかわる状態だったのだが、楽しみにしていた私たちをなんとしても連れて行きたいということで、飛行機での旅行を決行したのだった。飛行機の中では、着陸時に耳の中の圧力が変わりすぎて、私の兄が泣き叫んでいたのを覚えている。それがトラウマみたいになってしまい、あれ以来飛行機に乗るのが怖くなってしまったのだ。大学へ通うのはいつもアディロンダック・トレイルウェイズ社のバスでだったし、車を持つ必要もなかったのだ。よく覚えていないのだが、私はニューヨークのスケネクタディからアムトラックの長距離電車を使ってまずデンバーまで行き、それからボールダーまでバスで行くことにした。飛行機で行くよりかは100ドルくらい旅費を抑えられたのを覚えている。

初日の夜、「やっぱり列車だけはやめておくべきだった」と思った。「泥沼の川をくぐる」という私の夢が、正夢になった。天候不順による悪路で列車は絶え間なく前後にガタガタ揺れ、騒音でもう何も聞こえない。そんなときに限っていつも車両間を移動する人がいて、ドアのボタンを押すたびにうるさい音が響いていた。耳栓も持ってなかったし、ろくに寝ることもできなかった。

1、2時間眠ることができたら儲けものという有様だった。昼は眠気を堪えながら、他の乗客と話すなどして過ごしていた。珍しいアーミッシュの人たちがいたので、何時間も長話をしてしまった。彼らは飛行機に乗らないし、ものすごく現実思考な人たちだった。なかなかどうして、私ともノリが合うし、全体的に話が合う人たちだった。アメリカの中心部をゆっくりと移動する車窓からの景色も楽しめた。驚いたのは、半壊した建物や廃墟の多さだった。「一旦社会からお金が消えると、建物はそのまま残って、ただゆっくりと滅んでいくのだな」と実感した。鉄道だってそうだ。かつては活気に満ちた業界だったのに、今では見る影もなく衰えてしまった。これでは、いつアメリカから長距離電車が無くなる日が来るかもわからない。目に映る廃墟の光景を見ながら、そんなことを考えていた。

## 監視者（グレイ）

旅の途中で読もうと、レイモンド・ファウラー著の『ウォッチャー（原題：The Watchers）』を持ってきていた。この本では有名なUFOアブダクション（拉致）事件であるベティ・アンドレアソン夫人のアブダクション事件について掘り下げられている。ファウラー氏はこの事件の解明に人生の多くを捧げた一人だ。この一件はただのアブダクション事件として片付けるには、あまりにも精神的に高度な意味合いがあるため、ほとんどのUFO研究家たちにとっても謎だらけの事件と見

なされていた。このベティ夫人の証言が私にとってどれほど大事なものか、当時の私にとっては知る由も無かった。本書の後半では、「ウォッチャー」について語る章を用意している。

ベティ・アンドレアソン夫人に接触したとされる宇宙人はいわゆるグレイだったのだが、ハーバード大学の精神科医ジョン・マック博士の研究によると、グレイの中には友好的なものとそうでないものがいるらしい。ベティ夫人に接触したグレイは、自らを「ウォッチャー」つまり「監視者」であると伝えたのだそうだ。彼らは地球を観察し、世話をするという役目があるそうで、地球へ永遠の愛を感じているのだと主張されている。何百年もの間地球上の人間の遺伝子やすべての植物を保存してきたとも。そのようにしておけば、人類種が存続の危機に立たされたとしても、この惑星の生命の種が失われることは無いという理由からだ。

正直いって私は、初めはこの本の内容に懐疑的だった。善良なグレイがいるだなんて言っているのはジョン・マック博士くらいなものだったし、ほとんどのUFO研究家たちにとっては「グレイ=悪者」の方程式を使っていたからだ。ベティ夫人の最初のコンタクト体験は1967年のことで、忘れられていたその記憶は退行催眠によって思い出されていった。その証言をまとめたのが1979年に出版されたファウラーの最初の本、『アンドレアソンの件について

（原題：The Andreasson Affair）』である。

最初の接触体験で、ベティ氏とその家族は皆、目を覚ました状態でETと接触をしていたことが判った。しかし、彼らの記憶はその後すべて消去されて思い出せなくされてしまっており、退行催眠によってこの事実が明らかになったのだった。ベティ氏の父親は、そのグレイたちがドアをすり抜けて台所へと入ってくるところを目の当たりにしていた。1978年の催眠術セッションで、ベティ氏は頭の中に直接聴こえてくる言葉に対して、自分は声に出して返事をしていたと語っている。この頭に直接聴こえたという言葉が何の言葉だか長年の間分からなかったのだが、研究者レオナルド・キーン氏によるとアイルランドの古い言語である「ゲール語」であったことが分かった。ベティ氏が嘘を言っている可能性は皆無に等しい。彼女は催眠状態になっていた時の証言であるし、ゲール語だなんて見たことも聞いたこともなかったそうだから。その言葉の、最初の2行については、翻訳された文が『ウォッチャー』の導入部に記されている。[53] キーン氏の翻訳によると、その宇宙人は次のようなことを伝えていたという。気づいたのだが、ノストラダムス

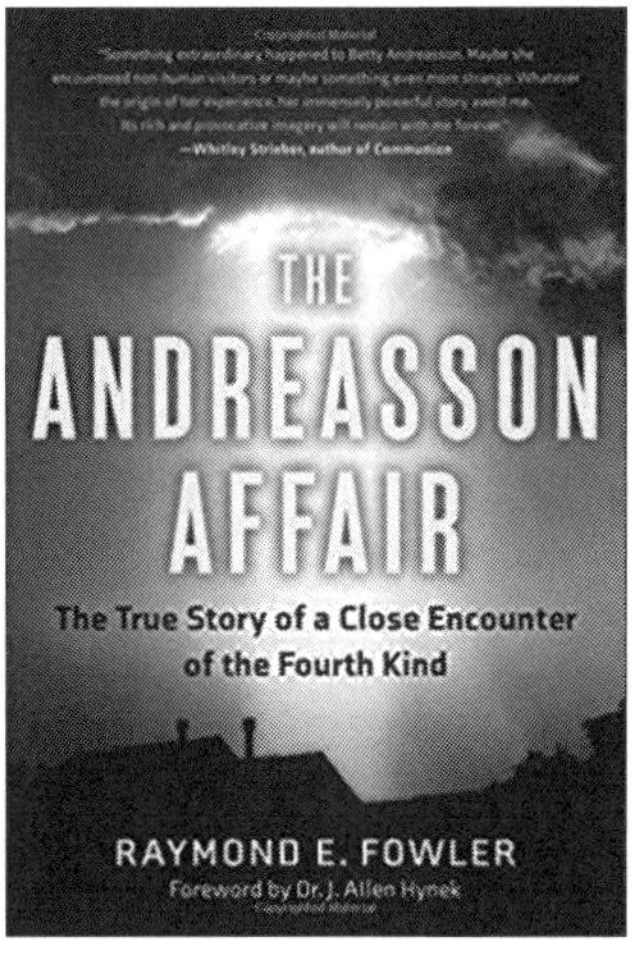

の「四行詩」予言に驚くほど似ている。

「北の一族の子孫たちは、暗闇の中を手探りで歩いている。彼らの、そして我らの母親は嘆く。高きところにあった弱さ。それが生きることの困難さを蘇らせる時、暗黒時代の前兆となる。高きところで犯された過ちの間にある間隔。その間隔とは悲惨な出来事である[54]」

この「北の一族」というのは、人間の「白人」のことであると思われる。そして、現代では白人のほぼ全員が霊的な世界から切り離されて生きている。だから、この手のETが伝えたいことが真っすぐ伝わらなかったりするのだ。ここで言う「母」とは明らかに、母なる大地を指している。地表の惨状を見て、哀れみ嘆く母なる地球ということだ。予言はさらに続けて、「弱さ」と「過ち」のせいで生きることが困難になると述べている。このメッセージは1978年に発表され、1988年のホイットト

リー・ストリーバー著の『宇宙からの啓示』で出版もされた。２００８年の経済危機以降に読むと、当時予言されていたことが現実となったことがよく分かる。

ウォッチャーを読んでいてもう一つ面白いと思ったのは、地球外生命体が実は人間のＤＮＡから培養された種族だと言っていることだ。人間の胎児が子宮外で成長すると、グレイのような外見になるのだとファウラー氏は主張している。レイモンド・ファウラー氏は、この現象についての医学名があるとすれば、それは「ネオネイト」、つまり「新生児」になるだろうと言っている。たしかに子宮の圧力がない環境下においてなら、胎児は大きな目と頭を持ったまま、体の方は薄く育つだろう。電車の窓からは、どこまでも続いていそうな田園風景があった。何時間もその風景は続き、次第に私の頭で「グレイは地球外生命体ではないかもしれない」という考えが巡っていた。もしかして、軍産複合体の中にはこうして人間のＤＮＡからグレイを培養している研究所などが存在しているのかもしれない。というのは、著名なＵＦＯ研究家であるスティーヴン・グリアー博士も内通者からその暴露話を聞いているからだ。

## 大事な面接

コロラド滞在中、お金を節約するためにユースホステルを予約していた。これがなかなか、すごい光景だった。シャワーカーテンには濃い灰色のカビが生えていて、物凄い臭いを発していた。だが、外に出ればいろいろな面白いお店があったり、おいしい朝食を出してくれるカフェや健康的な夕食を出してくれるレストランを見つけられて、それがこの旅の唯一の救いだった。私は入学面接のためにナロパへ向かった。そこには二人の受験生がいて、友達になった。現実主義だけどヒッピーのメレディスという女性と、長髪のアスリートの男性カールの二人だ。スタッフが私たちのためにキャンパスを案内してくれたのだが、とにかく何でも素敵に思えた。なんといっても、瞑想部屋が複数あるという点だ。それぞれの部屋は虹の色を構成する赤、オレンジ、黄、緑、青、藍、紫の色の電灯で照らされていて、部屋ごとに瞑想するときのヨガのポーズが決まっているのだ。

面接では、「毎日瞑想していますか?」と尋ねられた。事前に予習していたように、これが必須条件とされているようだった。瞑想する時間の最低基準は30分だったか、1時間だったかは思い出せないが、とりあえず「座って目を閉じて黙想するのを毎日していること」が入学の最低条件というわけだ。問題は、これは私が好む瞑想のスタイルではなかったという点だ。瞑想には、黙想型と集中型の2種があることは知っていた。集中型の瞑想では、一つのことに長時間集中し続ける。私が研究を進めている間、常にやっていた瞑想はこちらの方だった。私の魂は、それでこそ「シャイニング」していたのだ。世の中には、本を持って座ったり、コンピューターの前に1時間以上座っていることができない人もいる。だが私は何時間も動かずにずっと集中することが得意なタイプだ。「集中型の瞑想」は何時間もの間、記憶を掘り起こしたり、書きものをするときや、夢を分析したりするとき、読んだ本に書かれた内容を勉強したり分析したりするのに適している。夢について書くのも、自分の場合は大体30分ほどかけていた。私は嘘をつきたくなかったので、自分のやり方で瞑想していることを正直に話した。

大学時代に読んだUFOや超常現象関連の本約300冊のリストを願書と併せて送っていたし、大学に着いたときにはすでにそのリストを別の紙に印刷して持っていた。私は面接官に、リストに載っている本の名前をなんでも挙げてみてほしいと頼んだ。すぐに、その本の内容と、ナロパで学びたいこととの関係性について口述できる自信があったからだ。当時の私の最大の目標は、「超次元理論を発展させ、それを霊性と結びつけ、地球外生物が人類の進化と昇天において果たしている重要な役割が何なのかを探ること」だった。この膨大な研究資料を統合することで、その答えにたどり着けると確信していた。問題は、さっきの瞑想の種類について私が正直すぎたことと、面接官が私の挑戦を受けたがらなかったことだ。何時間もかけてそのリストを暗記し、どの本についても語れるように準備してきたというのに、面接官にとっては何の興味も関心もないようだった。それどころか、私のことをやんわりと中傷してきたように見えた。

教育費の支払いについても、私は正直に話した。幸運なことに、父方の祖父が私の学費を全額援助してくれると約束してくれていたのだ。祖父は形而上学の学校で博士号を取ることにいささか疑問を抱いていたようだが、それでも何もないよりかはましだと思っていたようだった。祖父がハーバード大を首席で卒業したこと、80件以上の工学関連の特許を持っていること、だから学費は十分払う余裕があることを面接官に正直に話した。それと、祖父がニューヨーク市の地下全域に広がるトンネルを設計したことも説明した。私が生活費に困った場合は、普通に働いて支払う意志があるとも伝えた。もちろん、そうなったら恐らく祖父は少し手伝ってくれていただろうが。しかし、私は祖父の署名入りの同意書などは持っていなかったので、実際に支払いに同意をもらっていたかを証明できなかった。申請手続きの一つに財政証明書が必要だったのだ。父と母の経済状況では私の学費は1ドルも出せないほどの厳しさだった。

高校時代から持ち歩いていた水晶があって、今回のデンバー旅行にも持ってきていた。4年生の2学期の終わり近く、ユミと大喧嘩をした後にシャワーを浴びていたら、この水晶が落っこちて二つに割れてしまったということがあった。私の心を象徴しているような出来事で、明らかにシンクロニシティだった。不思議なことに、水晶の割れた面は波紋のような波打った断面を見せていた。そこからは、この水晶が形成していく過程が見て取れた。コロラド州が誇る美しいフラティロン山脈に、私はメレディスとカールと一緒に登った。カールはこのとき、気分の浮き沈みが激しい恋愛関係を経験していたようだった。登山していたときに見た景色は、それまでの人生で最も美しい景色だった。高いところから景色に見とれていると、「この水晶を森の中に投げ込みたい」と強く感じた。傷ついた心を永遠に解き放ちたいという強い衝動に駆られたのだ。山を下りたときには手元に水晶が見当たらなかったので、もしかして無意識に本当に投げてしまったのだと思っていた。まさか、2年半後に再びこの水晶が見つかるとは、そのときは夢にも思わなかった。

カールは私にこの街で「速くて楽な仕事」に就いてお金を儲けるように勧めてきた。そうすれば大学院生になった後にもっと楽だということだ。「確かに」と思った私は、3・5インチのフロッピーディスクをソフトウェア会社の郵便ボックスに入れるだけの仕事を得た。一日中、ただそこに立って封筒に詰めるだけの仕事だった。暇だったので一緒に働いていた人たちと話す時間がたっぷりあった。彼らはいつも自分の生活についての不平不満を漏らしてばかりだった。こうしてしばらくの間、朝にバスで通勤し、昼は働いてから、夜になると汚いユースホステルに戻って寝るという生活を送っていた。ボルダーではアパートの家賃相場が高く、普通の家を買いたいのだったらもっと良い仕事に就く必要があった。こんな毎日を過ごしていたら次第に疲れがたまっていったようで、最初の頃の前向きな気持ちも薄れていった。1週間半ほどこの仕事を続けていたら、母から電話がかかってきた。とても厳しい声だった。「ディヴィッド……ナロパから手紙が来てるよ。とても薄いのだけれど。開けて読んであげようか？」

## 不合格（タロットカードからのサイン）

「薄い手紙」、私はすでにこの言葉が意味することを知っていた。自分が唱える「形而上学者と夢見予言者を両立させる」という大義が面接では上手く伝わっていなかったことも、なんとなく分かっていた。それとも、日常的に瞑想をしていないことが主な原因だったのか、祖父が私の授業料を払ってくれるという証明書を提出しなかったことがいけなかったのか、とにかく、私は最初この事実を受け入れられなかった。受け入れたくは無かった。母はその手紙を開き、内容を読んで聞かせた。案の定、不合格だった。理由は書いていなかった。

理由が何であれ、ここで私の自信は崩れ去った。自尊心が音を立てて崩れていくのが聴こえた。涙が溢れて止まらなかった。電話越しに聞こえてくる私の嗚咽《おえつ》を聞いて、母は「大丈夫。きっと、大丈夫よ」と言って慰めてくれた。私は思った。『支払い能力なら問題なかったはずだ。こんな簡単に落とすだなんて！　僕ほど有望な生徒は他にいないはずなのに！　有名なUFO研究者はみんな博士号を持っているし、僕も欲しかった！』有名なUFO研究家というのは、レオ・スプリンクル博士、スティーブン・グリアー博士、コートニー・ブラウン博士、ジョン・マック博士などのことだ。既に色々な本で得たデータを組み合わせて、まだ誰も気づいていないような凄く面白い発見をしていたというのに、言わさせてもくれなかった。組み合わせたデータと超次元理論との興味深い関連性についても、一言も語らせてくれなかった。この分野の仕事に直結する分野での博士号を持っていれば、どんなに有利なことか。私のキャリアで実際に使えるようなテーマで博士号を取得することができれば、もっと良かったはず。この時は「トランスパーソナル心理学（超個人心理学）」の学部を希望していた。そのために厳選した本のリストまで用意していたというのに。合格していたら、私の研究をより深められる教育を受けることができていただろうに。

帰りの電車の切符は一応予約してあったので、私はソフトウェア会社の仕事を辞めてから、せめて帰る前にボルダーでの最後の数日間を楽しもうとした。そこのレストランにいたとき、ヒッピー風の恰好をした中年の女性が私の方に来て、タロットカードで占いたいと言ってきた。「もちろん、いいですよ」そう答えた私の前で、彼女はテーブルの上にカードを円形に並べ、非常に複雑なスプレッドを組んだ。それぞれのカードが占星術的なサインやハウスに対応しているのだという。彼女が独自に編み出した占い方のようだった。そして、私の人生がどこへ向かっているのかを教えてくれるカードが1枚あり、それを引いて見た。彼女の表情が曇る。どうやら、最悪のカードの一つだったらしい。「よりによってこのカードがこの位置にあるなんて」とでも言いたげな表情で、困惑している様子だった。額にしわを寄せ、「うーん……」とつぶやいていた。

「これ、どういう意味なんです？」まあ、どうせ悪い意味だろうと私はなんとなく気づいていたのだが、一応尋ねてみた。そのカードは「カップの5」だった。川のそばに立って落ち込んでいる男性が描かれている。不吉な黒衣に身を包み、こち

らに背を向けているので顔が見えない。男性の前にはこぼれたコップが三つ倒れている。それを見て男性は悲しみ泣いているようだ。男性の後ろには、もう二つのカップが倒れずに立てて置いてある。彼はそれに気づいていない様子だ。三つの倒れたカップは、私の心の傷を表しているのだという。カップから流れ出ている水は、愛情や歓喜を表しているそうだ。つまり、善の感情が流れ出てしまい、取り返しのつかない状況だということだ。唯一の救いは、後ろに倒れずに残っている二つのカップで、私の喪失は完全ではないことを意味している。つまり、私はなにもかも失くしてしまったというわけでは無く、探せば希望はまだ見つかるということだ。

「苦難……」と彼女は答えた。「そのカードには、あなたが将来、間違いなく苦難を経験するという意味があります」それを聞いた私は、「ハハ……そうでなければいいですが……」と苦笑交じりに言った。もちろん、言葉ではそう言っても、この占いが当たっていることは気づいていた。しかも、この苦しみは思っているより長く続くであろうということも当たっていた。そう、私は卒業前に想像していたような、「最も恐れていた事態」に直面することになった。誰でもできるような低賃金の職に就き、馬車馬のように働かされ、搾取される運命だ。

## 僧院（高僧ムクタナンダ）

落胆しながらの帰り道、私は電車で二人の男性と知り合った。二人とも人生に絶望して、これからニューヨークの南ファルスバーグにあるというヒンドゥー教の僧院（アシュラム）に入りに行くのだという。その僧院はババ・ムクタナンダとして知られる高名な高僧が設立した僧院なのだそうだ。これは面白いシンクロニシティと言えると思うが、二人のうちの一人は文字通りカリフォルニアの大学院で医学博士号を取得したばかりの立派な学歴を持った人だった。医学博士号を手に入れるまでには相当な苦労をしたはずだ。数々の試験を突破して、競争を勝ち抜き、優秀な成績をおさめ続けていたはずだ。だが、それでもまだ、自分の学位を「実践」するためには、もっともっと多くの資格認定が必要なのだという。終わらない競争に疲れた彼は、ある日絶望したのだという。

卒業式を目前に控えていた頃、彼は「医者になる将来を捨て、普通の人として生きよ」という天啓を受けたと言っていた。だから、いつでも不満とは無縁な、僧侶になって生き直そうと一大決心をしたのだそうだ。私は子供の頃からずっと「学歴がすべて」と言われて育った。だから最初は、「コイツ、頭おかしくなったんだろ」と思った。そう認めざるを得ない。だが彼は、自分が正しいことを確信していた。まったく、よりによって大学院に落ちた帰りの電車の中で、こんな人物に出会うだなんて、奇跡に近い確率だと思わないだろうか。私が「ちょうど僕はナロパ大学院を不合格になったところで、負け犬人生ですよ」と事情を話したら、彼は笑ってこう言った。「じゃあそんな教育、君には必要なかったってことさ」「僕を見てごらんよ。すべて終わってから、やっと気づいたんだ。僕がやっているのは、僕の信念を試すための究極の試練なんだよ。君が僕とこの日、この電車の中で出会ったのは、君がもっと高い次元から呼ばれているということに〝君自身が気づくこと〟だったんだ。僕の家族は、僕がクレイジーだとかなんとか言ってきたけれど、僕は自分がやっていることの方が本物だと信じている」

もう片方の男性は、まだ存命だった頃のムクタナンダ師と一緒に修行していたことがあるそうで、とても面白い話をしてくれた。僧院に入ってからは、そこでの生活が退屈に感じてきた時期があったらしく、ついには「もう辞めたい」とウンザリしてしまったことがあったらしい。ある日、いつものように床をモップがけしていると、急に気分が沈んでしまったことがあった。弟子が落ち込んでいるのを感じ取ったのか、部屋の反対側からムクタナンダ師がやって来た。

師は前に向かって手を差し出し、両手の間に約2インチ幅の青みがかった白色の光の球を作り出したのだという。そして、そのボールを彼へと放ってきた。光の球がスーッと目前まで飛んできて、体に触れた瞬間、とてつもない「完璧な恍惚」に包まれたのだそうだ。たまらず彼は地面に倒れてしまい、文字通り神の至福の中、幸せのあまり痺れていたらしい。これが修行を積んだ真の高僧だけが使えるという「ダルシャン」なのだろうか。私もトゥバ人女性シャーマンから受けた体験について後に二人には説明したのだが、この話を聞いた時はすっかり忘れてしまうほどに夢中になって聞いていた。ムクタナンダ師はその後、床に伏して恍惚している彼に歩み寄ってきた。見おろしながら「今はここにいて、幸せになってね」と言った。よだれを垂らして未だ至福の中にいた彼は、それに頷くしかできなかった。

疑り深い人からしたら、全く信じがたい与太話に聞こえるかもしれない。だが、彼はこの話を実際にあった現実の出来事として、非常に詳細まで説明してくれた。ムクタナンダが手で作った青白い光の球とやらが額に当たった瞬間、どんなドラッグよりもすごい絶頂感を感じたのだという事実を。彼はこの体験が「ダルシャン」と呼ばれていることも知らなかったし、はっきりと思い出を語る彼の態度は、決して嘘話や妄想を語っている人には見えなかった。そうだ、このような神秘体験は誰にでも起こり得るのだ。私が形而上学が学べる大学院で大学院生になるかどうかは本当は関係ない。不思議な出来事は、学歴や社会的地位に関係なく、どんな人にも起きるのだ。医学の博士号を取得した彼が、博士号なんて必要ないと言っているのだ。そして、今日この日に彼らと出会い、そのことに気づかせてもらえた。

出会えた記念として、持っていた『ウォッチャー』の本の表紙の裏に彼らの名前や住所、電話番号を書いてもらった。まさか彼らがその後、自分が後に住むことになるカリフォルニア州サンタモニカのすぐご近所さんになるとは、まったく不思議なものだ。本書を書くために思い出の『ウォッチャー』の本を倉庫から掘り出して、彼の手書きの字を眺めていたら、若かった頃のこの話を思い出した。それまでは、なぜかすっかり忘れていたのだ。またも宇宙から受け取ったシンクロニシティと言わざるを得ない。これが単なる偶然だなんて、そんなばかげた話があるだろうか。窓の外はアメリカ合衆国中西部の雄大な景色。私たちはここで、自分の定められた人生の使命を生きている。

# 第10章 神官ラー・プタハ、アトランティス、空飛ぶ球体の夢

## 大ピラミッド建設とラー・プタハ

電車の中での出会いは、確かに素晴らしかった。素晴らしかったのだが、私はまだ落ち込んでいた。帰路を辿る足取りは重かった。気分はどん底のまま、泥の中を歩いているようだった。愛がこぼれたカップを見て泣くというタロットカード、あれは当たっていた。というか、カードで示された状況そのままを経験しているようだ。母は私に「週に50ドルずつ出してあげるから、定職を見つけておいで」と言ってきた。そうは言っても、まずは車も持っていないとどうにもならない。移動手段は自転車だけ。これでは何もできない。ここから私は、ストレスがたまる一方の、将来性の無い仕事ばかりに何度も就くことになる。だが、外界の方がストレスや鬱、不安でどんどん崩壊していくと同時に、内界の方ではかつてないほど飛躍的に変容が進み、

実はどんどん生き生きとした内面に変わっていたのだ。その頃に見た夢は後にこうして見返してみると、本当に特筆すべきものばかりだ。

これらの夢を解釈するにあたり、まずは古代世界についての私の考えについてお伝えする必要がある。それにはエドガー・ケイシーについても触れる必要がある。その頃までに、私はUFOや古代文明に関する本を数十冊以上は読んでいて、その中にはケイシーによるアトランティスの物語もあった。アトランティス神話は本当は架空の物語では無くて、古代エジプトなどの歴史の延長線上にある「実話」であると考えられている。いくつかの読んだ本によると、どうやらケイシーは過去世においてエジプト最初のファラオであり、現在では「オシリス」と呼ばれている存在と同一人物であるようだ。ケイシー自身のリーディングで語られたことによれば、現代の言葉に訳される中で多くの詳細が失われてしまっており、民から敬愛されていた当時の霊的指導者の本名は「ラー・プタハ」なのだそうだ。

ラー・プタハはエジプト出身ではなく、もともとは沈没してしまったアトランティスの出身者だ。アトランティスに住んでいたときに、文明がほぼ壊滅するような大惨事が起きてしまい、そのときに衝撃的なビジョンや予言を次々と受けることになった。この大惨事とは、後に「アトランティス沈没」として語られることになる地球規模の大災害のことだ。彼は約200人ほどの従者と団結し、大洪水をなんとか生き延びることができた。事態が一旦落ち着くと、彼らはエジプトに移住して、現地の先住民たちの生活に溶け込むことができた。ラー・プタハは自分がそこに記念碑として「大ピラミッド」を建設しなければならないという自分の使命を知っていた。それの建設にふさわしい場所として、予めエジプトの地を目的地として選んでいたのだ。

そしてラー・プタハは「トート・ヘルメス・トリスメギストス」と呼ばれる謎の存在と協力し、その地に大ピラミッドを建設した。ヘルメスとエノクは同一人物のようで、ケイシーのリーディングによると、この人物はイエス・キリストの前世だったという。私の『アセンションミステリー』で、聖書の「創世記」と同じくらい奥深い神秘を秘めた『エノク書』について深く掘り下げて書いているので参照してほしい。エノクも大洪水についてはビジョンを受け取ることで既に予見していた。「ノアの方舟」で知られるノアは、エノクの孫にあたる人物だ。ケイシーのリーディングによると、大ピラミッドの建設の時期は「大師（イエス・キリスト）が地球へとやってくる10490～10390年前」なのだそうだ。ピラミッド建設は学者の通説よりもはるかに古い紀元前10490年に着手されたということになる。

「オシリス王の治世」をエジプト語では「ゼプテピ」と言う。これは「最初の時」を意味する言葉であるというのも、興味深い点である。それに加え、この時期のエジプトではファラオのみならず庶民までもが、「異世界人」と普通に交流していたことが当時の様子を描いた壁画などから窺える。こうした異質な存在たちのうち少なくとも2種類、ホルスとトート・ヘルメス・トリスメギストスについては、鳥のような頭部と人型の身体を持っていることが分かる。もちろん、ほかにも不思議な体を持つ存在も多くいる。ケイシーのリーディングではＵＦＯについて言及しているものは無いが、それらしき物体について語っているものはある。それが、人々を「地球外惑星」へとテレポートさせることができる「ポータルの番人」についての口述である。このポータルを通って、地球外の存在たちは地球を訪れているようなのだ。その口述は１９３０年６月７日、リーディング番号１６８１－１、クエーカー教徒である33歳の銀行員へのリーディングを通して現れた。どうやらアトランティスでの彼の名前は「セグンド」だったらしく、この「ポータルの管理人」であったようだ。ここに一部を引用しよう。

「その人物は時の権力者に非常に近しい人物でした。というのは、その人物がポータルの管理者であり、外界からの訪問者からメッセージを受け取ることができたからでした[55][56]」

この言葉からは「地球外惑星」から地球外生命体が出入りしていること、そのポータルを通して地球人にメッセージを伝えている天の存在がいるということを明確に示している文章である。ケイシーの語録の中でも特に際立った「隠れ宝石」とも言える言葉だ。魅力的だが物議を醸す情報である。その後、誰もケイシーに更なる質問をして答えを追求をしてくれなかったというのは、誠に悔やまれることだ。そのリーディングではさらに、アトランティス、エジプト、インド、インドシナ、モンゴル、そして後にインドとイランになったアーリア地域からのメッセージを統合する役割を、セグンドが担っていたことが書かれていた。セグンドはまた、アトランティス文明の大災害の生存者がどこに移住する必要があるのかを判定するための、さまざまな遠征計画の担当もしていたのだという。仮にでもいいので、ケイシーのリーディングに正当性があるということを哲学的議論の前提の一つとして受け入れてもらえるのなら、我々はこの謎めいた「リーディング1681−1番」を読み解くことができるようになる。それにあたって、理解しておかなければならないことも沢山あるのだが。この仮説を受け入れることができる人ならば、この「最初の時」に描かれていた鳥人間らが、実際には神話ではなく「実在した存在」であるという話ができるようになる。そう、彼らは人間に似ているが別の世界から地球を訪れた、「地球外生命体」であるかもしれないのだ。

## ラー・プタハの不倫スキャンダル

セグンドを含む200人は、最後にエジプトから追放されてしまった後も、ラー・プタハの下を離れることはなかった。ラー・プタハの追放は、彼自身が犯した重大な過ちの結果であった。それにもかかわらず、彼らはラー・プタハの下を離れようとしなかった。「過ち」について、ラー・プタハは当時、一夫一婦制を人々に説いていたのだが、後々二人目の妻をめとり、子供までできてしまったのだ。その二人目の妻とはエジプト一の美人だったそうで、有名な神殿で踊り子をしていた巫女だったらしい。ケイシーのリーディングによると彼女の名「イスリス」だったそうだが、時が経つにつれ「イシス」と呼ばれるようになったそうだ。時の反逆者たちは、神官ラー・プタハの行為は神性冒瀆行為だとして彼の霊性に疑問を抱き、批判した。現代でも見られることではあるが、この結果、彼は国外に追放されてしまったのだ。ラー・プタハとその中核的な支持者たちはこのとき、揃ってエジプトを去ることになった。

語られた物語について、興味深いのはラー・プタハがあまり好意的に描かれていないことである。これほどの偉業を成し遂げたラー・プタハでさえも、今でもワイドショーに取り上げられそうな、古典的な「不倫スキャンダル」によって、ここまで信頼性を失ってしまうものだろうか。ケイシーのリーディングで明らかにされたのは、有名なオシリスの切断された陰茎の話とは、ラー・プタハのこの物語にも関係しているのだということだ。現代に伝えられている神話では、オシリスは合計14の破片に切り刻まれたというが、イシスは陰茎を除く破片すべてを回収し、オシリスの体をとりあえず復活させたということが語られている。[57]その後、陰茎の代用品が人工的に作られたわけだが、これがエジプトのオベリスクの象徴の起源となった。オシリスが復活したあと、妻のイシスとともに鷹の頭を持つ息子ホルス神を誕生させたという。

ケイシーの研究者の中には、この話は「ラー・プタハが追放された後にエジプトに戻ったらまたセックス・スキャンダルに悩まされることになる」ということを描写している夢だったと考える者もいる。実際、ケイシーのリーディングによれば、ラー・プタハは帰国するやいなや複数の妻をめとったようで、もう一夫一婦制についての最初の教えは完全に捨て去ったのだということ。このときの決断の余波は、その後の12000年間も、人類の霊的な道筋を変えてしまうことになった。あとで『一なるものの法則』を使ってこのことについて詳しく見てみることにしよう。『一なるものの法則』とケイシーのリーディングとの間の、驚くべき相関関係をお見せしたい。

ケイシーのリーディングによると、約２００人からなるこの集団は、死後もラー・プタハと共に転生を続けた。さらに興味深いことに、アメリカという国は利己主義、貪欲、物質主義によって旧ハイテク文明を破壊したというカルマを取り除くために、旧アトランティス人たちが大量に転生してくる国に選ばれたということが語られている。そのためなのか、地球のポールシフトによる大災害によって起きた「アトランティス沈没」で命を落としたという過去世の記憶を鮮明に保持しているアメリカ人は多い。大津波など、何度もその大惨事が起きたときの夢をみることがあるのだという。

## ホール・オブ・レコード（スフィンクスの右の足の下）

このラー・プタハの物語は私の好奇心を大いに刺激した。３００冊の本を読むことで、世界中に信じられないほど多くの古代巨石文明が存在していたことは分かっていた。先史時代には今より高度な文明が地球上に存在していたということも、疑いようが無い事実として知っていた。もちろん、それらが全部「アトランティス」と呼ばれるものだったかは分からないが、起源不明の謎の遺跡が今も地球上のところどころに存在することは、誰も否定できない事実である。ケイシーの転生の話は私も研究していてとても楽しめた。特に、スフィンクスの右の足の下に「ホール・オブ・レコード」なる記録庫があり、これはまだ公式には発見されていない地下トンネルの広範なネットワークとともに、地下で眠り続けているという話だ。ラー・プタハやセグンドらは、この秘密の地下室を全文明の歴史の記録や、貴重なお宝で埋め尽くしていたようだ。中には、古代に実際に起きたことを3Dで再現するホログラフィック・プロジェクターなどもあるという。この話を読んだとき、私は火星の遺跡と地球のギザ台地の間の関連性についても思い出していた。もしかして、ホール・オブ・レコードには火星の事実も記録されているのではないだろうか。

ケイシーのリーディングによれば、古代では葉巻形の反重力飛行艇が当たり前のように空を飛んでいたのだという。私自身、子どもの頃に見た夢の中で、全く同じ種類の飛行物体を何度も見た。それもあり、非常に興味をそそられる話だ。重力を克服した飛行艇ならば、火星にだって行ける。そこで謎の古代遺跡を調べることも、造作もないだろう。先述のポータルを介して地球を訪れる地球外生命体がいたという証言もあり、ケイシーのリーディングはすべての謎を結びつける何かがあるように感じたのだ。そして、アメリカ人とアトランティス人の関係性も、次第に明らかになっていくように感じた。アトランティスで積んだカルマから解放されるため、アトランティス人は来世はアメリカ人として集団転生したという話のことだ。数多くの夢やシンクロニシティを経験し、ケイシーの話に夢中になっていた私は、いつしか自分自身がアトランティス人の生まれ変わりだと考えるようになっていた。日々の大半を惨めな低賃金の仕事で奪われる傍ら、私は不思議な夢を見るようになった。

## アトランティス崩壊の夢

ラー・プタハ、エジプト、アトランティスに関係がある夢を最初に見たのは1995年7月6日、私が試験に落ちてから一カ月もたたないうちのことだった。夢の中で、私はマヤ文明の神殿のような、巨大な階段状ピラミッドのてっぺんにいた。頂上にはそびえ立つ柱たちが輪を作っている。建物自体はお城のように大きかった。これらの柱や建物自体が巨大な天文学的暦を計算する機能を持っていることを、私以外の誰も理解していないようだった。そしてこのピラミッドを造った社会は、世界の終わりのような危機に直面していた。突如、雷が落ちた。マヤ様式の柱たちが目の前でバタバタと倒れてきて、四方八方からものすごい勢いで水があふれてきた。恐ろしい光景という他は無かった。

周囲の人たちは皆、高校時代の「優等生クラス」の面々だった。彼らが現れる夢を何度も何度も見たことがあった。毎年、40人ほどが「才能のある生徒」のクラスに入れられていた。私はその中で、彼らを率いる霊的指導者のようだった。私は洪水からの脱出口を皆に教える役目を持っていた。というより、私たちは水の上を歩く能力を持っていたのだ。それから、私はまるでモーゼのように海を割って、みんなを安全に向こう岸にまで渡らせるといった神がかったことをした。そんなことができる私を見て、彼らも驚いた表情を見せた。その後、私は両手の中にキラキラと輝く大きな美しい水晶の結晶を数多く出現させ、それを皆に分け与えた。だが、それを皆が手に取ると、すぐに氷のように融けて無くなってしまった。

## 黄金の存在たち（新しい黄金のホルスは誰？）

次の夢はそれから10日後の、１９９５年7月16日だった。今回の夢では、私は父と弟と一緒に緑の多い公園に行った。そこにロックバンドのＫＩＳＳが来てくれることになっていたので、とても楽しみにしていた。父が着替えのためにトイレに行ったのだが、その支度がやたらと長く、二人で外で待ちわびていた。「ＫＩＳＳを観に来たのだから急いでほしい」とせがんだ。やっとのことで父が出てきて、それからステージの方へ向かうと、もう演奏が始まっているではないか！　ところが、私たちが到着した途端、ＫＩＳＳは演奏をやめてしまったのだ。どういうわけか、私たち３人を特別席に案内してくれたのだ。観客の誰も私たちを咎めようとしなかった。それから、彼らの演奏を目の前で楽しむことができた。

その後、私たちは大きく伸びた草が生い茂った野原に立っていた。何の変哲もない場所だった。突然、体がひっくり返りそうな轟音がゴロゴロと聞こえ、地面がバリバリと直線状に割れた。なんということだ。この公園全体が、巨大な機械式ドアで開閉できる地下基地の入口の上にあったのだ。私たちは開いた扉の中へと落ちていった。思ったより狭い道だったが、どんどん深くへと落ちていった。見上げると、巨大な宇宙船がこの道を上昇していく様子が見えた。非常に大きな船で、初めは一部しか見えず、この物体が何なのか判別できなかったほどだ。船にはライトやハイテク機械のようなものがたくさん取り付けられていたのが見えた。これを見て私は、「なんて美しいんだ」と思った。

私は頭を後ろに倒して、この物体の全体像や大きさを確かめようとした。大きさも幅も、とてつもないものだ。ここから見ても、高くそびえる壁にしか見えない。下から上まで見渡す限り広がっていた。大きな長方形のブルーホワイトの光のパネルが、かっこいいメタリックなフレームに沿って並んでいて、芸術的で複雑なディテールだった。本当に、息をのむような、文字通り涙が出るほどの感動的光景だった。

船の入口の扉が開いたか、それともすでに開いていたのか忘れたが、そこにはＫＩＳＳの誰だかは分からないが一人のメンバーがいて、なんと船の中を案内してくれるというのだ。中には12メートルほどの高さがある非常に大きめな造りの廊下があった。壁はカミソリで切ったような細い線で非常に正確に加工されている。見えてきた広間は、なんとなく私が当時働いていた倉庫の中を思い出したが、それよりももっとずっと荘厳な見た目だった。すべてが黄金でできているようだった。壁には、テクノロジーを駆使したさまざまなアイテムが並び、無数のエジプト風の工芸品が飾られていた。金箔をちりばめた精巧な象形文字が空間を覆っていて、両脇の廊下にも純金でできた美しいエジプト風の彫像がたくさん並べられていた。まさに、壮観である。あまりの光景に、私は息をのんだ。

そこからさらに深層まで、そのＫＩＳＳのメンバーが私を導いてくれた。そしてついに、とても背の高い、神秘的な3人の存在に出会った。身の丈およそ10メートルはあろうか。衣のようなものを身にまとったこれらの黄金の生命体は、まるで生きた純金像のようだ。そこにいる間、彼らはずっと黄金の美しい輝きを放っていた。それにしても背が高く、頭部はもう少しで天井に触れそうなほどだった。彼らの頭部は体の大きさに比べて大きくて、平らな金魚鉢のような形をしていた。たとえるなら、マッキントッシュ社のリンゴのマークのようだ。側面はリンゴのような膨らみがあり、頭の上下部は金魚鉢のように平らになっていた。頭の上下の幅は同じだった。顔立ちは仮面のような、とても様式化された表情だったし、眉一つ動かさなかった。たとえるなら、マヤ神殿の壁画のような。このような堂々とした外観の巨人たちの前にいるというのに、私はなぜか完璧な安らぎを感じていた。同時に、彼らが放つ霊的な力量にも非常に感銘を受けていた。彼らから一緒に来るように誘われ、一緒に廊下を歩いた。すべてが息をするのを忘れるような、圧巻の体験だった。

彼らはまず、私を大きな純金の彫像の前へと連れて行った。それは明らかに鷹の神ホルスを祀《まつ》るための像だった。彼らはテレパシーで私に告げてきた。「新しいホルスを見つけなければならない」と。最初のホルスはなぜか破壊されてしまったからのようだ。どういうことか気になったが、それ以上の情報は与えてくれなかった。この時点から、夢はさらにもっと奇妙になっていく。私たちはさらに先へと進み、そこにあったのは、私が子供の頃に使っていた机だった。その机は思い出の品としてまだ保管していたのだが、「なぜこの机がここに?」と思った。

周りをよく見たら、そこは私の幼い頃の寝室になっていた。私は片付けが苦手な子だった。そういえばこのように、部屋はいつも散らかっていたのだった。彼らは机を指さした。テレパシーで、「あなたに机の中を整理して、過去の記憶を蘇らせてほしい」と伝えてきた。どうやら、小型のシンセサイザーに使う「電池」を見つける必要があったらしい。そのシンセサイザーとは、高校時代に友人のジュードと一緒に作曲をするのに使っていたカシオのＳＫ－１のことだ。電池を見つけるためには、私は人生のあらゆる場面で認識した、さまざまな出来事を思い出す必要があったのだ。

時間がかなりかかったが、机の中にあった電池を見つけることができた。その存在たちは、「もう行ってもいいよ」と私に言ったので、私は部屋から出た。そこには父と弟がいた。そのとき、私の知覚が遠く遠くへと拡大していき、気がつくと地球の上空高くを飛んでいた。地上を見下ろすと、エジプトのギザ台地にあるピラミッド群がある。だが、私の見た光景では、それぞれのピラミッドの隣に、大きなサイロと二つの小さなサイロが建設されているところだった。何よりも不思議だったのは、エジプトは砂漠のはずなのに、そこはすべてが雪で覆われていたのだ。

気が付くと私はもう地上に戻っていた。先ほど地面を割って開いた地下基地への巨大な扉は、さらに大きな口をあけて開かれていた。巨大な、茶色がかった灰色の「月」のような物体が、扉から空中へと飛び出していった。火星の衛星フォボスにそっくりだ。そんな巨大な物体が、風船のように空に浮かんでいる。その衛星が昇っていくと同時に、私も一緒に空中に浮かんでいった。もう一度見下ろすと、やはりギザのピラミッドの横にサイロがあり、雪で覆われているのが見えていた。頭が若干、混乱してきた。そこで私の夢は終わった。非常に長く印象的な夢だったので、そこで見たものをスケッチしたり記述したりの作業が終わったのは、起きてから1時間半くらい経った頃だった。

この夢を見たのは、私がゼカリア・シッチンの『謎の惑星「ニビル」と火星超文明』を読んでいた時期だった。

この本の中で、衛星フォボスは自然の天体ではなく、内部が空洞になっていて、そこは巨大な地球外基地になっていたとシッチン氏は主張している。フォボスは異常な軌道を通ることで知られ、周回速度も異常に速く、ただの月ではないという推測は昔から数多くある。この奇妙な軌道については、フォボスの内部が空洞であるということで説明ができると言われている。

2007年に内通者ヘンリー・ディーコンが明かして以来、太陽系には複数の「居住可能な文明」が内部に存在している衛星があるという情報は、他の内部告発者によっても明らかにされてきた。それと、ペルーやエジプトなどの地下には巨大な通路が通っていると言っていると語る本もいくつか読んだことがあった。実際にそれらの通路を発見した探検家はこれまでに何名かいたのだが、その話が出てくると必ずと言っていい程もみ消してしまう勢力がいるのだ。

この夢は実は、ラー・プタハの物語と直接関係している。私はエジプトのピラミッドを見たわけだが、それは明らかに建設中だった頃の風景だった。当時のその地域は今と全然違う気候で、雪が積もることもあった。黄金に輝く素晴らしい存在たちは、どういうわけか私がホルスの代わりになれるかもしれないと言いたかったと思われる。だが、そのために大切なのは、まず過去の記憶を思い出して、整理していくことだった。そして、「音楽を作る」ことができる「電池」を見つけることだ。私の夢の中には電池の象徴が多く出てくる。電池は、本来の目的へと前進するのに必要な「霊的原動力」

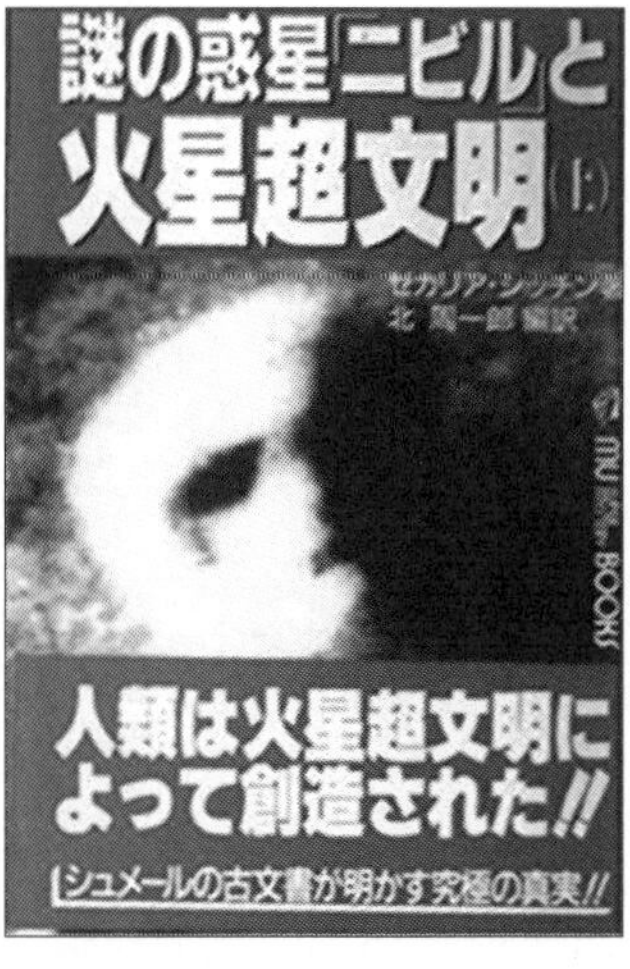

を表している。つまり、「音楽」は「ＵＦＯ研究」を表し、その道に進むための原動力を探し出せと言われていたと解釈できる。私自身も、その頃は常に昔を思い出して、「その道にもう一度戻りたい」と願っていた。

## 人類の新生と惑星大の謎の飛行球体

次の夢は、その5日後の1995年7月21日。私が子供の頃の家の窓の外を見ると、現実にはありえないほど近くを飛んでいる巨大な飛行機が見えた。とても巨大で、奇妙な木の葉のような、はためくような動きをして、近くに着陸しようとしていた。それは幼い頃にいつも夢で見ていたＵＦＯにとても似ていた。家の外に出て調べてみたら、そこには水たまりがあった。なんと赤ん坊がその水の中に浮かんでいたので、早く助け出して安全な場所に連れて行かなきゃと思った。そのとき、別のシーンに切り替わった。私は船に乗って海を航海していた。世界的なポールシフトをなんとか乗り切ったということで、我ながら大変そうにしていた。周りには私を霊的な指導者として尊敬してくれる人たちがいた。私は彼らに向かって、「世界的な大転換を乗り切ったところだが、これからは苦労することになるだろう」と伝えた。私は「新聞紙」を掲げて、これを毛布として使いなさいと言った。一人2枚ずつとって、それを毛布として使うということだ。ある女性がこのことで私と激しく口論し始めた。しばらくして、私は彼女を説得して、これも運命だと受け入れさせることができた。みんながこれで一安心したようだった。

そんな次の夢は、1995年7月25日のことだ。夢の中で、私は「謎の飛行球体」と銘打つ面白そうなUFO展示会が開かれている、ある地元の博物館へ行くことになった。中にいると、私の心を深く正確に読み取ることのできる不思議な女の子に出会った。私がテレパシーで「君のその能力について、知っているよ」と彼女に話しかけてみたら、女の子はとても驚いていた様子を見せた。それから私は彼女の隣に座り、「能力を伸ばすにはもっと頻繁に瞑想する必要がある」と彼女に言った。後になってからこれを分析してみると、彼女は自分自身の隠喩だったことが分かる。忘れてはいけないのが、夢の中に出てくる登場人物は、基本的に全員が自分自身の一面だということだ。私は彼女に、これまで研究してきたUFO関連の情報についてたくさん話した。するとそのとき、太った男性が私にとても腹を立ててきて、私に決闘を申し込んできた。この申し出に、私も引き下がろうとはしなかった。外に出ると、私の視点は決闘の審判役のものになった。勝負の結果、私だった人物の方が勝利した。私の分析では、太った男性の方は私自身の「怠惰」や「過食」など、さまざまな中毒や悪習に苦しんできた「過去の自分自身」を象徴しているのだと考えている。

決闘に勝った瞬間、美しい球形のＵＦＯが空に現れた。それは空へとどんどん高く舞い上がった。突然、なぜかは良く分からないが、急に次の言葉を叫んだ。「ボルテックス（渦）の中へと案内してくれ！」突然、閃光が走った。そこに現れた大地は、なにもかもがいつもと全く違っていた。全く違っているのだが、なぜか、かすかに「なじみ深さ」を感じた。そこではみんなが白い衣を着ていて、とても先進的な文明のようだった。街を歩く人々や独特の見たことが無い文化にも、なぜだかすぐに親近感を感じた。ストーンヘンジのような巨石のモニュメントがたくさんあったが、石はすべて純白色だった。すると、エキゾチックな風貌の女性が私のそばに現れた。彼女も他のみんなと同じように白い衣を着ていた。とても魅力的な女性で、非常に深いところで私と繋がりがあるようだった。ロマンチックな関係と感じた。彼女に近づこうとしたら、見えない何かが私たちの間を塞いでいる壁のようなものが感じられた。私はここで目を覚ました。こんな夢を、空想と呼べるわけがない。自分に、アトランティスでの過去世があったということを確信した瞬間だった。恐らく、夢の中でその記憶が蘇ってきたのだろう。

２０１５年になり、内部情報提供者のコーリー・グッドが何十という巨大な球体たちが太陽系内に飛んできたことがあったという情報を私に明かした。『アセンションミステリー』で説明したように、最初に現れたのは1980年代半ばのレーガン政権時代で、その球体は「センチネル」と呼ばれていた。それらは一旦太陽系外へと出て行ったのだが、1999年初頭に再び太陽系内に入ってきた。ケント・ステッドマン氏のウェブサイト『Cyberspace Orbit』のおかげで、当時の私でも太陽系に惑星ほどの大きさの物体が入ってきたということを知っていた。SOHO衛星からその存在を確認できたステッドマン氏は、これらの物体を「サン・クルーザー」と名付けた。彼らは数日かけて広大な宇宙空間を移動した。それらを写真に収めようとするといつも機器がうまく作動しなかったり、写っている部分だけ切れてしまったりなどの不可解な現象が多発した。2012年にはさらに多くの球体が登場した。コーリー・グッドによると、これらの球体は太陽系内で大規模なエネルギー変換が行われる際に、その変換を安定したものにする機能を持っているのだという。そして彼らの目的は、「我々人類を安全に目的地まで辿り着けるように見届ける」ことにあるようだ。

2015年以来、コーリー・グッドによる情報開示を調査していた私は、さまざまなテレビ番組、カンファレンス、ビデオ、ウェブサイトの記事で内容を発表してきたが、自分が書いた夢日記にもこの「謎の飛行球体」が登場していたということにとても驚いた。私が出会った女性も、地球の内部に住むといわれている「アンシャール」という種族そのままだったのだ。このことについては一旦ここで区切って、後々詳細を語りたいと思う。

## 巣立ちの時間

最終的に、父に銀行ローンの連帯保証人になってもらい、スバル社のハッチバック車を購入した。雪道も安心な四輪駆動車だ。母は、私がもう一人前の大人として家から出て一人で生活すべきだと明言した。そのときの私は、すでに覚悟を決めていた。ついに実家から出て一人立ちする日が来たのだ。予兆も数多く表れていた。著書の『シンクロニシティ・キー』で詳しく描写したと思うが、私は実家を出る不安から心細くなってしまい、裏庭の芝生の上に横になって、すすり泣いていた日があった。そこへ一羽のコマドリがやってきて、私を勇気づけようとしてくれているかのような仕草を見せた。赤い胸をしたその小鳥は頭をクリクリと傾けながら私の目をじっと見つめたり、さえずったりしていた。日常からはみ出したような幻想的な雰囲気だった。動物と深くコミュニケーションをできたのは、このときが初めてだった。社会人になるという大きな不安に直面しなければならない困難な時期だったが、「大丈夫だよ。全てはうまく行く」と励まされているような気がした。私は大学があったニューパルツに再び戻り、そこに住む友人たちを頼ることにした。そして、一人前の大人になるべく社会人生活が始まったのだった。

# 第11章 導かれたその先

## 神の恵みと一なるものの法則により、立ち去れ！

コマドリの神秘体験もあって勇気づけられた私は、スバル車に乗ってニューパルツに戻る決意がついた。ちょうど大学を卒業したばかりで、その地に残っていた友人も何人かいた。私はほとんど毎日のように、ニューパルツで社会人生活を始めるという夢を見ていた。１９９５年9月3日の朝、悪魔のような顔をした恐ろしい連中に追いかけられる夢を見た。そいつらを打ち負かすための「言霊」のようなものを私は知っていて、中には日本語のフレーズもあった。最初はこんな大勢に追いかけられて怖かったので見逃していたが、その場所は高校時代の教室だったことに気付いた。だから、私は教室の外へ出て、すぐにドアの鍵をかけた。これで私はもう追いかけられないだろう。私が脱出に成功すると、目の前に不思議な人物が現れた。この人が次のようなことを口にした。「これはただのゲームであって、追いかけてきた彼らは危険ではない。もしまた同じことが起きたら、このように言い放てばいい。〝神の恵みと一なるものの法則により、立ち去れ！〟。それで大丈夫だ」まさか、その2カ月後に、私が『一なるものの法則』を初めて読むことになるとは、この時は思いもしなかった。またも夢で予言がされていたのだ。この夢の意味については、私の故郷に住みつく悪霊を追い払って、前に進むことができたことを表していると解釈できる。ニューパルツにつくと、大勢の友達が迎え入れてくれた。

## キッチンフロアから始まる新生活

私は大学で友人のアダムとのジャズ・アンサンブルでドラムを演奏していた。彼は保険会社の裏手に小さなアパートを持っていた。リノリウム敷きのキッチンの床には、エアーマットレスで寝るくらいのスペースしか用意されていなかった。私がその狭い寝床に住み着いた1995年9月4日の次の日の朝、アダムがシリアルを食べに台所にやって来た。コーンフレークとスプーンがお皿にぶつかった音がやたらと大きく聞こえたので、私は夢から醒めてしまった。「なんだ、ガラスでも割ったのか？」と私たちは笑ったのだが、その後も何度かこういうことがあった。そのうち耳栓をして寝る習慣を始め、じつは今もたまにしている。まあ、ドラマーだったし、耳栓には慣れていたということもある。耳を傷めたら、ドラマー生命に係わると音楽雑誌でも散々警告していたし。

その次の日、友人のエリックの計らいでピザ配達のバイトに採用された。アダムの家のキッチンの床はとりあえずの緊急不時着場所と考えていたし、そこにずっと居座るつもりはなかった。仕事もできたし、ニューパルツに戻ってからわずか5日だったが、とりあえずこれで自分のアパートに引っ越すことができた。場所はアダムの家から歩いてわずか5分のところにある、大学の下宿にした。ベッドルームが7つぐらいある小さな住まいだが、家賃はたったの220ドルと激安だった。大掛かりな引っ越しを終えた翌日の朝、私はなんとも魅惑的な夢を見た。美しい女性たちに囲まれて、とても親切にしてもらえたのだ。今にして思えば、彼女らは慈悲深い天使的な地球外生命体だったのだろう。彼女らは私の夢の中に毎日のように現れては、活力を与えてくれた。そうして私の新生活を導き、支え、励ましてくれていた。再度、『一なるものの法則』セッション86質問7を引用しよう。「起きているときの心が眠りにつくとき、熟練者が導き手たちに呼びかけ始めます。そして、ハイヤーセルフという名の神我に出会うこともあるでしょう」[58]このときの私はまだ気づいていなかった。夢の中で交流していた存在が、自分の潜在意識が作り上げた人物像以外の存在であったことに。

## コンタクトを求めて（夢の中？　物理的？）

1995年9月12日の夜、友人のマットがうちに遊びに来た。彼は私の知り合いの中で唯一、アーティくらいにUFOに興味を持っている人だった。私たちは長い会話を交わした。私が2年間半ほどノンストップでUFO研究に取り組んでいて、すでに300冊以上の本を読破したことを自慢した。その頃には私自身も、地球外生命体と対面してみたいと切望するようになっていた。もっともっと、彼らのことを知りたかった。マットは面白いことを言った。「もしかしてもう会っているんじゃないのか？　覚えていないだけで」アーティの自伝を思い出して、「もしかして自分も……」と思うところはたしかに沢山あった。私に接触している存在がいるとしたら、それは嘘をついたりあくどい悪戯をするような低レベルな存在ではなく、とても善良で心の大きな天の存在のはずだ。私はそうした存在となら、実際に物理的接触をされても良いと思っていた。抵抗なんて無いし、いつでも大歓迎だった。マットも言っていたが、私の夢は普通じゃなかった。つまり、普通の人よりも不思議な夢を見るほうだということだ。当時の私が気づいていなかっただけで、やはり何か意味のある不思議な夢を多く見るほうだったのだ。

だが今では理解できることだが、夢の中でコンタクトをされるのも、起きているときに物理的にコンタクトを受けるのも、じつは大差ないのだ。そのことに、このときの私はまだ気付いていなかった。

翌朝、9月13日。私は夢の中で「夢を見ている」ことに気づくことができた。夢の中で目が覚めた。私は少年時代を過ごした実家の前にある歩道にいた。せっかくこの状態になれたので、自分と「UFO」について何か手がかりを見つけられないかと考えた。とりあえず宙に舞い上がってみた。だが、自由に飛ぶことはできるものの、ある高度を超えることは決してできないことが分かった。空のどこを見渡してみても、UFOらしき物体は見当たらない。私は焦ってきて、涙を浮かべて、叫んだ。「ねえ、どこにいるんだよ？　こっちに来て、姿を現してくれよ！」遠くの空、それがUFOかは分からなかったが、二つの光がチラッと光ったのが見えた。だが、それ以外には何も起きなかった。地面に着地した私は、すぐにフェンスの方へと走った。これが夢の中であることを確かめたかった。それから、自分がまだ「この夢をコントロールできているか」を確かめたかった。頑強そうなフェンスを念力でグニャッと捻じ曲げる。が、「すり抜ける」はできなかった。「おかしいな、いつもの明晰夢ならできるのに」起きてから理解したのだが、私はまだUFOとのコンタクトへの準備が本心からできていなかったのだ。その時点ではエドガー・ケイシーのようにはできなかった。フェンスをすり抜けられなかったのは、私の心や感情の中にはまだ何かしらの壁があったということを表していた。

私は内面に多くの問題を抱えていたことは認めざるを得ない。ピザ配達のバイトはものすごくストレスだったし、スバル車の運転にもまだ慣れていないところがあったし。どんなに早く配達しても絶対「もっと早く届けてほしい」と言われて腹が立ったし。ピザの注文は雨が降っている夜に殺到するものだ。暴風雨の中にいるとユミとの過去世でのつらい経験を思い出すし、大雨の中で配達先の家を見つけるのは本当に難しいし、遅れるとみんな怒るし。ある晩、配達先の家がどうしても見つからず、車をバックしたらバンパーを木にぶつけてしまった。それを茫然と見ながら立ち尽くし、土砂降りの雨の中で肌まで染み込むほどずぶ濡れになっているのを感じながら、発狂するかと思った。すべてが嫌になり、私は天に向かって怒鳴り散らした。まさに「魂の暗黒時代」を象徴するような夜だった。ところで、元配達ドライバーとしてのお願いなのだが、ピザを届けてくれたら、チップを少しは渡してあげてみてほしい。大体、みんな渡すのを忘れるか、「お釣りは要らないから」と言って37セントくらいしかくれなかったし。

## 再び僧院とムクタナンダ師へと導かれて

1995年9月17日、私はアンジェリカという女友達が住むアパートを訪ねていた。彼女とはニューパルツの音楽部で知り合った仲だった。実はお互いに密かに、もっと時間をかけて話をしたいと思っていたのだが、それまでなかなか二人とも忙しくて時間をつくることができないでいた。私はすでに、グラハム・ハンコック著の『神々の指紋』のハードカバー版を彼女に貸していたのだが、久々に読みたくなったので返してもらおうという口実で彼女の家を訪ねるつもりだった。それにしても、ハンコック氏ほど古代文明に関する多くの証拠を要約してくれた著者は、300冊以上読んだ私にとっても他になかなか見当たらない。アトランティスの「失われた大陸」が実は南極だったという説や、12500年前に地球がポールシフトを起こして氷河期の原因となったという説が語られていた。その説によれば、アトランティスは海の底へと沈み、その後に南極へと移動し、その上に氷河が積み重なって現在の南極の姿になったのだという。

ハンコックの本で初めて知った事実もたくさんあった。特に凄いと思ったのはジョルジョ・

デ・サンティラーナとヘルタ・フォン・デチェンドによる業績だ。彼らは数えきれないほどの科学的功績を残した偉大な歴史家でもある。彼らの傑作『ハムレットの石臼（原題：Hamlet's Mill）』では、世界中のさまざまな歴史の調査記録と、35の異なる古代の霊的教えについての分析が記されている。不思議なことに、残された世界各地の伝説にはどれも「地球の２５０００年周期」のことが含まれていた。実際、地球の地軸は約２５０００年の周期で一周（３６０度回転）する。これは「春分点の歳差運動」とよばれる地球の自転軸の歳差運動によって、分点が黄道面に沿ってゆっくりと移動することで起こる。

夜空の星々はずっと同じ位置で輝き続けていると信じている人は多いが、じつは72年ごとに1度ずつ動いていることはご存じだっただろうか。つまり、星々と遺跡の位置を合わせて建てた古代人たちは、結局72年ごとに位置を調整しなければいけなくなるということだ。もしかしたら、わざとこのまま残しておくことで、後世の人々にもこの２５０００年周期のことを知っ

て、研究してほしいと思っていたのかもしれない。ただ、そのような遺跡が世界各地の異なる場所、異なる時代に、お互いに非常に距離を置いて存在していたという事実は、とても奇妙に聞こえないだろうか。

１９９４年に出版されたロバート・ボーヴァルの名著『オリオン・ミステリー―大ピラミッドと星信仰の謎』では、この２５０００年周期についてが更に展開され、語られている。１９９５年にペーパーバック版が出版されるまで、私はこの本を書店で目にすることはなかった。著者のボーヴァル氏は、ギザの３つのピラミッドが、オリオン・ベルトにある三つ星の位置と正確に一致することに気づいた。３つのピラミッドのサイズはそれぞれ星の明るさに対応していた。そしてナイル河は夜空の天の川と同じ場所に位置しているというのだ。さらに周辺地域の他のピラミッドも、特定の星と同じ位置に並んでいた。

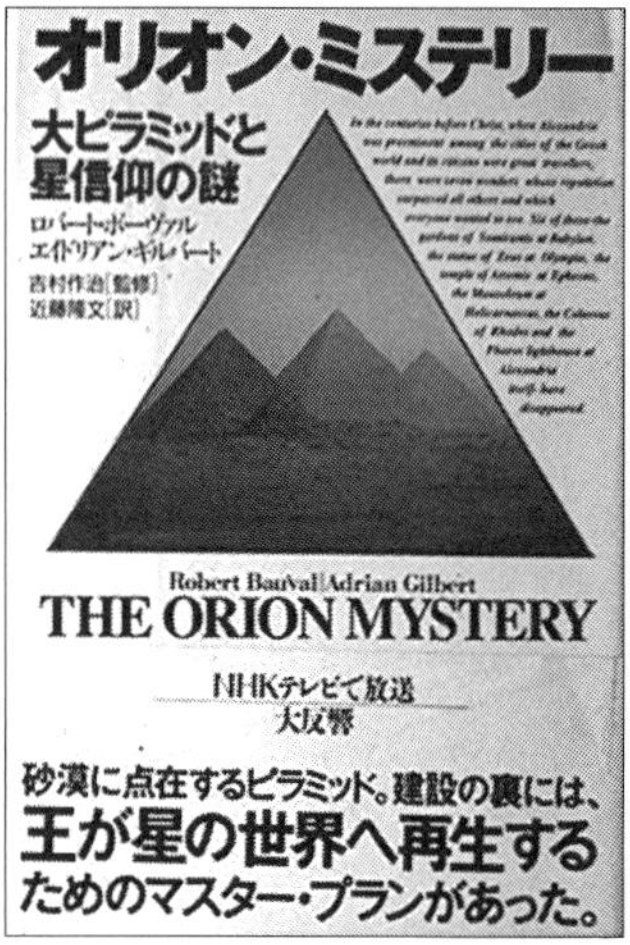
オリオン・ミステリー
大ピラミッドと星信仰の謎
ロバート・ボーヴァル
エイドリアン・ギルバート
吉村作治［監修］
近藤隆文［訳］
Robert Bauval Adrian Gilbert
THE ORION MYSTERY
NHKテレビで放送
大反響
砂漠に点在するピラミッド。建設の裏には、
王が星の世界へ再生する
ためのマスター・プランがあった。

先ほどの２５０００年周期のことを考えると、当時とはピラミッドと星の位置がずれている

のが自然なはずだ。そこで、どのくらい前まで時間を遡れば、ピラミッドとオリオン座の三つ星の位置がぴったりになるか確認したところ、なんと紀元前10500年頃まで遡らないとピラミッドと天体の位置が一致しないということが判明した。その頃は占星術でいう「獅子座の時代」だったのだが、それを裏付けるかのように「スフィンクス」という人面獅子の像が近くに作られている。ちなみに、スフィンクス自体もピラミッドと「同時代に」獅子座と同じ位置に合わせるようにして作られた建造物だ。そして、この「紀元前10500年」というこの時間枠は、エドガー・ケイシーの発言とも一致している。彼のリーディングでは、大ピラミッド建設は紀元前10490年〜10390年に行われたと明かされていた。25000年という長い期間の中で、ここまで一致するなんて偶然が在り得るだろうか。このケイシーの発言自体は以前から知られてはいたのだが、科学的な確証が見つかっていなかったことが最大のネックだった。それが、このように科学的な研究によってケイシーの発言が裏付けされているのが発見されたと知ったときは、とてもエキサイティングだった。それにしても、著者のボーヴァル氏でさえも本の中でこの関連性について触れていないのだから驚きだ。気づいていなかったのか。いずれにしても、この発見をしたのは私が世界で初めてに違いないと感じていた。だから、こんなに大切な本をアンジェリカに貸しっぱなしにしていては残念極まりない。彼女のアパートに行く途中、ベンチでキスをしているカップルを見かけた。「愛し合っているんだな〜」と思ったのだが、「もしかして、アンジェリカと僕は脈アリだという予兆なのでは？」と、私は少しばかり浮足立っていた。

アンジェリカのアパートは普通の大学生の部屋らしく、家具もまばらだった。床に敷かれたマットレスと椅子のあるキッチンテーブルを除けば、家具といえるものは栗色のコーヒーテーブルくらいだった。テーブルの各脚には象の頭が彫られており、その上に白色で豪華な象眼細工が施されていた。このテーブルがその2カ月後にどれほど重要なシンボルとなるのか、そのときの私は知る由も無かった。そのテーブルを見ていると、ボールダーからの帰りの電車で会った、これから僧院に向かうという二人の男性の話をしたくなった。彼女には「このテーブルを見てると、ムクタナンダというグルが建てた僧院のことを思い出すよ。実は電車の中でね……」と話し出した。

アンジェリカは目を見開いて驚いていた。「それ、私のお師匠様よ！」「その僧院も良く知っているわ。だって私は、そこで育ったのだもの！　人生のほとんどをそこで過ごして、大学で教育を受けるために出ただけなの」彼女は目に見えるほど体を震わせていた。なんという、すごいシンクロニシティだ。私の好奇心が湧き立ち、僧院での生活ぶりについて色々質問した。

特に、ムクタナンダ師が光の玉を生徒の第三の目に投げ込み、恍惚とさせたという話について、どういうことなのか詳しく知りたかったのだ。僧院での生活については、話を聞く限り、とても良いものに思えた。アンジェリカはいろいろと答えてくれた。僧院はムクタナンダ師の娘グルマイ師が運営しているようだが、彼女には父親のような「シディ」という力を持っていなかったようだ。それでも、彼女は心から思いやりがある、愛情深い人のように見えた。アンジェリカは私に、グルマイの新著『主は純心を愛す（原題：My Lord Loves a Pure Heart)』を貸してくれた。[59]

電車の中で聞いた僧院での生活の話はとても魅力的だと思った。それに比べて、私はどんなに惨めな人生か。思い知らされていた気分だった。[60]私がこんなにもこだわっていた博士号を捨ててまで僧院で生活しようとしている人がこの世にいるなんて。私もその僧院に入ってみようかと考えてみたのだが、日常生活はいつも忙しくて、考える間もなく時間だけが過ぎていった。しかしこの日、アンジェリカと話

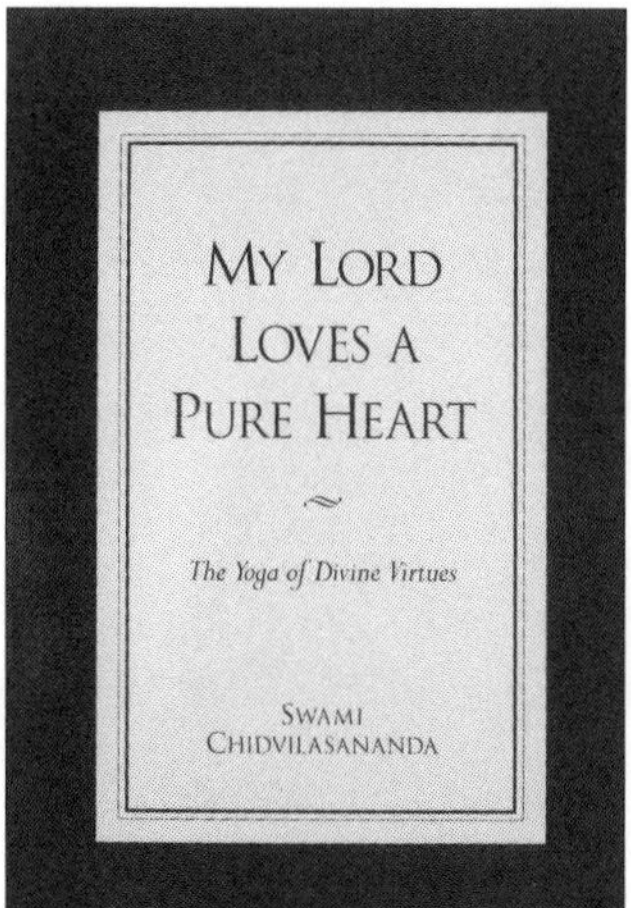

せば話すほど私の中で限界が近いことを悟り始めていた。

アンジェリカはマンハッタンでとても裕福な両親の下で育った。しかし、両親は結局離婚し、彼女の母は一家の全財産を持ち出して、なんとそれを僧院へと手渡したというのだ。それと引き換えに、アンジェリカはそこで残りの人生を何の不自由なく過ごすことができたのだという。アンジェリカはひっそりと謙虚に生きていた。仕事といえば、僧院でいつもの日課をこなすらいだった。彼女には私が話に聞いたようなとてつもない神秘体験などはしたことが無かったそうだ。それと、地元の喫茶店でウェイトレスとして働いていたようだ。客は常連ばかりで、これといった話題も無い地味なお店だ。だが彼女には順守している厳格なルールがあった。それは、誰とも恋仲になったり、セックスをしてはならないというルールだった。アンジェリカはこのルールを重苦しく思い、自由になりたがっていた。僧院の外の「現実世界」に出ていくことを心待ちにして過ごしてきたのだ。彼女は言っていた。「大事なのは、僧院で得た知識を外の世界へと教え伝えることだと思うの。一生そこから出ないで過ごすだけじゃ、本当に知識を必要としている人へ届けることができないもの」

彼女と会話をしていると元気が溢れてきた。一人で歩いて家に帰るときも、彼女は当時の私には眩《まぶ》しすぎた。約束したように、数週間後にアンジェリカは私を僧院へと案内してくれた。確かにとても綺麗な場所だった。だが、彼女が不満に思っていた理由が分かった気がした。大きな礼拝室の真ん中には、バディーババと呼ばれる呼ばれるムクタナンダの師匠の等身大の黄金の彫像が置いてあった。それを拝んでいる人たちはどこか誇らしげで、「自分は俗世の連中とは違うんだ」とでも言いたげな顔をしていたように私の目に映った。とりあえず、何かを崇拝するのは良いこととは思えない。そういった像の本来の使い方とは、自分の中にある神性を思い出すことにあるのではないだろうか。

## 予知夢（地球外生命体とのコンタクト）

1995年9月18日、私がアンジェリカから本を返してもらった翌日のことだった。私の夢にユミが出てきて、「今からあなたの家に遊びに行くから」と言ってきたのだ。長い夢だったので詳細までは思い出せないが、主なテーマはこれだ。目が覚めると、すぐに電話が鳴った。やはりというか、電話の主はユミだった。「ディヴィッドが綺麗な女性と話してて、恋をしちゃうっていう怖い夢を見たの」と言っていた。『僕の私生活を覗き見るために君の超能力を使わないでほしいんだけど……。』そう思って私は、頭を抱えた。

朝っぱらから大ピンチに陥ってしまった。とりあえずその場で、「誰とも話してやいないさ」と慣れない嘘をついた。ユミは私に、2週間後に私に会いにアメリカに帰る予定だということ、そしてすでに航空券も予約してあると告げた。彼女がアメリカを去って3カ月しか経っていなかったし、まあ予想していた展開の一つではあったが、少し焦った。手元にあった夢日記を見ると、まずユミが電話をかけてくることが完璧に予言されていたことに加え、次のようなことを私は書いていた。「全体的に見ても、僕とユミはテレパシー回路を持っていることは明らかだ。ユミが寝る前に考えていたことが、そのまま正確に夢を見ている途中の私の脳に伝えられてくるのだ」

ユミが到着する日はすぐにやってきた。その後、約10日間は私の家に滞在した。以前より髪が長くなり、きれいになっていた。二人で過ごした時間はとても楽しかった。どうしても仕事に行かなければならない日もあったが、できるだけ彼女と一緒にいるようにしていた。ある日、彼女を連れてシャワンガンク山脈の大自然を見にいった。そこで彼女に、そのとき私が読んでいたゼカリア・シッチンの本で語られていたような話をしてみた。「世界中の古代遺跡を建てたのは地球外生命体だったんだよ」とか、そういう話だ。それから、「これから世界は〝次元上昇〟と呼ばれる霊的活性化イベントへと向かってくんだ」という自説や、その証拠となる記録について説明した。それを聞きながら彼女は、景色の方に見とれていた。このような美しい光景は見たことが無かったようだ。「こうしていると、心の奥底から神聖なメッセージが聞こえてくるようだわ」と言っていた。

次に興味深い夢を見たのは1995年10月7日のことだった。夢の中、霊的な存在たちが機械らしきものに捕らえられ、逃げられないように押さえつけられていたのだ。だが最後はついに解放されて、彼らを閉じ込めていた非常にネガティブな存在たちを文字通り「飲み込んで」しまったのだ。これはどう考えても地球外生命体と関係がある夢だ。その中では、皆が想像するグレイ宇宙人の頭部は、実はヘルメットを被っていたのだということが示唆されていた。「いつか君もこのヘルメットをかぶる日がくるかもね」と夢に言われているようだった。私がいつか自分の研究を通して、地球を支配してきた闇の勢力に対抗することになるのだろう。そう予見しているかのような夢の内容だった。アーティを取り巻くさまざまな謎について十分に理解するには、さらに数年を要した。だが、私たち地球人全員は悪い宇宙人に騙され続けていたということについては、なんとなく気づいていた。想像すらできないほど巨大な闇によって。

その三日後の1995年10月10日、夢の中で私は、痩せた体軀《たいく》のボクサーとしてボクシングの試合に出ていた。対戦相手は自分より一回りも二回りも大きな巨人で、「こんなの敵うわけない！」と思っていた。ゴングが鳴ると、観客ともども、相手が恐ろしい怪物に変身したのだ。それに応じるように、私を表していたそのボクサーも、怪物へと変身した。だが、他の恐ろしくて醜い怪物たちと比べると、ギャグ漫画のような愛嬌のある怪物になったのだ。大丈夫かと思ったが、この可愛げのある怪物は、相手の巨大な怪物を難なく無残に滅ぼした。血まみれになって伏した相手の怪物や周りの観客の怪物たちを見て、私は化け物たちのあまりの醜さに嫌悪感を感じていた。「私はこいつらの暴力が支配する地獄に閉じこめられてしまったんだ」と思った。これもまた、私の将来を予言しているように思えた。私は結構、奇抜なブラックジョークで自分自身の闇を露呈することがあるのだ。

翌々日の1995年10月12日、夢の中で私はUFO研究仲間のマットと一緒に、UFOが現れたという場所に調査のために向かっていた。なんとなく、嫌な予感を抱いていたのだが、現場では特に何も起こらなかった。色々あって結局マットを置いて一人で家まで車で帰ることになった。交差点にいるとき、夜空に流れ星が見えた。すると、足元からものすごいエネルギーが湧き上がってきた。ふと見ると、交差点の真ん中の丸い台で、私の母が車を洗っているではないか。この車は、魂の世界を高速で移動できる「乗り物」を象徴していた。つまり、UFOを象徴しているということだ。そして母に近づくと異変に気付いた。異様に取り乱していたのだ。

「マンディが死んだわ」と母は言った。マンディとは実家で飼っている猫のことだ。この夢日記をつけていたときの私にも分かっていたことだが、猫のマンディは私自身の「動物的自己」、つまり私自身の「エゴ」の部分だったり、子供っぽい「イド」の部分の象徴だったのだ。母の説明によると、マンディは自分の「UFO分身」に会う途中に死んでしまったのだそうだ。そのUFO分身とは、自分よりもずっと大きいのだという。実際にその場に居合わせなかった母だったが、なぜかマンディの死の状況を詳しく知っていた。「アーティにも同じようなことがあったな……」と思い出していた。アーティの父親は死んだというよりも、ある種のブラックプロジェクトに引き込まれて地上から姿を消したのだと、既に感じてはいた。アーティが自分の父の死を実際に確認していなかったのと同じように、母もマンディの死を間近で目撃したわけではない。つまり、これは「私もUFO関係の仕事を通して、自分自身について何か大事な秘密を発見することになるだろう」というメッセージの、予知夢だったと思える。アーティは父親のことを知っていくにつれて、人生が大きく変わる結果となった。それと同じように、私もこの発見に辿り着くことで、未知の世界へと旅立つことになるのだろう。この夢のおかげで、私の「UFO分身」が思っていたよりもはるかに「大きい」ということが分かった。それと、発見までの途中で、私の人格のうち「エゴ」の部分が大きく変貌していくことになるのだということも。

それから夢の中の場面が切り替わった、私は食料品店の店内にいた。友人のマットを探してみたけれど、見当たらない。何故だか分からないが、ひどく緊張していたのを覚えている。ふと見ると、大きな「西洋ネギ（リーキ）」が乗っているお皿があった。私は、それを拾いに行かなければならないと感じていた。このネギを手に取れば、自分だけが地球外生命体とコンタクトできると分かっていたのだ。でも、「実際に本物のグレイ宇宙人と対面するのに一人っきりなのは非常に心細い」と思っていた。だが、迷っていても始まらない。私は勇気を出してネギを拾いに行った。この選択が意味するのは、私が将来地球外生命体との出会いが避けられなくなるタイムラインに、自分自身を置くことだということだ。コンタクトを熱望する私が、夢の中でほとんど毎朝地球外生命体と会っていることに気が付いていなかったとは、皮肉なものである。この夢は私と彼らとの間の絆が強まっていることと、それによって伝達がより正確になってきていること、自分が思っていたよりも彼らと関係性が深かったことについて私に知らせる予知夢だった。

ユミが日本に帰国して間もない1995年10月27日、私の父の家の床が取り払われ、下に大きな穴があったのを発見するという夢を見た。考古学者たちがやってきて本格的な発掘作業が行われることになった。考古学者たちは以前そこで、地中に古い仮面が埋まっていたのを発見していた。だから父の家の下には古代の宝物が埋まっていると予見していたようだった。何を探し求めているのかはまだ誰も明かさなかったが、私と彼らは非常に親しい関係にあり、私も同じチームの一員だということは知っていた。これは私が自分自身の系統についての、何か深い秘密について学ぼうとしていることを示す夢だった。以前のＫＩＳＳの夢に出てきた黄金の存在たちも似たような仮面をつけていた。マヤ文明を思い出すような形の仮面だ。アーティの幼年期の記憶の中で、人々がつけていたマスクのような、ネガティブな感じは一切しない仮面。その夢が私に伝えたかったのは、私のこの発見は、非常に古くから続く何か大事なことと、私自身が大きく関係しているということだと感じた。

## 精神病棟での仕事（銀河から銀河への旅）

数週間ほどピザ配達の仕事をしていたが、単なる苦痛以外の何物でもなくなってきた。「もっと良い仕事をしないと、僕はダメになる」そう思い、午後4時に仕事を終えてからはずっと他に仕事がないか探していた。これもユミがアメリカに来てくれたことで、やっと決心がついたことだった。そんな矢先、私は地元の精神病棟で仕事を得ることに成功した。心理学の学士号を持っていた私は、「技術職」として1995年11月3日頃から看護師たちのサポート役として従事することになったのだ。まだ心理学の博士号への憧れはあったし、精神科の分野で実務経験があれば将来のキャリアアップにつながるだろうと見込んでのことだった。こうして喜び勇んで飛び込んだ業界だったが、私にとっては物質界との最後のお別れとなる出来事となった。私の大いなる目覚めの体験は、この直後に起きることとなった。私は精神病棟の患者たちからひどい嫌がらせや軽蔑を受けた。たった2週間半の間にあまりにも多くの出来事があって、もう私の精神は耐えられそうになかった。そのときの体験から、人間同士の壮絶な「感情メロドラマ」をテーマにした映画の台本を書けそうなほどだ。

仕事のために早起きをしなければならなかったので、はっきりと夢を覚えておくのは難しかった。だが、仕事が始まってから5日後の1995年11月8日に見た壮大な夢については、とても忘れられないと思った。夢の中で、宇宙旅行に使えそうな複雑で精巧な星天図を眺めている場面があった。「銀河を旅するのは大変な仕事だ」と誰かが言ってたのを覚えている。ただA地点からB地点に行くだけでは駄目で、途中で何度か「ジャンプ」しなければならなかった。その8年後の2003年に、私は内部告発者のダニエルに出会い、地球外生命体が銀河を旅するのに使用する「スターゲート」のネットワークが実際に存在しているのを知ることになった。スターゲートは非常に古い時代に作られたものであり、星と星の間に自然に現れるワームホールを利用して行われる。それは「プラズマ・フィラメント」としての様相を呈する、壮大な宇宙ネットワークだ。夢の中で、銀河から銀河へ旅する夢を見たのは初めてで、全身が感じたことの無いような壮大で、不思議な感覚が流れていたのを覚えている。

夢は続いていた。なにやら「冥王星への有人飛行ミッション」というのがあるらしい。どんなミッションかと訊いてみたと同時に、私の手にはゴムボールの模型が現れた。そのボールを握りしめていると、話をしていた人たちが、「冥王星は地球の内部と大差ない」と言った。興味深いことだけど、とても信じがたいと訝《いぶか》しんでいた。その反面、彼らのことをとても信頼している自分もいた。手にしたボールを見たら、これまた火星の月フォボスとそっくりだった。以前の夢で出会った金色の存在の時にも出てきた星だ。そこから私は、天王星と海王星の衛星だったという、「砕け散った星」について考え始めた。そして、ゼカリア・シッチン氏が第10惑星「ニビル」と呼ぶ惑星のことについても。その夢では、灰色がかった白色の惑星をイメージしていた。

ここで突然目が覚めたので、時計を見た。ちょうど5：55だった。一瞬、この数字が私の魂に火をつけたように見えて、少し驚き戸惑った。まるで地球外生命体から授業を受けているような感覚。うまく言えないが、とても常識外れで奇妙だけど、なぜか生き生きとしてくるような。思えばあれはとても気持ちの良い夢だった。仕事で大変な思いをしていたときだったので、このような快適な夢を見られたのは幸せなことだったと思う。それから何年も後のことだが、内部関係者たちの話によると、太陽系内にある衛星の多くは内部に、雲、雨、川、湖、海、森、草原などもあるし、地球の環境に似た世界で、人間も快適に住むことができるのだそうだ。高度な技術を持ってさえいれば、他の星に自由に引っ越してそこで快適に暮らすことができるということだ。

## 仕事を辞めて自己実現（夢の中の女性アンシャール？）

私の仕事がどんなに嫌なものだったかを詳しく説明しよう。あと2章くらいは説明できると思う。もちろん冗談だが、結局私は精神的に限界がきていたので、1995年11月20日の朝、辞表を書くことにした。書き上げた辞表はすぐその日に持っていくのではなく、一旦時間を置いて様子見しようと思った。だがその必要はなかった。それに、明確な予知夢も見ていたし、なんとなくどうなるか分かっていた。職場に到着するやいなや、上司が私をオフィスに呼びだした。そして開口一番、「君、クビね」と言ってきた。理由を聞くと、私が「患者に友好的すぎるから」だと言われた。意味が分からないと思われるかもしれないが、病院側が望んでいたのは、ただただ自分の仕事だけをして、何の会話もしない、自分の意見も言わないロボットのような従業員だったのだ。患者に優しくしたりするのは治療チームの仕事であって、私のやることではないということだ。心理学の学士号と、自殺防止ホットラインのインターンシップ経験がある私でも、病院にとっては「教育不十分」な人材だったのだ。この理由にはさすがに唖然とするしかなかった。私は人を助けることができる資格として心理学の学位を持っているのだと信じていた。他人にフレンドリーに接することができるのも、自分の長所だと思っていたのに。

フラフラとした足取りで車に戻った私は、大泣きした。泣いている間、駐車場には15羽ほどの野生の七面鳥の一家が通り過ぎていった。この仕事を選んだのは、将来博士号を取りたかったからだ。だが仕事を始めてみたら凄まじいストレスで、たった2週間半で私はボロボロになっていた。クビになる前の2日ほどは、患者たちをわざと無視したりなど「患者の扱い方」を覚え始めていたのだが、そんなことを続けていたら私の性格自体が変わってしまったかもしれない。だから、別に良かったとも言えるのだが、それでも「クビにされた」という事実だけしか見えていなかった。自分は人生の敗北者だと感じて、もうどうしたらいいのか分からなくなった。

家に着くと、その日の朝にみた夢を書いた夢日記を読んでみようと思った。私の地元ニューヨーク州スコティアでは毎年、地元の軍事基地でエキサイティングな航空機ショーが催されていたのだが、その場面が夢に出てきたのだ。夢の中では、地面すれすれを飛ぶ巨大な航空機を見ていた。だがそれは一般的な軍用機ではなく、私が幼い頃に見た夢に出てきたUFOにそっくりだった。その飛行物体の内部が少しだけ見えたのだが、無人のようだった。コクピットはただの空洞に見えた。「じゃあ、誰が運転しているんだろう?」と思った。恐らくこの夢が言いたいのは、「私が将来このような物体を霊的に運転することになる」ということなのだろう。つまり、その飛行物体は私自身の高次の霊的な体を表していて、見えない力をつかって動かしていたということだ。

その飛行物体を見ていた私の横には、いつしかエキゾチックな容貌の美しい女性が立っていたのに気付いた。この女性はUFOに関する夢を見るといつも登場する人物だった。今回、彼女は私にこう言った。「私は人間であり、地球外生命体でもある」この女性からは理屈を超えた親密さを感じた。まるで私たちは転生する度に何度も何度も巡り会ってきた長い歴史があるかのような、深い繋がりを感じたのだ。目が覚めた私は、ただの夢だと思っていた。「彼女」については、私自身の人格構造で一番高次の霊的な自己を表している象徴だとしか思っていなかった。

その何年も後になり、コーリー・グッドから聞いた「アンシャール」という地下世界の巫女たちが、私の夢に出てきたこの女性と同一人物だと思われるほど似ているということを知り、驚愕とした。アンシャールは、ネガティブな地球外生命体の勢力に負けないように、未来の地球からやって来た「人間」なのだという。もし我々人類がアセンションを達成できなければ、アンシャールは存在しないことになってしまうのだそうだ。夢で出会った彼女は、とてもやさしい穏やかな気を発していた。その気にあてられていると、なぜ私が仕事でこんなに苦しまなければならないのか分からなくなってきた。彼女だって、その仲間たちだって、私が刑務所の看守みたいな仕事をしてほしくないだろうと思った。なぜそんな目で私を見るのか。目を覚ますと、彼女がまだそばにいてくれるのを感じた。そのおかげで、私はやっと辞表を書く気になったのだった。まさかこれを提出する前にクビになって終わりになるだなんて、笑い話だ。

## 人生を変えた本

世間は感謝祭だったので、私は休暇を一緒に過ごすために母の住む家を車で訪れることにした。その前に、ニューヨーク州オールバニーのウルフ・ロードにある「バーンズ&ノーブル書店」に立ち寄った。私はいつもそこでUFO関連書籍のコーナーに行っては、面白そうな新作がないかチェックしていた。映画の新作をチェックしたり、新聞の見出しを見るような感じの、私の日課だった。新刊コーナーに『宇宙人の魂をもつ人々』（ヒカルランドより復刻予定）という本が置いてあった。著者は有名なスコット・マンデルカー博士だったので、「おおっ」と思ってすぐに手に取った。この人は、私が獲得したいと思っていた名声も権威もすべて手にしていた、私にとっての憧れの人物だった。カバーの裏に載っている著者のプロフィールには、あのナロパ大学院で「東西心理学」の博士号を取得していることが書いてあった。この大学の入学試験に落ちたことをまだ気にしていた私だったが、これは面白いシンクロニシティだと感じた。私の夢であった「博士号を持ったＵＦＯ研究家」を彼は既に実現していて、はるか先を行っていたのだった。

このマンデルカー博士の本の小見出しには「地球外から来たと主張する人々のサブカルチャーについて」と書かれていた。中身を読み始めてみて気づいたのは、この種の「ＥＴ魂」を持つ人々のことを「ワンダラー（放浪者）」と呼んでいるようだった。この本を最初に目にしたときの私は、乾いた笑みを浮かべていた。博士様が書いた本だって？　ふん、なんだこのタイトルは。地球外から来たときたものだ。人間は人間だろう。人間はみんな地球上で生まれ、死

ヒカルランドにて復刻予定

ぬんだ。こいつはきっと、頭がおかしいのさ。そう思っていた私だったが、本を持っているだけで、耐えられないほどの謎のエネルギーをビリビリと感じていた。それは生命エネルギーというべき、電気のようなものがパチパチと音を立て流れていくような、たとえるなら非常に速く振動する場にいるような感じだ。物資からこのようなエネルギーを感じる体験は初めてだった。これが「サイコメトリー」というものなのか。私が十代の頃は、物を触ったらそこから情報などを読み取る超能力みたいな力だってあった。そんなことを思い出していた。本をパラパラめくっていくと、マンデルカー博士の議論の大部分は『一なるものの法則』というエドガー・ケイシー的なテレパシー通信で書かれた本を基に展開されていることに私は気がついた。この「ワンダラー」という文字を、私はこの後『一なるものの法則』の88カ所の異なる節で目にすることになる。[61]

本には「これを読むあなたもワンダラーかチェックしてみよう」という内容のアンケートがあった。ワンダラーとは要するに「ETの魂を持つ者」ということだが、元々は自ら人間になりにここへとやって来たのだという。その魂はここよりも高次の領域、高いレベルの「密度」の世界から来ているのだろう。そこでの魂にとっては地球上で「カルマを理解する」や「カルマを制御する」などの修行はもう以前に修めたことであって、それをわざわざ学び直しに地球に来たというわけでもなく、他の「第3密度」の世界と比べてこの地球が大きなピンチに見舞われているから、手伝いに来たのだという。高次の世界から見ると地球人たちは皆、助けを求めて叫んでいるように見えるのだそうだ。天界の慈悲深い天使たちにとって、助けを求める声を無視するなんてことはできなかった。

ワンダラーになるにあたって、まずは「契約」をしなければいけない。その一部に「忘却」と呼ばれるものがあり、この契約を結ぶとひとまず「自分が何者であるか」を全部忘れなければならないのだ。厳しい精神修行を乗り越えた者だけが、記憶のすべてではなく、一部のみを思い出すことができるのだという。だが、そこまでして思い出そうと頑張る人は少ないというのは明白だ。マンデルカー博士はこれについて、『一なるものの法則』からの言葉を引用している。セッション36質問17は「高次の世界でなら簡単に何でもできる能力を持っていたのに、なぜわざわざ下界に降りてきたのか？」という質問があり、それに対しての回答は次のようなものだった。

「ワンダラーはこの下界の密度を劇的に変化させる潜在性を秘めています。それを通して人類の進化を後押しするために。そのためには第3密度で生きる体験をしなければならなかったのです。ワンダラーには善意で自ら危険の中へと飛び込み、全てを忘れるという代償を払ってまで、愛を他人に振りまくという尊い貢献をしにやって来ました[62]」

それと「ワンダラー」のことについて興味深いのは、地球に住んでいる間はその真の力を完全に発揮できないという点だ。もし制限がなければ、空中浮揚や念力などのスーパーヒーローみたいなすごい能力を持っていたはずだ。『一なるものの法則』のセッション65質問19でも、「忘却」についてが言及されている。

「もしワンダラーが、より密度の高い体を活性化したら、神のように生きることができるようになります。ですが、忘却の契約をしている以上、それは侵害行為にあたります。自ら奉仕するために地球にきた人たちにとって、望ましくないことでしょう[63]」

私も夢の中でならスーパーヒーローみたいな力を惜しみなく使うことができた。まるで、かつてこのような能力があったのに今では自由に使えなくなったかのような喪失感も、同時に感じていた。

## ワンダラーへのアンケート

簡単に言えば、次の12の質問にたくさん「YES」と答えられれば、「ワンダラー」である可能性が高いということだ。『アセンションミステリー』でも書いたが、私にとってもこれが一番核心に迫っている質問集だと思っている。マンデルカー博士が作成した質問集は、私の奥底に眠る秘密の知識と、心と精神がどう機能しているかを強く示しているのだ。当時は両親に見せても「意味が分からない」とはねのけられてしまったが、私にとってはそれは深く、強烈に個人的な、とても深遠な質問に思えた。世の中に、こんな不思議な質問集を作る人がいるなんて。言わずもがな、私の場合はほぼ全て「YES」だった。読者の皆様も、試しにアンケートに答えていってほしい。

1. 子供の頃からよくETやUFO、異世界、宇宙旅行や理想郷の世界に夢中になっていた。家族からも、なぜか分からないけど「少し変わった人」だと思われていた。

2. いつも自分の親が本当の親ではなくて、本当の家族がどこか遠くの見えない場所にいると感じていた。身の回りの物にも何となく「このように在るべきじゃない」という違和感を抱き、その度に「はるか遠くにある」人生を思い出してきた。この考えは時に残酷で苦痛に感じることもあった。自分は「ここにいるべきじゃない」と感じていた。

3. 複数回の鮮明なUFO体験があり（夢の中や日中において）。それによって人生が大きく変わった。例えば、疑いを解消してくれたり、自信をつけてくれたり、希望を持たせてくれたり、人生により大きな目的と生きる意味をもたらしてくれた。そういう点で、他人と自分は違っているということにも気づいた。それはまるで、人生を変化させる霊的な目覚めを呼びかける合図のようだった。

4. 自分は本当は親切な心を持った良い人で、優しく、無害で、平和的で、非攻撃的な人だ。お金に対しても、物に対しても、そこまで大きな関心を示さない。見返りを求めない。自己犠牲的なところがある。人間の非道な行為や、暴力、終わりのない戦争などは理解できない。まるで自分が宇宙人のように思えてくる。単純に、こうした怒りとか競争とかが理解不能なのだ。

5. 他人の邪悪な心や策略に気づきにくい。よく「騙されやすい人」と言われる。本物の邪悪な心に触れる時、「こんな恐ろしいことを本気でやる人がこの世に存在しているのか」と恐怖におののく。大きな違和感を抱いている。このような不調和が無い世界をかすかに覚えているから。

6. 自分にとって「人生」とは、他人（家族、友達、同僚など）に尽くすことだと思っている。無垢で純真すぎると言われるような考えこそを自分の理想として、大事にしている。この世界を良くしていきたいと、あくまでも願い続けている。そんな自分の希望や夢が現実にならないのを見て、ひどく失望したり気疲れをしている。

7. 沈着冷静、理論的で、慎重に判断をする「科学者気質」な一面がある。「気合」だとか「根性」だとかは理解できないし、意味不明と戸惑うことも多い。「恋愛至上主義」で成り立っている世間が理解できず、疎外感を感じる。経験から物事を推測をするタイプで、よく「頭でっかち」と言われる。しかも、それが当たってると思っている。［注釈：このタイプのワンダラーは珍しい。猜疑心は強すぎることも多く、そうしたワンダラーにとってこの本は胡散臭く見えて読むこともないはず。聡明な科学者にはピッタリな気質の、「変わり種ワンダラー」と言える。」

8. SFや（ホビットシリーズのような）中世のおとぎ話、幻視芸術などが大好き。現在よりも、過去や未来の夢を見るのが好き。たまに地球の人生が退屈で無意味に思えて、「ここでは無い、どこか」に猛烈に行きたくなる。そんな夢が心の奥底にずっと残っている。

9. UFO、異世界の生活、アトランティスやレムリアなどの失われた地球の文明に異常に興味がある。「自分もそこにいた」とか、「いつか戻る」と感じる。本棚にはその手の本がいくつか置いてある。（この質問は言わば「捨て質問」。ワンダラーやウォーク・インなのだから、未知の世界への憧憬を持っているのは当たり前！）

10.（東洋、西洋を問わず）精神世界の神秘の理論や手法などに強い興味を抱いている。「以前はもっと強い能力を持っていたのに、なぜか途中で失ってしまった」と感じている。「以前修得したことを再度やり直す必要はない」とも感じている。「前はできたのに、忘れてしまっただけ」そんな自分を疑う人々は多い。そんな単純な問題ではないのに。

11．宇宙人か分からないけれど、地球外の意識体と自分の意識が繋がったことがある。そして、他者を育成して次の段階へと進化させるという、自分の人生の目標を思い出した。（この質問がYESなら、君はもう目覚めたワンダラーだ！）

12．他者に完全に理解されたことは一度も無い。この先もずっと、適応できないと感じている。「普通の人」になりたいと願ったこともあった。「みんなと同じようにできたら良かったのに」と思ったこともあった。だが、そうなったらそうなったで、「違和感ありまくり」と感じている。「この世界に自分の居場所なんてないのでは」と怖くなることもあった。（もちろん、そんなことは無い。ただのワンダラーの特徴だ[64]）

そのとき唯一「NO」と回答したのが、「起きている間の」UFOとの遭遇体験だった。実際にこの目でUFOを見たことはなかった。夢の中でなら「意識的な接触体験」がいくつもあったのだが。質問7の「科学者気質」のアンケートについて、これは自分は完全に「YES」だと思う。私は実際に科学者的な仕事が似合っているし、恋愛も苦手だ。惨めな恋愛経験も腐るほどある。「彼女をつくる」なんて考えも、大学4年生になってようやく思い始めたほどだった。問題だらけの恋愛人生だった。

マンデルカー博士の本をそこまで読んで、他にも面白そうな本が無いか書店内を見回してみた。目に留まったホセ・アグエイアス著の『マヤン・ファクター　新版―2012年の真実』を手に取ってみた。

本を開いてみると、高校のときに受けた美術の授業で自分が作った装飾品に彫ったマークとまったく同じ形の模様の写真があった。クエスチョンマークのようなクネクネと曲がりくねった形の模様だ。

高校生のときの私は特に何も考えずにこれと同じ記号を彫ったわけだが、この本に出てきたマヤ文明の模様は、マークの周りに四角い囲いがあることぐらいしか違わない、全く同じ記号に見えた。著者の

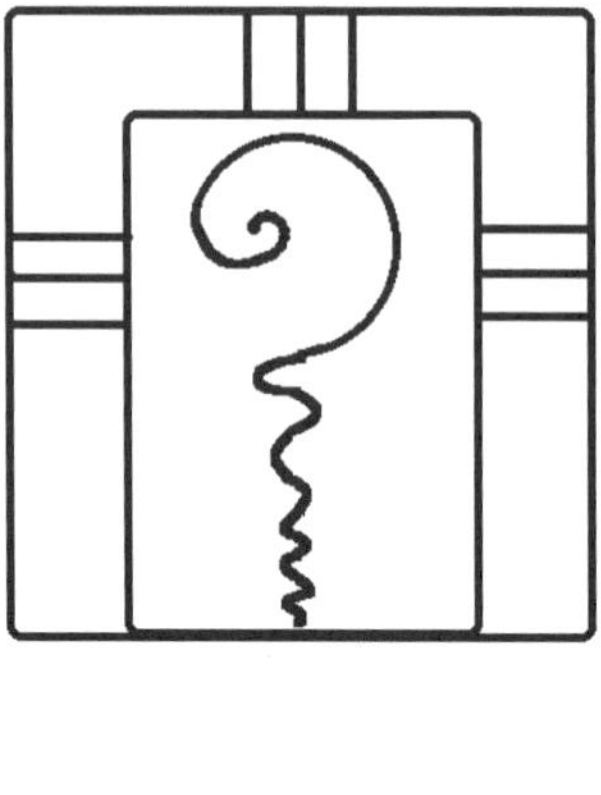

アグエイアスはこのシンボルを「ＣＩＢ」つまり、「銀河意識と接触し、共有する能力」を表していると語っており、これには大変驚いたものだ。私の人生は、どう考えてもエドガー・ケイシー的なテレパシー通信を高次元の存在との間で行うように導かれていると感じていたからだ。

面白かったのは、私は自分のこの作品を、『スタートレック』にでてくる「コミュニケーター」をあしらった玩具とセットにするために作ったということだ。スタートレック内では、このコミュニケーターを使って恒星間宇宙船エンタープライズ号と連絡する。

この玩具のことを思い出すと、ドラッグ中毒になっていたことや、「はやくこの学校を卒業して去りたい」と思ってばかりだった頃の黒歴史も思い出してしまう。私は高校が嫌で嫌でたまらなかった。やけになって、年末には自分のロッカーの中身をゴミとしてすべて処分してしまった。そこにはその私の作品も、コミュニケーターの玩具も入っていた。そ

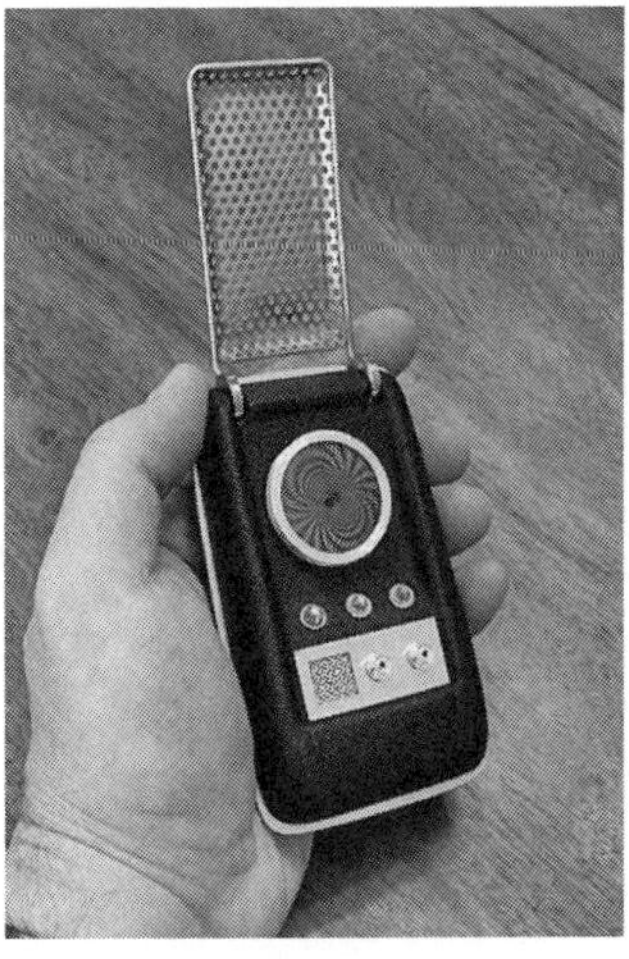

れくらい当時の私はストレスが溜まっていたのだ。大事な物を捨てても、気づかないほどに。そのことは本当に後悔していて、その後何年も悪夢にうなされることにもなった。

結局マンデルカーの本を買うことにして、母の家で感謝祭のディナーにありつく前、すでに熟読モードに入っていた。家族の集まりなんてそっちのけで読んでいた。私はこんな感じだったし、母方の親戚に会うのが正直あまり好きでは無かった。あの緊張感が嫌なのだ。

## 大ストレス、そして大変容

私の母方の祖父母は熱心なキリスト教原理主義者だったが、母は違った。祖父母は教会から別の子たちを養子にしていて、食器棚に飾られている養子たちの写真は、私など孫たちの写真よりもずっと大きく、目立っていた。夕食の間は常に煮えたぎるような緊張感が漂っていた。その夜、緊張感が突如ピークに達し、最大限の噴火へと変わった。祖母が急に呼吸困難になったのだ。彼女は喘ぎ、胸を押さえて苦しそうに暴れ始めた。私はあまりの唐突さに一瞬、「手の込んだブラックジョークかなにか？」と思ったが、どうやら本当に発作が起きて緊急事態だったらしい。周囲を見ても誰も笑っていないし。仕方が無いので救急車を呼ぶ騒ぎとなってしまった。

救急車の到着は驚くほど速かった。家の中に赤いジャケットを着た人々がドタバタと入ってくるまでに3分もかからなかったように思えた。まるで世界の終わりの大災害が起きたときに突然地球外生命体が介入してくる場面を見ているかのようだった。到着した救急隊員は頭に懐中電灯をつけていて、大きなトランシーバーを使って軍事的な響きの通信音をビービー鳴らしていた。祖母が素早く担架に乗せられ、数秒で家から運び出されていった。祖父は私の腕の中に倒れ込んで泣き始めた。可哀想に思い、私も一緒に泣いた。祖父とは高校時代に車の運転の仕方を教えてくれて以来、ずっと仲良しだった。どうしてこんなことになってしまったのだろう。祖母はその後、緊急治療室から老人ホームへと移され、そこで帰らぬ人となった。あの夜以来、彼女は自分の家に帰ることもできずに逝ってしまったのだ。

これは現実に起こった出来事だが、夢と同じように解釈することができると気づいた。伝統的な信仰を受け入れて、祖母のように「奇妙な形而上学的なもの」は何でも否定していたことは私にもあった。だが、その頃の私が「死に瀕していた」のだ。そう、「昔の私」がここで死のうとしていたのだと解釈できるということだ。駆けつけた見知らぬ救急隊員は「地球外生命体」を象徴していることは容易に想像できる。その前に見た夢で、母が「愛猫が死んだ」と言っていたが、これはこの出来事の予兆だったのだろう。私がちょうど「地球外の魂」についての本を読んでいたとき、祖母は死に瀕することになった。祖父についても、じつは自分の妻からひどく束縛されていたというのを知っていた。そうした場面も何度か見たことがあったのだ。祖母が亡くなったことで、じつは祖父は支配から解放されたと言えたのだ。その後、祖父は母の同意のもとで母と同居することになった。タロットカードの中で「死」のカードというものがあるが、占い師は「死は単なる象徴であって、考え方や人生が新しい、別のものへと変容していくということを表している」と解釈するものだ。

この突然の混沌とした家族ドラマは私にとってトラウマみたいになったが、そのとき感じた苦痛と不安が逆風となって、私はそれまで以上にマンデルカーの本の研究に精を出すようになっていった。次の日には本を最後まで読破した。その後も2、3日かけて、何度も読み返した。マンデルカー博士は、カウンセリングサービスを受けに来てくれた人々や、ワンダラーを名乗っていた人々と実際に会って、インタビューをしているようだった。ワンダラーとは、私が目撃した救急隊員と同じような役目を持っている者たちでもある。ワンダラーたちは、この惑星が危機的状況にあることを知って、自ら介入しにここへやって来たのだ。博士が本の中で言っていたように、自分がワンダラーだと知ったのなら、今度は真実を見つけることに専念しよう。宇宙にその証拠の提示を求めれば、答えは自ずとやってくる。受け取る準備ができたときに、すべての答えが分かる。

## どうしても確かめたいことがある（自動書記）

その本の言葉を読み、私は「自分にもできることがあるんだ」とはっきりわかった。そして高校時代の親友ジュードを訪れることにした。彼は婚約者と一緒にジョージ湖の岸にある新しい借家に住み始めたところだった。湖のむこうに浮かぶ明かりを見つめながら、私は会話の一端として、この本の内容について説明をした。そうしていると、私たちは未来的な建物が並び立つ宇宙人の世界にいるかのような錯覚に陥った。ジュードもその2日間ほど自分が子供の頃の物を片付けていたときに、幼稚園の頃に書いた「夢」についての文章を見つけたようだった。その夢というのが幼稚園児の空想とは思えないほどに凄く、書いたものを先生に見せたのだそうだ。私はそれが「単なる夢」ではないことを瞬時に見抜いた。

彼の夢の中で、二人の男性が寝室にやって来て、彼を家の外に連れ出した。外は夜で、空気が冷たかった。家の裏庭には巨大な「潜水艦」が浮かんでいて、その中へと招かれた。ドアが閉まり、彼を乗せた船が空中へ浮かび上がり、空に向かって進み始めた。そして宇宙空間を飛び回り、色々な素晴らしいものを見せてもらい、太陽系ツアーを満喫した。最後には自分の部屋に返され、ベッドで安心して目を覚ましたのだった。

残念なことに、ジュードは夢を書いたその紙切れを「ただの夢だ」と言って捨ててしまったというのだ。私がマンデルカーの本のことや、私が予知夢を見るような体験をしていることを話すと、ジュードも「あの紙、大事に取っておけばよかった〜！」と嘆いていた。彼も「ワンダラー・アンケート」をやったらほとんど全部「ＹＥＳ」だった。似た者同士というわけだ。二人とも繊細だったし、献身的で、創造的で、ＵＦＯや形而上学、ファンタジーに異様なほどにのめり込むタイプだった。二人とも5歳の頃に物凄い神秘的体験をしたし、これは典型的な「ワンダラー」の性質だと言える。（5歳前後で神秘体験をしたことがあるという点については「ワンダラー」アンケートには記載されていないが、本の本文に記載されている）。私たちにとって「地球を救う」ことは「自らの使命」だ。私たちのような人は狙われることも多いし、他人から利用されることもあるけれど、基本的に非暴力主義だし、だからカウンセラーのような「人を支援する」職業に従事することも多い。ネガティブなことや「悪」を理解することができないのだ。

疑わしいと思われるかもしれないが、そういう人は実際にいるのだ。ジュードが夢で見たのは円柱形の宇宙船だったわけだが、「葉巻形のUFO」を目撃した人はたくさんいると教えてあげた。

私は子供の頃、いつも同じUFOの夢を見ていた。そこから出ている音も耳馴染みがある音だった。いつも会っていたあの老人と、いつも長い会話をしていた。マンデルカー博士によると、自分の「ETファミリー」とは生まれたときからずっと繋がっているらしく、しばしばコンタクトもしているのだが、記憶は消されてから帰されるのだという。たまに記憶を保持したまま戻されることもあるが、どっちにしても「何者かと接触した」ことは強く感じるようだ。それは自分の高次の意識が、過去にあったETとのコンタクトを覚えているからなのだ。消された記憶は、自分が生物学的な死に瀕するときにすべて戻ってくると言われている。

ジュードの家の壁はペンキを塗り替えたばかりだったので、近くにいると酔うほどに臭いが強烈だった。そこで、二人で場所を移して、ニューヨークのクイーンズベリーにある、彼の婚約者の両親の家に向かうことにした。二人とも、「自分がETの魂なのか」を確かめたくて仕方がなかった。そのためには、物理的な証拠を追い求めるのでは無くて、何らかの形で直感的コミュニケーションを試みる必要があるという話になった。そこで、利き手ではない方の手を使って、「自動書記」を試してみることにしたのだ！　到着したその家は誰もいなかったようで、ほぼ真っ暗だった。彼は合い鍵を預かっていたので、とりあえず中に入って明かりをつけようとした。スイッチを押した瞬間、私は自分の目を疑った。そのダイニングルームには、インド製のテーブルが置かれていた。「あれ？　このテーブル、どこかで……」正方形の形で、赤い塗り、白い象眼細工。テーブルの脚には象の頭と胴体が象《かたど》られている。

そう、これは私がアンジェリカの家で見たテーブルと「全く同じ」テーブルだったのだ。アンジェリカは自分にとって大事なものを選び、そのテーブルの上に飾っていた。それらを見た途端、ムクタナンダ師の話を思い出したんだった。そしてアンジェリカが成人するまでのほとんどの期間をムクタナンダ僧院で育ったことを知った。私がその3カ月前に電車で会った男たちは、そこと同じ僧院に行っていた。そのうちの一人は、ムクタナンダ師の高度な「シッディ」の力による真の奇跡を体験して、その話を私にしてくれた。私はこの日、自分の能力を使って自分が地球外生命体かどうかを確かめたいと思っていた。ちょうどそこへ、このテーブルを見るというシンクロニシティが起きたのだ。あまりにも強烈な体験で、頭をハンマーでガツンとやられたような衝撃だった。これからやろうとしていることが、それほどまでに大事で、特別なことだということを示す、予兆に違いなかった。

それから私たちは一枚の紙を床にテープで貼り、深い瞑想の状態に入ると、鉛筆を持つ手が勝手に動きはじめた！　無心の状態のまま、さらに続ける。3つの言葉が書かれていった。まるで言葉の方から、私の手を使って「文字になりたい」と言っているかのように。そして、「矯正。意識。敵意」という文字が生まれた。私は自分の手にその言葉を書かせただけだ。私は書かれたその3つの言葉について熟考した。自分には確かに、嫌らしい一面があったし、そこは純粋で高潔な一面へと矯正していくべき部分だった。意識ももっと高める必要があった。敵意もたしかに内側に宿していた。人間関係が機能不全に陥り、何度もいやな仕事をさせられ、いつしか敵意を持った性格になってしまった。ちょっと前まで、車を木にぶつけて半狂乱になっていた人間だ。なるほど、すべてが理にかなっている。だが、それは頭脳を使って考えているのと同じでしかない。自分の手が書いたことを理解しようとしたり、分析しようとしたりは、一切するべきではないと感じた。私は仕事にのめり込みすぎる癖があるのだと思った。「外側のことは一旦頭から外して、もっと自分の内面の深いところまで潜ろう」。そう思って再開した私は、自分の手が同じ空間を何度も横切って、ゆっくりと曲線を描いているのを感じていた。でも、目を閉じている私は、自分の手が何を書いているのかは全く分からない。

「もっと集中しなくては」目を閉じながらも、両目を交差させながら「第三の目」の部分に集中した。可能な限りトランス状態に入ろうと、呼吸に集中した。突然、何の前触れもなく、私の手がひとりでに踊るように動き始めた。そして凄い速さで何かを書き始めたのだ。何か字を書いていると理解できたのは「X」という文字だけだったが。それ以外は、書いた文字が何なのか、というかその時は半分パニックになってしまった。「何が起きているのか」も分かっていなかった。とりあえず終わったようなので、「わわっ」と言って私はすぐに鉛筆を投げ捨てた。「お、おいジュード！　明かりをつけてくれないか！　いま何かおかしなことが起こった！」心の準備ができていないまま、私にまたも衝撃の展開が訪れる。

# 第12章 ついにコンタクトへ

## 「僕はワンダラーなのか」その問いの答えは？

1995年の11月のことだった。「患者に優しくしすぎる」という理由で精神病院での職をクビにされた私は、この世界に適応できないという絶望のあまり、「自分がETの魂かどうか」知りたくてたまらなくなって、その日「自動書記」で答えを貰えるか試してみたのだった。見てきた多くの夢でも、いつか私が自分で答えを見つけ出すだろうということは強く示唆されていた。私は内側深くに入っていき、トランス状態になった。すると利き腕では無い方の左手が、床にテープで留めた紙の上に素早く文字を描いたのだ。最初に書かれたされたメッセージは、ゆったりとした曲線の組み合わせの中から現れた。誰に読んでもらっても、それは同じように読まれるであろう。「キリストがご降臨される。(Christ Cometh)」私は別に宗教家に育てられたわけではない。実の母でさえ、キリスト教原理主義の両親からずっと逃げたかったくらい宗教は好きじゃない方だった。しかもちょうど感謝祭のディナーの最中にその宗教家の祖母が緊急治療室に運ばれるという、非常にショッキングな出来事があったばかりだった。父方の両親はというと、クリスマスを毎年祝ったり、葬式は教会でやったり、時々イチゴ祭りなどにに行ったりしていたが、宗教との関わりといえばそんな程度だった。自分にとって「キリスト教」はなぜだかいつも危険だとか混乱だとかに巻き込まれそうに思えて、できれば関わりたくないカテゴリーに感じていたのだ。

さて、私が自動書記で「自分は地球外もしくは天使の魂なのか」という質問をしたら、「キリストが降臨する」という答えが返ってきたわけだ。一見、質問と回答が嚙み合っていないように見えるが、これは非常に奥深い意味がある言葉だと感じた。ジュードはまた、「Cometh（降臨する）」の綴りの最後の二文字が「Ｒａ（ラー）」に見えるということにも気付いた。しかも「ラー」の部分だけ他の言葉より小さく、低い段落に書かれていた。周りからも明らかに浮いていた。その時は「ふーん、何でだろうね」くらいにしか思っていたこの発見、じつはマンデルカー博士の研究で絶大な信頼を置いている『一なるものの法則』という本の情報源であることが後に判明した。その本の情報は、「Ｒａ（ラー）」と名乗る高次元の意識体から来ていた。つまり、私の自動書記で出てきた言葉と同じ名前なのだ。
そしてその次の行、ここでは自分の手が意志と関係なく激しく動き回って、短い文字や数字を書いていった部分だ。線はとても細かったのだが、明るいところで見ると何が書かれたのかがはっきりと読めた。それは次のような言葉だった。書かれた通りに記載する。

「EC 40 57 & oxen」

こんなことが起きたのは人生初のことだったし、興奮が収まらなかった。暗号のように見えるこの言葉が、どういう仕組みかは分からないが、実際にこうしてどこからか私の中に入ってきたことは、事実として起きたのだから。神秘というか……謎解きゲームのようだった。『暗号を解き明かせ』。私は試されていた。そのときの部屋全体が目に見えるくらいの光のきらめきで満たされて、細かく振動しているように見えていた。「EC40 57」が聖書の「章」とか「節」を表す言葉をだということに気づくまでに、それほど時間はかからなかった。ジュードの婚約者の家族は敬虔《けいけん》なキリスト教徒だったし、家にある聖書を持ってくればすぐに調べられるはず。だが、なぜか聖書を見つけるのにはとても苦労した。家じゅうを探し回った挙句、木製の箱の中に入った黒い革張りの一冊を見つけ出し、それを毛布の上に置いた。置かれた立派な聖書を前に、生まれて初めて「聖書を読みたい！」と思った。この本をこんなに幸せな気持ちで開くのは初めてだ。カバー革の匂い、手に持ったときの柔らかい感触……すべてが美しく完璧な情景だった。「ここに僕が探し求めていた答えが……」

ECという暗号が「Ecclesiastes（コヘレトの言葉、伝道の書）」のことだと思った私たちは、まずはその部分を開いてみた。しかし、そこに「40節」は無い。第1章には18節までしかなく、それ以降は第2章になってしまう。世紀の大発見をしたと思っていたジュードは「なんだよ〜違うじゃん！」とかなり落胆していた。「ちょっと待て」と私は言った。この3年間に読んだ300冊以上の形而上学の本を頭の中に浮かべた。『章で区切る方法……後の世で追加された方法……初期には、聖書を引用するときは節の番号だけが使われていた……』そういうことか。「よし、じゃあ最初の節から40番目の節まで数えてみよう！　そこから57節までを」計算してみると、コヘレトの言葉2：22－3：13（第2章22節から第3章13節まで）がそれに当てはまることが分かった。「これだ！　これに間違いない。やったぞ、暗号を解読したぞ！」と思った。確かだと思えたのは、「正解！」と言わんばかりに「2：22」というシンクロニシティ数字があったからだ。UFO研究を始めて以来、ほとんど毎日この数字をデジタル時計などで見ていた。この「2：22」もシンクロニシティの数字の一つであり、明らかに私に向けたメッセージだと確信したのだ。

「そもそも、人は日の下で労するすべての労苦と、その心づかいによってなんの得るところがあるか……[65]」そこに書かれた言葉を声に出して読み始めた私の手は震え、涙がとめどなく溢れてきた。

精神病院で職を失ったことはショックだったし、唯一入りたいと思った形而上学の大学院を不合格にされ、ずっと失意の底にあった。まるで賢者たちが聖書を持ってそこに座っているかのようだった。彼らは私にとって最も大事な引用をこの上ない最高のタイミングで渡してくれたように感じた。メッセージは明白だった。「精神科でのお仕事は本当に大変だったろう。君が思っていたほど、将来にとって重要ではなかっただろう。そう、そのすべては無意味で、何も得られないのだ」強烈な言葉だった。私の心にグサッと刺さった。仕事をしていたときの私は、自分の本質である他者への親切心を踏みにじり、人々を刑務所の看守のようになって扱おうとしていた。ちなみに、この一節を昔どこかで見たことがあったから潜在意識の中に隠れていただけじゃないかとお思いの方がいるかもしれないが、そんなことはない。こう見えて私は、それまで聖書を読んだことが無かったのだ。

第3章に進むと、そこには音楽バンドの「バーズ」のヒット・シングル『ターン・ターン・ターン（回れ、回れ）」で世界中の人々の記憶に刻まれた詩が紹介されていた。この歌の歌詞は元々聖書から取ってきたものだったとは、このときまで全く知らなかった。まさか聖書でロックンロールの歌詞を目にするとは。

「全ての物事には、季節があり、天の下、全ての目的に対して相応しい時がある。産まれる時があれば、死ぬ時もあり、植える時があれば、収穫する時もある。殺す時があれば、治す時もある。壊す時があれば、築き上げる時もある。泣いて悲しむ時があれば、笑う時もある。嘆き悲しむ時があれば、踊る時もある。石を投げ捨てる時があれば、石を集める時もある。抱きしめようとする時があれば、抱きしめるのを拒む時だってある。得る時があれば、失う時もある。保持する時があれば、捨てる時もある。むしる時があれば、種を蒔く時もある。黙っている時があれば、喋る時もある。愛し合う時があれば、憎み合う時もある。戦をする時があれば、平和な時もある[66]」

これらの言葉には、表されている以上の深い意味があった。そのすべては、比喩的にも文字的にも、「生と死の繰り返しの周期」を言い表している。これは単なる偶然ではない。明らかに何らかの高次の存在から、私へと伝えられたメッセージのように思えた。これは夢ではない、現実だ。偶然聖書を読んだことがなかった私が、偶然この日この時に、偶然このような方法で、偶然この一節を読むなんて、そんなことがあるはずがない。大学院に落ちて、精神病棟での仕事をクビになり、私は「自分はもう死んだ」と感じていた。祖母は感謝祭で目の前で死にそうになったのを見た。この一節では、死というテーマが語られている。そして生のテーマについても触れられている。初めに言われた通りだったのだ。大学院に受からなかったこと、仕事をクビになったこと、それがなんだ。そんなのは「無意味」なのだ。こうして私へのメッセージの締めの部分である3：13となった。私はそこに書かれた言葉を一生忘れないだろう。「すべての人が食い飲みし、そのすべての労苦によって楽しみを得ることは神の賜物である」そのときの私だからこそ、そのメッセージをより一層理解できたような気がした。自分が幸せを感じられる仕事に就くこと。それが当時の私にとっての当面の目標となった瞬間だった。よく食べ、飲んで、住むことができるに十分な収入を得られる仕事に就くこと。だが、結局私は将来、そのとき起きたような高次元の存在とのテレパシー的な接触をすることになるのだろう。もっともっと、具体的なコンタクトをとりたい。そのためには、どうすればいいのだろうか。私は次の段階に行く方法を考え始めていた。

## 荷役用の牛（その象徴の意味は？）

私の手が書いた文字には、「＆」という記号と「雄牛　oxen」という単語があった。それが何を意味するのかはすぐに分かった。これは夢解釈と同じだ。夢に出てくるシンボルを解読するようにやってみればいいのだ。その夏の初め、私のやっていたアルバイトの一つに、警備会社オルタモンフェア社のＡＤＴホーム・セキュリティーの仕事というものがあった。要は、家庭用警報機に興味を持ってもらうように営業をするという仕事だった。私の窓口のすぐ真後ろには鶏小屋があって、いつもうるさいし、臭いもきつかった。私のすぐ隣にはケニア出身の女性がいた。彼女の旦那さんは黒檀の木で彫ったアフリカの野生動物の像を売る仕事をしていた。私たちは長く会話をしたあと、私はその牛の彫刻を22ドルで購入することにした。給料の4時間分に相当する額だった。大学を卒業して就職したばかりの私にとって、この像は社会人として「荷役用の牛」になるというシンボルとなった。ちなみに私は十二支でいう丑年生まれだ。

彼女の文化では、「牛」は何を意味するのかと聞いてみた。彼女はただ笑って、「アメリカ人っていつも動物に何か意味を持たせようとするわね」と言った。私も笑って、質問を言い換えることにした。ケニアでの牛の役割と行動について説明してもらい、そこから夢分析をするように牛の象徴性を引き出そうと試みたのだ。なにしろ3年間、自分の夢を毎日分析してきたのだから、それなりに自信があった。「これは牛ですよね？　荷物運搬用の動物だ。鋤をそれに結びつけ、鞭を鳴らして動かして、畑の作物を掘り出すために使われる動物ですね」と私が言うと、女性は笑った。「あらやだ、これは水牛よ。ケニアでは一番危険な動物の一つでね、300フィート以上離れているところから見かけたら、必死になって逃げないといけないの。もし300フィート以下しか離れて無ければ、死を覚悟したほうが早いわね」異国の話は面白くて、追い付かれたらどうなってしまうのかと聞いてみた。水牛に猛スピード追い付かれると、まず突き立てた角で空中に放り上げられ、地面に落ちた後に踏みつけられ、対象が死ぬまでそれを繰り返すのだという。

なんとも皮肉な話だと思った。就職することは、必ずしも「社会の歯車」の一つになるわけではないのかもしれない。もしかしたら私は就職すれば結構、みんなの役に立てるのかもしれない。そういうことであれば、この「雄牛（oxen)」の比喩はとても重要だ。さきほどまで聖書の引用を通して、私の過去の仕事は無意味だったと言われたわけだが、最後に「雄牛」が来たおかげで「仕事を全部拒絶するのではなく、自分が幸せになれる仕事を見つけろ」というメッセージになったのだ。そしてなにより、「荷物運搬用の動物にだけはなるなよ」というメッセージも受け取ることができた。大事なポイントだ。代わりに、ポジティブな勢力として、真の戦士として、困った人々のための力になれる潜在性を私は秘めているのではないだろうか。かつて住んでいた高い「密度」の世界では無尽蔵に使えていた驚異的な能力をここでは全く使用できない。それは『一なるものの法則』でも言われていた通りだ。だが、そんな私一人の力でも、少しでも世界を変えることができるかもしれない。いや、この「oxen」という言葉は複数形なのだし、私には他の人たちを戦士にすることを手助けをする役目があることも意味しているのかもしれない。

私は宇宙に向かって単純に「僕はワンダラーなのか？」と問いただしただけだ。ところが、ただ単に「ＹＥＳかＮＯ」で答えが返ってくるのではなく、「キリストが降臨される」という言葉と一緒に、具体的な聖書の引用が回答として送られてきた。そこにあった聖書の文章を使って、彼らはそのときの私がまさに体験したことについても含め、直接語りかけてきた。しかも、２：22というシンクロニシティ数字付きで分かりやすい。なんという完璧さ、美しさだ。私はもう完全に魅了されてしまった。私が接触しようとしていた地球外生命体は聖書の内容にも大分精通している知的な存在のようだ。そしてキリスト教はとても重要な教えらしい。正直いって、そのときは次々と起きるハプニングに対し頭の方が追い付いていなかったのだが、しばらく考えた後にジュードが言った。「ええと……もっと確認してみないか？　もう一度やってみるとか。でも、もう証明されたと言えるのかな？」私はしばらく考えた。「そうだな」と私は重苦しい声と共に立ち上がり、「もう、これだけあれば十分さ」と言った。そのまさに次の瞬間。掛け時計が2回、大きな「ボーン」という音を鳴らしたのだった。その音が部屋中に響き渡る。

ジュードと私は驚いて顔を見合わせた。また「2」だ。またもシンクロニシティ。もう間違いない。これ以上の証拠は無い。私はこの日、「高次元の存在から直接メッセージを受け取った」のだ。コヘレトの言葉2：22、22ドルで買った牛の像、ジュードの質問に答えた瞬間に時計が2回鳴る。しかも家の中にはアンジェリカの部屋にあったものと同じテーブルがあって、私がアンジェリカと会ったことや電車で起きた出来事も、なにもかもすべてが結びつけられていた。私の最大の望みは、ムクタナンダのように霊的な才能に恵まれた、人々から敬愛される「霊的指導者」になることだ。そして私の人生はまさにそちらの方向へと伸びていることを理解した。

当時、私はまだ下宿していた家の狭い狭いスペースで生活をしていた。トイレや風呂は共同で、他に6つも部屋があった。そのうちの一つの部屋にはうるさい失礼なカップルが住んでいたし、私はもうこんな下宿生活に耐えられなかった。ピザ配達の仕事を紹介してくれた大学時代の友人エリックに電話して、「どこか他の場所で一緒に住んでくれないか」と訊いてみた。ルームメイトは7人も要らない、多すぎる。だが、一人だけいればずっと過ごしやすくなるはずだと。私は週に200ドルしか稼いでいなかったのだが、彼もショッピングモール内にあるゴディバ・ショコラティエでのバイトで同じくらいしか稼いでいなかった。しかし、ちょっと我慢して節約していけば、今よりずっと良い生活ができるはずだった。エリックならこのときのルームメイトたちよりもずっと清潔だったたし、彼とはすでによく遊びに行ったりしていたし、気心が知れた仲だったたし、いいルームメイトになれるはず。エリックは私の提案に賛同してくれ、私も新聞仕分けのアルバイトで資金稼ぎを始めた。

## 現代アメリカ発祥の地ローゼンデール

話し合った結果、ローゼンデールという場所にあるアパートが私とエリックにとって最適だという結論に達した。ニューパルツから北へ約12分のところにある、1800年代当初から変わらない煉瓦の建物が立ち並ぶ、静かで小さな田舎町だ。しかし、ニューパルツやハイフォールズ、ストーン・リッジ、マーブルタウンなどの近隣の町と同様、ローゼンデールにも1700年代、ものによっては1600年代にまで遡ることができる、非常に古い石造りの家もあった。ほとんどの人にとって「アメリカ初の植民地」といえばジェームズタウンやプリマスロックを思い浮かべると思うが、ニューパルツ地域もオランダ人が初めてアメリカに植民した最初期の植民地の一つでもあるのだ。結果的にこの場所を選んだのは大正解だったと思う。ローゼンデールは、私にとって多くの霊的接触や未来の予言をすることになった思い出の場所となった。ゆえにこのお気に入りの地域についての説明に、もう少しだけ時間を割かせてもらうことにしよう。この地は現代アメリカと産業革命の切っ掛けとなった重要な場所でもあるのだ。

その昔、オランダ人たちを乗せた船は大西洋を横断航海し、ハドソン川の河口を発見し、海流に逆らって約90マイル北へと航海し、その地へと辿り着いた。彼らはそこで「地上の楽園を見つけたのだ」と信じていた。彼らは「ユグノー」という宗教団体のメンバーで、霊的な教えにも非常に精通していた集団だった。先住民たちとも友好的な関係を築いた。結婚の誓いの文言には「大宇宙」に対する畏敬の念を語る言葉が含まれていることから分かるように、自然と調和したとても平和な小社会を築いていた。彼らの祖国では信仰が迫害されていたため、そこから逃れるために旅に出たのだという。当時建てた石造りの家はまだそこに残っていて、歴史ツアーの団体客なども見に来ていた。

興味深いことに、ユグノーが住み着いたこの地域には地質学的な特性があった。それが「天然セメント」だ。これは後の「産業革命」を引き起こした切っ掛けとなる材料である。私たちがよく見知った現代社会は、この地から始まったと言ったら言い過ぎだろうか。このユニークで貴重な天然資源のことを、あてもなくこの地を訪れたユグノーが知っているはずも無かった。実際、過去２００年ほどは、この地質学的特性について住人からは忘れ去られていた。まさしく、ユグノーたちは天の導きによってこの豊富な天然資源のある地に導かれたと言ってもいいだろう。私が住んでいたローゼンデールは、その周辺でも特に天然セメントが豊富に取れる場所だった。

私は学生の頃にセメント鉱業についての授業でローゼンデールを見学しに来たことがあった。ローゼンデールで天然セメントが発見されるまでは、すべての建物は木や石、日干し煉瓦などで作られていた[67]。そのため、大きな建物を作るのは不可能とは言わずとも、非常に難しいことだった。フランスのエッフェル塔や荘厳な造りの大聖堂を建てるためには鋼鉄が必要だが、それは非常に高価だったし、それで何かを建てたとしても見返りが少ない。ビジネスとして実用的では無かったのだ。そんな中登場したローゼンデール産の天然セメントは、この構造そのものを変えてしまったのだ。結果としてアメリカは世界の他の国々よりも有利なスタートを切ることができた。これが「ローゼンデール・セメント」の力であり、これが無ければアメリカは産業革命に大きく乗り遅れていたことだろう。

ローゼンデールの地層からは「苦灰岩」と呼ばれる柔らかい堆積岩が発見されたわけだが、これが自然の中で見つかったのはローゼンデールが世界唯一だった。最初の発見は１８２５年のことで、偶然の発見だった。火で暖めた苦灰岩を濡らすと鋼鉄よりも固くなることが分かり、すぐに建築に非常に便利な材質として広く知られるようになった。窯で焼いた石を粉にし、水を加えると非常に丈夫な建築材料として利用できるようになる。世界初のセメントであり、後にこれに生石灰を加えてコンクリートも造られるようになった。ローゼンデール産のセメントは後に発見されたどのコンクリートよりもはるかに高品質だったので、産業革命においては極めて重要な役割を果たすことになった。これまで建てるのが不可能だった大きな建物や工場などの建造物を、このセメントで作ることができるようになった。１８２５年にデラウェア運河とハドソン運河が開通し、鉄道網が敷かれるようになると、北東部の海運に革命が起きた。1850年までには、年間3億ポンドに及ぶセメントが生産されていた。[68] ブルックリン橋、エンパイアステートビル、自由の女神像の台座、グランドセントラル駅、ペンシルバニア鉄道のトンネル、ニューヨーク市の歩道などはすべてローゼンデール・セメントでできている。

しかし、莫大な利益を生み出すこのセメント産業には、恐ろしいマイナス面があった。この地域のほとんどの木がセメント産業での燃料として切り倒されてしまったのだ。何十万トン以上ものセメントを生み出すために、土地は大きく削り飛ばされていき、至る所に大きな傷跡が残る結果となった。ダイナマイトの爆発音は絶え間なく大地に響き渡り、衝撃で大地は揺れた。過酷な労働環境のせいで、負傷者や死亡者の数もあまりにも多かった。一方、商売は繁盛していたので、会社の経営陣は皆大金持ちになった。その後、より安価なポートランド産のセメントが1875年に製造され始め、大きく勢力を伸ばすことになった。[69] その影響をうけ、ローゼンデール・セメントの売り上げは20世紀になる頃には大きく低迷し、1970年には全セメント販売が停止する羽目になった。[70] 私がコロラドへの鉄道旅行で窓から見た廃墟と同じだ。ローゼンデール・セメントを生産していた建物も廃墟として風化していくのみだった。苦灰岩を採掘していた洞窟も放置されたままになり、もはや当時の痕跡は一切残っていない。ただ、洞窟のいくつかは公園に変えられて保存されている。「未亡人のジェーン鉱山」などが有名だ。[71]

この地域にあった最大の鉱山洞窟も、「アイアン・マウンテン」という政府や民間の記録保存用施設によって占拠されてしまい、封鎖されることになった。このアイアン・マウンテンなのだが、実は施設全体が事実上の「地下軍事基地」として設計されていた。町をドライブしていると、道のすぐ上に巨大なレンガ造りの洞窟の入り口が見える。2016年になってようやく、ある写真家がこの施設への立ち入りを許可されたため中に取材に入ったところ、現在では10人ほどしかその施設で働いていないことが明らかになった。[72]その施設内には「核ミサイル誘導システム」や「核弾頭の発射コード」が保管されているという地元の噂があった。「たとえ核戦争があっても、ローゼンデールは核ミサイルを誘導して地球上のどこであっても完全破壊をすることができる」という黒い噂だ。産業革命が起きたときには、もしかしてすでにこの核戦争のシナリオがあったのかもしれないとも考えることができる。

他にも、アイアン・マウンテンとウッドストックにある国防契約社の「EG&G社」を結ぶ、秘密の地下鉄があるという噂もあった。ティモシー・グッド著の『エイリアン・ベース―地球外生命との遭遇』には、EG&G社が墜落した宇宙船のリバースエンジニアリングに直接関わっていたことが書いてある。[73]

このときに発見された宇宙技術が全人類に知れ渡ることになれば、どれほどいいことだろう。UFOは無尽蔵でクリーンなエネルギーを利用して飛行している。つまり、地球に向かう途中でガソリンスタンドに立ち寄る必要は無いということだ。翼もターボファンもジェットエンジンも無しで、重力や慣性を完全に無視して飛行することができる。もし我々が反重力とフリーエネルギーを開発したとしたら、この世界は想像もつかないような形に変貌することだろう。私は独自の研究によって軍産複合体が既にこうした技術を大量に持っていること、そして一般人には絶対に渡さないようにしていると確信していた。たとえアーティが話していたクリスタル銃が機密解除の一環だったとしても、これだけでは反重力や巨大なピラミッドは造り出せない。他にも沢山、隠しているものがあるはずなのだ。

## 地震だ！（カバールとの戦い）

ちょうど今、本のこの部分を執筆中である2019年7月4日の独立記念日、シンクロニシティが起きたので言及させてもらうことにする。先ほどローゼンデールの地面に巨大な穴を開けるためにダイナマイトが使用されていたことについて言及したばかりだが、ふつうダイナマイトを使えば、その周囲の大地が大きく揺れる。つまり、地震は人工的に起こせるのだ。そんなことを考えていたら、ロサンゼルスの地下で約30秒間、地面が揺れ始めた。家の壁が揺れ、どこかの部屋で何かが落ちて割れるような音が聞こえた。まるで巨大なゼリーが入ったボウルの上に乗っているようだった。ロサンゼルスから北に約100マイル離れたカーン郡の人里離れた場所であるサールズバレーを震源地として、なんとマグニチュード6・4の地震があったのだ。後述するが、震源地は決してただの「人里離れた場所」ではない。今回の地震は1994年のノースリッジ地震（マグニチュード6・6）以来、25年ぶりとなる大地震だった。[74]

ノースリッジ地震とは異なり、人口密集地域を襲わなかったのが幸いだった。地震が襲い掛かったのは「チャイナレイク」として知られる大規模軍事基地だった。チャイナレイクはエリア51型施設の中では最大規模のものだが、恐らく誰も聞いたことが無かったはずだ。内部関係者の何人かは、この施設には軍産複合体でも最も深い闇の部分と、ネガティブで悪魔的な地球外生命体がかかわりを持っていることを証言していた。今まで経験したことのない大地震だったが、ちょうど本でダイナマイトによる地震について書いた直後だったので、とても不思議な一致だと感じた。とはいっても、これまでに私が経験してきた数多くの神秘的シンクロニシティに比べれば大したことは無いと思われるかもしれないが。とにかく、ロサンゼルスでは1994年以来最大の地震が、ちょうどこのときに起きたことは興味深いと言える。私にとって、その年はユミと恋人になった年だ。その年からは1995年まではずっと不思議な出来事ばかりが連続して起きていた。重ねて言うが、数多くの驚きの体験と比べれば、今回のシンクロニシティはそこまで不思議とは言えないのだ。

だが問題は、次の日にもさらに大きな地震がチャイナレイクの地下で起きたことだ。今回ばかりは本当に驚いた。その事件の詳細については後述することにしよう。この二つの地震によってブラックオプス（秘密軍事作戦）の一大拠点であるチャイナレイクは完全破壊されることになった。マスコミは例によって、何も話そうとしない。さまざまな内部関係者が、この同じ施設から噴霧器による悪質な物質空中散布作戦が実行されていることや、大気汚染の真犯人がこの場所にいることを証言していた。翌2019年7月6日、悪名高いジェフリー・エプスタインが起訴され、逮捕された。私は7月7日にこのとき起きていることを総括した長い記事を書いて投稿した。[75] もちろん、この3つの大きな出来事が同時に起きたのは偶然ではない。事件の舞台裏で活躍していたのは、世界中の政府、軍、情報機関の内部にいる者たちの間で結成された正義の「アライアンス（同盟）」のはずだ。彼らの秘密地震兵器はカバールたちの重要拠点である地下基地の破壊のために使用され、続いてカバールの作戦全体を知る大犯罪者の一人が逮捕されたというわけだ。大規模な複合攻撃であり、ここから世界中のカバールの大量逮捕につながる可能性もある。「大量逮捕」の計画については、1999年以前から内通者を通して知っていた。

## スクールハウス・アートギャラリー

さて、ローゼンデールに話を戻そう。1800年代、そこの大通りには鉱夫に人気だった売春宿があった。女性たちがお立ち台に立って、帰宅する労働者たちに手を振っていた光景が当たり前だった場所だ。1995年にエリックと私が到着したとき、その建物自体はまだ残っていたのだが、そのときにはすでに「ローゼンデール・カフェ」として改装されていた。お店ではヴィーガン料理や質のいいライブ・ミュージックが提供され、ヒッピーたちが集まるイカした場所になっていた。当時、エリックも私も菜食主義者だったたし、「いつか行ってみたいな」と思ったのを覚えている。元々私は食事法について割と厳しめな方だったのだが、本格的に菜食主義に移行したのはトゥバ人シャーマンに会ったときからだった。考えてみたらこれも興味深いことだ。大学4年生の頃からは特に乳製品、加工食品、精糖、肉製品は絶対に食べないようにしていた。地元の新聞に載っていた「古い校舎を改装した芸術的なレンガ造りのアパートあります」という広告を見かけたので、「これは！」と思い電話して急いで予約を取ったのだった。エリックと私は期待を胸にそのアパートを見に行った。

大家さんのローランさんはまず、敷地内にあるアートギャラリーを見学させてくれた。その素晴らしさに私たちは感動してしまった。高さ20フィートもある天井と、1800年代半ばのものと思われる豪華なビンテージレンガの壁。窓は7フィートの高さにあり、昔の教会のような清らかな雰囲気を演出していた。いたるところにレール式可動照明があり、壁には明るめなキャンディー色で描かれた見事な絵画が飾られていた。絵画はいずれも即興性があるというか、独創的なものが多かった。ピカソっぽいものもあれば、昔の漫画っぽい雰囲気のものもあり、LSDのやり過ぎじゃないかと思ったサイケな絵もあった。鼻の代わりにアヒルのくちばしを持った男性の絵や、白鳥の体をした男がゴッホの作品を彷彿とさせる美しいユリ緑の池の中で女性に抱きしめられている絵など。予想外の色を使った、感情のままに即興性で描かれたと思われる肖像画もあった。半分人間で半分牡牛の、見た目がコミカルなミノタウロスのような絵もあったりと、まるでピカソの作品のようだった。絵から湧き出る情熱が凄くて、目を見張るものがあった。とにかく凄い光景だったのだ。作品を鑑賞するためだけにギャラリーを定期的に訪れるつもりでいた。「素晴らしい美術館ですね！」私は思わず口にした。「あれ、でもアパートはいつ見に行くんですか？」

「ここがそうよ」ローランさんが返事をした。「だから、ここがアパートよ」エリックと私はしばらく沈黙していた。「え？」といった顔で辺りを見回す。確かに素晴らしい、楽園のような場所なのだが……美しい歴史的なレンガ造りの建物、神聖な教会のような雰囲気、高度なサイケデリック・アートギャラリーが一つに合体してできたような……「アパート？」ローランさんは私たちがあまりの斬新さに圧倒されて黙ってしまったのを見て、ちょっと心配したようだった。「こうやって、私たちの絵を壁にかけて保管させてもらってもいいかしら？」なるほど、保管しているだけで住むスペースはあるのだなと納得した。「絵を保管ですって？　ご冗談を！　もっと置いてもいいですよ、こんなに素晴らしい本格的なアートギャラリーじゃないですか！　エリックと僕もアーティストですから。僕らこう見えてミュージシャンなんですよ。いやー素晴らしい傑作だ！　展覧会とかも開かれているんですか？」「いいえ、ただ部屋を借りているだけよ。台所はこっちよ。それと……」

彼女の声が耳に入ってこないほどに私はワクワクしていた。「絶対ここに住みたい！」その考えは勝手に膨らんでいき、彼女の声がだんだん小さく聴こえていった。ローランさんの父は、有名な画家であり映像作家としても知られるアレン・エプスタインだ。彼はかつて友人と一緒にこの家に住んで仕事をしていたが、私たちがここを訪ねる2年前の1993年に亡くなったのだそうだ。アレン氏は17歳のときに奨学金をもらってエール大学に留学していた。まさに天才クリエイターで、映像制作の分野で大成功を収めることとなった。ローランさんは、住宅ローン、税金、公共料金の支払いを賄うためと、収入を得るためもあって、すべての部屋を貸し出していたのだった。アラン氏はこの家を「シャトー・ブルシンスキー」と名付けていた。入り口には古英語で名前が書かれたカッコいい名前プレートまで付いていた。しかも副題がついていて、「形而上学的リゾート地（メタフィジカル・リゾート）」と読めた。このような奇抜なユーモアセンスがいたるところに見られる、楽しい場所だった。もうシャワー室も2階のロフトも見る必要は無い。周囲は緑の木々、なだらかな丘、広大な土地が広がる、郊外の閑静な住宅地。そして幹線道路沿いに流れる小川や古い運河。後で分かったのだが、丘の頂上には巨大な鍾乳洞まであった。「決めました！　ここにします。今すぐ引っ越します。この場所を他人に見せないでください！」

「アレン・エプスタイン公式ウェブサイト」には展示ギャラリーの2009年から続くリストがあり、そこには娘ローランによる華麗な説明文も添えられていた。私には真似できないような官能的な言葉使いで、お父上の栄光が称えられている。

「高エネルギーのパステル画であろうと、精巧なオイル絵であろうと、肖像画はアーティストと被写体との間の親近感を細かく物語ります。それはまるで父アレンが被写体の魂を吸収し、その性質の物質的残滓を紙やキャンバスの上に解き放ち、巧みな手さばきと、その迸る想いによって、形あるものへと加工されていくかのよう。線、感情的な色づかい、身振り、素材の選び方などは非常に独特で、見る者をあっと驚かせてくれます。しかし、なにより思い出させてくれるのは、この厚塗りされた生地の下に隠された、アーティストと被写体との間の人間的な交流のことでしょう[76]」

## 人生最幸のとき（メタフィジカルリゾートで）

妻のエリザベスと会うまでは、1995年から1997年までの2年間が私の人生で最も幸せで大切な時期であったことは間違いない。そのときにやり始めた仕事はとにかく大変ではあったが、それがあっても最初の6カ月は特に幸せだった。この地が、天使との霊的な接触のためには理想的な場所であったことが証明されたと言える。家賃は月875ドルだったが、エリックと私はどちらも働けばなんとか払えたし、実際になんとかなった。部屋にはテレビも置いておらず、欲しくもなかった。だが楽器は結構置いていた。メインギャラリーの部屋にドラムキットを設置させてもらい、大学時代の才能あるミュージシャンたちと即興演奏をし始めた。集まったメンバーで結成したバンドを「ローゼンデール・ジャズ・プロジェクト」と名付けた。アンディはキーボード、ジェイソンはアップライト・ベース、ジムは2階からギターを弾いて、私は打楽器。調号もコードもメロディーも決めず、ただみんなの「演奏が始まる」のだ。まるで超自然的な力が楽器を通して美しい音楽を奏でているかのようだった。

その頃、エリックはルネサンス・リュートをあっという間にマスターしてしまった。ルネサンス・リュートとは、ギターの前身である撥弦楽器の優雅な古楽器で、1600年代における上流社会では定番の楽器だった。エリックは真面目な歴史家だったのでこういう楽器が好きなようだった。しかも、なんと世界最高のリュート奏者と言われるポール・オデットと同時期に学んでマスターしていたのだ。右手の親指で複数の厚めの弦を弾いて軽快なベースラインを奏で、残りの指で複雑なコード、メロディー、ハーモニー、アルペジオを奏でることができた。その旋律は、聴く者を瞬時にルネッサンスの黄金時代へと連れ戻してくれる。科学が世界を変え、個では無く全のための精神的解放が求められていた、まさに「黄金時代」だった。その時代に生まれた音楽なのだから、時代を超えて万人に愛される音楽なのだ。エリックは一日最低2時間は練習していた。スケジュール調整もほぼ完璧だった。彼はよくタリス・スコラーズのようなグレゴリオ聖歌のCDを聴いていたので、そのおかげで居住空間の神聖で神秘的な雰囲気をさらに高めてくれていた。本当に美しい青春の日々だった。ところで、いま私は『タリス・スコラーズ&ピーター・フィリップス』を聴きながらこの文章を書いている。

## 「彼は仲間」

そしてますます、私はUFOとコンタクトをするという夢をよく見るようになっていた。こうした夢はいずれも、善良な地球外生命体が私とコミュニケーションをしたがっているから見ているのだと思えるようになっていた。自動書記の体験を振り返ってみた。当時でさえ、大昔に経験した出来事のように思えていた。「ここに引っ越して本当に良かった」そう心から思えるほどに、状況は格段に良くなった。その前の全部は、まるで悪い夢だったかのようだ。だが、自動書記の体験は本物だ。「……幸せになれる仕事を見つける……何だろう？　僕はいま幸せだけど、何も起きていないじゃないか」

次の月、電話料金請求書が郵便で届いたので開いたら、とたん青ざめだ。なんと電話代が200ドルを超えていたのだ。原因は、アメリカにいる私と日本にいるユミとの長距離電話だった。会話の内容は、「もう別れよう」という一言で済む、中身のない内容だった。私は200ドルなんて大金は余分に持っていなかった。毎月の食料品に払う値段と同じ値段だ。私の両親も仕送りができないほど生活がカツカツだったし、私からもこれ以上にお金を貸してほしいと頼むことはしたくなかった。

そのとき、自動書記で受け取ったメッセージのことを思い返していた。「矯正。意識。敵意」「キリストがご降臨される」「よく食べ、よく飲み、仕事に満足しなさい。それは神の御恵みなのですから。あなたの仕事を善のための不変の力として使いましょう」このメッセージは確かに自分以外の超自然的な力から送られてきた。常に見守ってくれているということが分かっていた。理屈では分かっていても、私はそのときは将来の何もかもが不安になって、恐ろしくなって、酷く「孤独」を感じていた。私はテーブルの椅子に座っていた。目の前には濃い青色と緑色のアジア風のお皿が置いてある。お皿の上には、私が使ったナプキンがのっていた。「……もう終わりだ」そう口にした瞬間、私は泣き崩れた。「分からない、もう何も、分からないんだ！」本当に、どうしたらいいか分からなかった。「もしあなたたちが本物で、私が知っている存在なら、お願いします、姿を現してください！　今すぐ！　このままでは生きていけない！　どうか！」私は数分間、泣きながら懇願した。

ひとしきり泣いて、冷静さを取り戻してきた。「もしかして外でＵＦＯが待ってるんじゃないか」と思って窓から外を見た。何もいない。いつもの景色。今度は両手を合わせ、皿の上のナプキンを浮かせようと念力を試した。ダメだった。何も起きない。微動だにしない。壁にある美しい絵画たちが私を見て、「何やってんだコイツ」と言わんばかりに憐れんでいるように思えた。本当に、途方に暮れた夜だった。眼からまた涙が溢れ出す。

私が下した結論、それは「霊的存在とコンタクトはできた。でも結局、何も起こらない」ということだった。「はぁ……、とりあえず片付けなきゃ。どうしよっかなこの請求書……」電話料金表をもう一度よく見ていたら、確か昔、日本への長距離電話を大幅に割り引きしてくれる「特別長距離パック」を注文していたのだった。思い出した！　電話会社がこのとき値引きを忘れるミスをしてしまっていただけだった。そのため1分2ドル以上もする、割引なしの電話代がかかっていたということだ。4足のゴム製脚立に立てられた変な形の電話子機の受話器を摑んで、急いで電話会社に電話をかけた。受話器からは女性の声が聴こえ、私はできるだけ丁寧に状況を説明した。

彼女が「少々お待ちください」といって調べ始めてから、「少々」では済まないほど待たされた。その後、ようやく私の主張が正しかったことを認めてくれた。たしかに間違った請求だったようだ。大きく安堵した私は、深いため息をついた。その後、割引が適用された35ドルの訂正請求書が送られてきた。これなら電話でデビットカードを使ってすぐに支払いを済ませられる。私はほっとして、電話の女性に心から感謝した。電話を切ると、まずは音楽をかけた。安心したからか、眠くなってきた。エリックが家に帰るまでは音楽をかけっぱなしで寝ていたらしい。いつもやっていた寝る前の祈禱もすっかり忘れて眠りについてしまった。しかし……

どうやら「彼ら」は忘れないでくれていたようだ。翌朝、エリックから衝撃の発言を聞くことになるとは思いもしなかった。次の日の朝、彼は慌てて夢で見たことを私に説明してきた。UFOの中からイエスのような人物が現れて、「彼（ディヴィッド）が私たちの仲間であることを知っておくことは、とても大事なことです」と告げられたのだという。私がつい今しがた、寝る前にいつもやっていた「祈り」をしていたということを、起きたばかりのエリックは知る由もない。私は天の地球外生命体と意識を通したテレパシー的なコンタクトをとれるようになったのだ。その段階まで来たが、ここまではあくまで「始まり」に過ぎなかった。天の美しい守護霊たちは、私に素晴らしい霊感を与えてくれた。何より、かなり正確に未来予知ができる超能力を私が持っているということを示してくれた。彼らの主なメッセージは、近い将来にやってくる、太陽系全体を巻き込む壮大な「大変化」に関するものだった。キリスト教では「携挙」とよばれる出来事のことだ。我々人類は、それまでに準備をしておかなければならない。彼らは、それを我々に求めているのだ。「大変化に備えよ！」文字通り、いま地球全体が大規模で不可逆な、「霊的変化の道」を前進している。

# 脚注——［上］起承篇

## 第1章

1 Stephen LaBerge, Lucid Dreaming: The Power of Being Awake and Aware in Your Dreams (New York: Ballantine Books, 1986).

2 Stephen LaBerge and Howard Rheingold, Exploring the World of Lucid Dreaming (New York: Ballantine Books, 1991).

3 Harold Sherman, How to Make ESP Work for You (New York: Fawcett Crest, 1968), https:// www.amazon.com/ You/ dp/ B00BPC1V6O/ ref= sr_ 1_ 2? keywords= how+ to+ make+ esp+ work+ for+ you& qid= 1564085953& s= gateway& sr= 8-2.

## 第2章

4 Stephen LaBerge, Lucid Dreaming: The Power of Being Awake and Aware in Your Dreams (New York: Ballantine Books, 1986).

5 Stephen LaBerge and Howard Rheingold, Exploring the World of Lucid Dreaming (New York:

Ballantine Books, 1991).

6 Namkhai Norbu and Michael Katz, Dream Yoga and the Practice of Natural Light, 9th ed. (Ithaca, NY: Snow Lion Publications, 1994).

7 Dictionary.com, "archetype," Definition #2, https:// www.dictionary.com/ browse/ archetype.

8 David Straker, "Jung's Archetypes," Changing Minds, April 22, 2007, http:// changing minds.org/ explanations/ identity/ jung_ archetypes.htm.

9 Ibid

10 Ibid

## 第4章

11 Philip J. Corso and William Birnes, The Day After Roswell: The Truth Exposed After Fifty Years! (New York: Pocket Books, 1994).

12 Hugh Lynn Cayce, ed., The Edgar Cayce Reader (New York: Warner Books, 1967), 7.

13 Paul K. Johnson, Edgar Cayce in Context (New York: State University of New York Press, 1998), 2.

14 John Van Auken, "A Brief Story about Edgar Cayce," Association for Research and Enlightenment, 2002, http:// www.edgarcayce.org/ ps2/ edgar_ cayce_ story.html.

15 Ibid.
16 Bob Leaman, Armageddon: Doomsday in Our Lifetime? (Richmond, Victoria, Australia: Greenhouse Publications, 1986), chapter 4, http:// www.dreamscape.com/ morgana/ phoebe.htm.
17 Anne Hunt, “Edgar Cayce’s Wart Remedy,” Ezine Articles, 2006, http:// ezinearticles.com/? Edgar-Wart- Remedy& id= 895289.
18 A.D.A.M. Medical Encyclopedia, “scleroderma,” PubMed Health, February 2, 2012, http:// www.ncbi.nlm.nih.gov/ pubmedhealth/ PMH0001465/.
19 Gina Cerminara, Many Mansions: The Edgar Cayce Story on Reincarnation (New York: Signet, 1998), 26.

### 第5章

20 Michael Talbot, The Holographic Universe: The Revolutionary Theory of Reality, reprint ed. (New York: Harper Perennial, 2011).
21 Richard C. Hoagland, The Monuments of Mars, 5th ed. (Frog Books, 2001).
22 David Wilcock, The Divine Cosmos, “Chapter 4: The Sequential Perspective,” Divine Cosmos, June 4, 2002, https://webarchive.org/web/20030604021756, http://ascension 2000.com/divinecosmos/, https://

divinecosmos.com/books-free-online/the-divine-cosmos/98-the-divine-cosmos-chapter-04-the-sequential-perspective.

23 Bruce E. DePalma, “Gravity & the Spinning Ball Experiment,” Rex Research, March 17, 1977, http:// rexresearch.com/ depalma2/ depalm.htm.

24 Ibid.

25 Ibid.

26 Ibid.

27 Ibid.

28 Malcom Macallum, “Science: Does a Spinning Mass Really Lose Weight?,” New Scientist 1704 (February 17, 1990), https:// www.newscientist.com/ article/ 700- science- weight/.

29 Salvatore Cezar Pais, “Craft Using an Inertial Mass Reduction Device,” US Secretary of the Navy, Patent #US10144532B2. Granted and published December 4, 2018, https:// patents.google.com/ patent/ US10144532B2/ en.

30 Salvatore Cezar Pais, “Plasma Compression Fusion Device,” US Secretary of the Navy, Patent #US20190295733A1. Published September 26, 2019. Application status is pending as of January 2, 2020, https:// patents.google.com/ patent/ US201902957 33A1/ en

31 Brett Tingley and Tyler Rogoway, "Scientist Behind the Navy's 'UFO Patents' Has Now Filed One for a Compact Fusion Reactor," The Drive (October 9, 2019), https:// www.thedrive.com/ the- zone/ 30256/ navys- ufo- now- filed- reactor.

## 第6章

32 Richard C. Hoagland, The Monuments of Mars, 5th ed. (Frog Books, 2001).

33 Michael Hesemann, The Cosmic Connection: Worldwide Crop Formations and ET Contacts (Southlake, TX: Gateway, 1995), https:// www.amazon.co.uk/ Cosmic- Connection- Contacts/ dp/ 1858600170.

34 Mark Fussell and Stuart Dike, "The Crop Circle Connector," http:// www.cropcircle connector.com/ interface2005.htm.

35 A. P. Levich, "A Substantial Interpretation of N. A. Kozyrev Conception of Time," World Scientific Publishing Co., 1996, https:// www.scribd.com/ doc/ 133048207/ A-Substantial-Conception-of-Time-A-P-Levich.

36 David Wilcock, The Divine Cosmos, chap. 1: "The Breakthroughs of Dr. N. A. Kozyrev," The Divine Cosmos website (November 17, 2005), https:// divinecosmos.com/ free- online/ cosmos/ break

throughs-of-dr-na-kozyrev/.

37 Harold Aspden, "Discovery of Virtual Inertia," New Energy News 2, no. 10 (February 1995), http:// newenergytimes.com/ v2/ archives/ fic/ N/ N199502s.PDF.

38 David Hatcher Childress, Anti- Gravity and the World Grid 1st ed. (Adventures Unlimited Press, 1987).

39 Charles Berlitz, The Bermuda Triangle 1st ed. (New York: Doubleday, 1974).

40 Honey Street, near Alton Barnes, Wiltshire, July 16, 1999, Crop Circle Connector, http://www.cropcirclearchives.co.uk/archives/1999/HoneyStreet/HoneyStreet99a.html;Wimpole Hall, near Great Eversdon, Cambridgeshire, July 23, 1999, Crop Circle Connector, http://www.cropcirclearchives.co.uk/archives/1999/GreatEversdon/Great Eversdon99a.html; West Kennett Longbarrow, near Avebury, Wiltshire, August 4, 1999, Crop Circle Connector, http://www.cropcirclearchives.co.uk/archives/1999/East Kennett/EastKennett99c.html.

41 Windmill Hill, near Avebury, Wiltshire, June 28, 2000, Crop Circle Connector, http://www.cropcirclearchives.co.uk/archives/2000/windmill/windmill2000a.html, Kex brough, near Barnsley, South Yorkshire, August 2, 2001, Crop Circle Connector, http://www.cropcirclearchives.co.uk/archives/2001/kexbrough/kexbrough2001a.html; Keres forth Hill, near Barnsley, South Yorkshire, August 12, 2001,

Crop Circle Connector, http://www.cropcirclearchives.co.uk/archives/2001/KeresforthHill/KeresforthHill2001a.html; West Stowell, near Pewsey, Wiltshire, August 15, 2002, Crop Circle Connector, http://www.cropcirclearchives.co.uk/archives/2002/weststowell/weststowell 2002a.html.

42 Don Elkins, Carla Rueckert, and Jim McCarty, Law of One, Session 14, Question 25, https:// www.lawofone.info/ s/ 14#25.

43 Law of One, Session 86, Question 7, https://www.lawofone.info/ s/ 86#7.

## 第7章

44 "Svali" and Greg Szymanski, "Transcript Svali's Interview with Greg Szymanski," Svali Speaks, from radio appearance on January 17, 2006, https:// svalispeaks.wordpress.com/ 2008/ 09/ 19/ transcript-svalis- greg- szymanski/.

45 "Svali" and H.J. Springer, "Part 12 – The Top of the Pyramid" Svali Speaks, republished September 12, 2008. Originally from Centrexnews.com, which disappeared from the Internet in 2003, https:// svalispeaks.wordpress.com/ 2008/ 09/ 12/ part-12-the- top-of-the- pyramid/.

46 George Pendle, "The Occult Rocket Scientist Who Conjured Spirits with L. Ron Hubbard," Motherboard Tech by Vice, January 2, 2015, https:// www.vice.com/ en_ us/ article/ vbxgm/ the-

magicians.

47 Ibid.

## 第8章

48 Maurice Chatelain, Our Ancestors Came from Outer Space (Garden City, NY: Doubleday, 1978).

49 Philip Coppens, "The Wheels of Greek Astronomical Science," Eye of the Psychic, 2019, https:// www.eyeofthepsychic.com/ antikythera/.

50 Ibid.

## 第9章

51 Caryl- Sue, "Jan 17, 1995 CE: Kobe Earthquake," National Geographic Society, December 12, 2014, https:// www.nationalgeographic.org/ thisday/ jan17/ kobe- earthquake/.

52 Kahlil Gibran, The Prophet (New York: Alfred A. Knopf, Reprint edition, 1963).

53 Whitley Strieber, Transformation: The Breakthrough (London: Arrow, 1989), 251– 252.

54 Paul E. Potter, "Phoenixes and Ostriches," UFO Physics, May 19, 2004, UFOphysics.com, https://web.archive.org/web/20040806184720/ http://www.ufophysics.com/sunsnova.htm.

## 第10章

55 Edgar Cayce, The Edgar Cayce Readings (Virginia Beach, VA: Association for Research and Enlightenment, June 7, 1930), Reading Number 1681-1.

56 David McMillin, "Segund: Keeper of the Portals," https://web.archive.org/web/20180619154117/http:// www.mcmillinmedia.com/ atlantean- segund.

57 Tim Gihring, "Ancient Egypt and the Mystery of the Missing Phallus," December 12, 2018, Minneapolis Institute of Art, https:// medium.com/ institute-of-art/ancient- 97db0103ecdc.

## 第11章

58 Law of One, Session 86, Question 7, https:// www.lawofone.info/ s/ 86#7.

59 Gurumayi Chidvilasananda, My Lord Loves a Pure Heart: The Yoga of Divine Virtues (South Fallsburg, NY: Siddha Yoga Publications, January 1, 1994).

60 SYDA Foundation, "Shree Muktananda Ashram," https:// www.siddhayoga.org/ global- community/ shree- ashram.

61 Law of One, search of the term wanderer, https:// www.lawofone.info/ results.php? q= wanderer

62 Law of One, Session 36, Question 17, https:// www.lawofone.info/ results.php? s= 36#17.

63 Law of One, Session 65, Question 19, https:// www.lawofone.info/ results.php? s= 65#19.

64 Scott Mandelker, From Elsewhere: Being E.T. in America (New York: Birch Lane Press, 1995), 207– 10.

## 第12章

65 Holy Bible, New International Version, NIV, Ecclesiastes 2:22– 23. Copyright © 1973, 1978, 1984, 2011 by Biblica, Inc., https:// biblehub.com/ niv/ ecclesiastes/ 2.htm.

66 King James Bible, Ecclesiastes 3:1– 13.

67 Edison Coatings, Inc., "History of Rosendale Cement," http:// www.rosendalecement.net/ html/ history.html.

68 Ibid.

69 John Harakal, "Development of Portland Cement in the United States," Penn State College of Engineering website, Course CE-584, https:// www.engr.psu.edu/ ce/ courses/ce584/concrete/ library/ materials/ History/ DevelopementofPC- main.html.

70 Edison Coatings, Inc., "History of Rosendale Cement," http:// www.rosendalecement.net/ html/

history.html.

71 Century House Historical Society, Snyder Estate Natural Cement Historic District, https://www.centuryhouse.org/.

72 Sarah Jacobs, "Inside the Secretive Subterranean Facility Where a $5 Billion Business Stores the Files of Fortune 1000 Companies," Business Insider, January 8, 2016, https:// www.businessinsider.com/inside- 2016-1# many-of-iron- and- they-do-have-a-handful-of-units-in-previously- mines-3.

73 Timothy Good, Alien Contact: Top Secret UFO Files Revealed (Fort Mill, SC: Quill House Publishers, 1994).

74 Harriet Ryan et al., "Largest Earthquake in Decades Hits Southern California, Measuring 6.4 Magnitude," Los Angeles Times, July 4, 2019, https:// www.latimes.com/ local/ lanow/ la-me-earthquake- story.html.

75 David Wilcock, "IT BEGINS: Epstein Indicted, Black- Ops Base Destroyed!," Divine Cosmos website, July 7, 2019, https:// divinecosmos.com/ davids- blog/ 23251-it-begins- epstein/.

76 Lauran Epstein, "Friends of the Artist: Portraits by Allen Epstein (1941– 1993)," Exhibit July 12– August 2, 2009, AllenEpstein.org, http:// www.allenepstein.org/.

ディヴィッド・ウイルコック
作家、講師、映像作家であり、古代文明、意識の科学、物質とエネルギーに関する新しい枠組みについての研究者である。その独創的な思考と意識に関する専門知識は、Divine Cosmos.comによって、何十万という人々に知られるようになった。
著書『ソースフィールドの研究』と『ザ・シンクロニシティ・キー』（アートヴィレッジ刊）は「ニューヨーク・タイムズ」によるベストセラー書籍となった。
カリフォルニア在住。

Nogi　ノギ
日本生まれ、2018年よりマダガスカル在住。真実とそれに沿った行き方の探求と、闇の勢力からの人類の解放をお手伝いしたく活動中。
翻訳記事の更新は https://note.mu/nogi1111　Twitter @NOGI1111_
マダガスカル生活などを綴ったブログ　https://nogi1111.blogspot.com/

夢の中で目覚めよ！［上］起承篇
明晰夢は惑星の未来を渉猟する

第一刷　2021年3月31日

著者　ディヴィッド・ウイルコック
訳者　Nogi

発行人　石井健資
発行所　株式会社ヒカルランド
〒162-0821　東京都新宿区津久戸町3-11　TH1ビル6F
電話　03-6265-0852　ファックス　03-6265-0853
http://www.hikaruland.co.jp　info@hikaruland.co.jp
振替　00180-8-496587

本文・カバー・製本　中央精版印刷株式会社
DTP　株式会社キャップス
編集担当　伊藤愛子

ISBN978-4-86471-968-1

ヒカルランド　好評既刊！

## 併読をオススメしたい類書群

アセンションミステリー［上］
カバールを超突破せよ
著者：ディヴィッド・ウイルコック
訳者：Rieko
四六ソフト　本体2,500円+税

アセンションミステリー［下］
軍事宇宙プログラムの最高機密へ
著者：ディヴィッド・ウイルコック
訳者：テリー宮田
四六ソフト　本体3,000円+税

スターボーン
著者：ソララ（Solara）
訳者：Nogi
四六ソフト　本体3,300円+税

レムリアの王 アルタザールの伝説
著者：ソララ（Solara）
推薦：エリザベス・キューブラー＝ロス博士
訳者：Nogi
四六ソフト　本体3,000円+税

ヒカルランド　好評既刊＆近刊予告！

## 併読をオススメしたい類書群

【新装版】宇宙人の魂をもつ人々
著者：スコット・マンデルカー
監修：南山 宏
訳者：竹内 慧
四六ソフト　予価3,000円+税

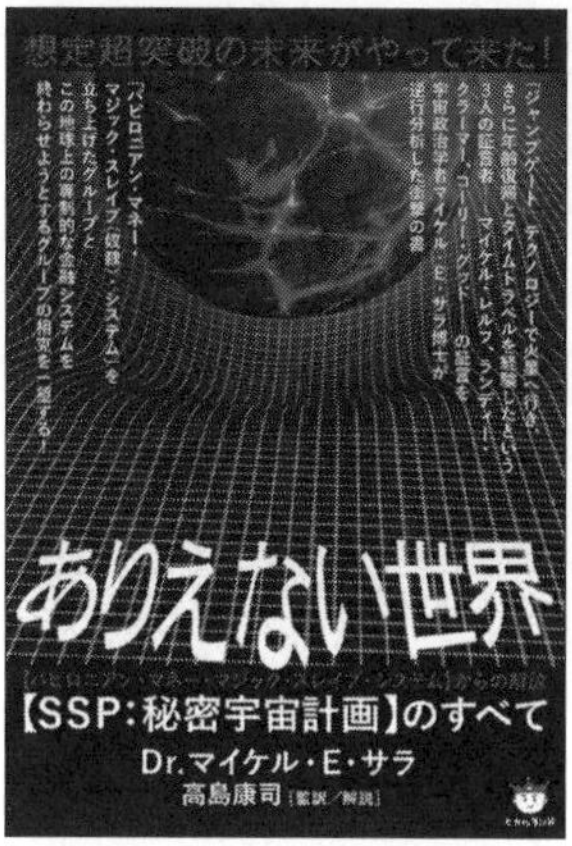


想定超突破の未来がやって来た！
ありえない世界【SSP:秘密宇宙計画】のすべて
著者：Dr.マイケル・E・サラ
監訳・解説：高島康司
四六ソフト　本体2,500円+税

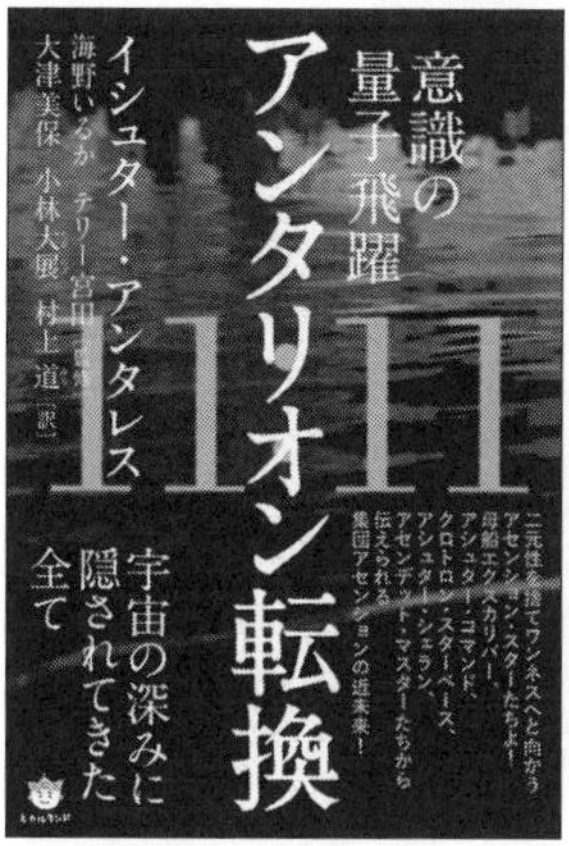


11:11 アンタリオン転換
著者：イシュター・アンタレス
監修：海野いるか／テリー宮田
訳者：大津美保／小林大展／村上 道
四六ソフト　本体2,500円+税

いま私たちが知って受け入れるべき
【この宇宙の重大な超現実】
著者：高島康司（近未来予測の専門家）
四六ソフト　本体1,620円+税

【オアスペ全訳 第１巻】
自動書記：ジョン・ニューブロー
監修：秋山眞人／布施泰和
翻訳：福永裕史
A5ソフト　本体6,000円+税

【オアスペ全訳 第２巻】
自動書記：ジョン・ニューブロー
監修：秋山眞人／布施泰和
翻訳：福永裕史
A5ソフト　本体6,000円+税

【オアスペ全訳 第３巻】
自動書記：ジョン・ニューブロー
監修：秋山眞人／布施泰和
翻訳：福永裕史
A5ソフト　予価6,000円+税

**明晰夢は「超現実 / 超未来」を召喚している?**
**それは大量アセンション（収穫）と**
**大周期のことを示しているのか?**
**その結論は、『オアスペ』とも濃厚にリンクする!**

**質問者**　『オアースペ　Oahspe』という本は、誰が伝えたものなのでしょうか。

**ラー**　私はラー。これを伝えたのは惑星連合の社会的記憶複合体の分身のひとつです。評議会にも提案されたそこに書かれてある思想や概念は、あなたがたの周期における宗教ならびに宗教的ゆがみの既知の物質的な歴史をいくらか利用して、「一なるものの法則」の性質や主要なゆがみを覆い隠したり部分的に明らかにするものでした。いかなる名称も、それらの振動性の特色のために生み出されうるものです。その書物に隠された情報は、愛と光についてのより深い知識に関わるものであり、また、数多くのメッセンジャーを通してあなたがた地球人類を教え／学ぼうとする無限知性の試みに関わるものです。
（『ラー文書「一なるものの法則」第一巻』紫上はとる訳　ナチュラルスピリット刊より）

**ヒカルランド　好評既刊！**

併読をオススメしたい類書群

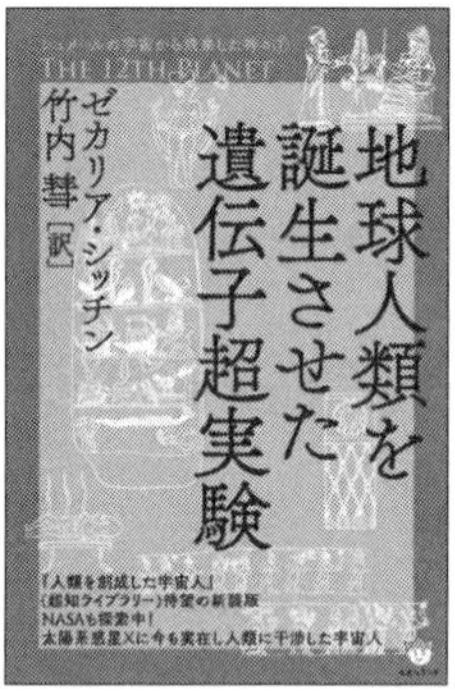


地球人類を誕生させた遺伝子超実験
～NASAも探索中！ 太陽系惑星Xに今も実在し人類に干渉した宇宙人～
四六ソフト　本体 2,500円+税

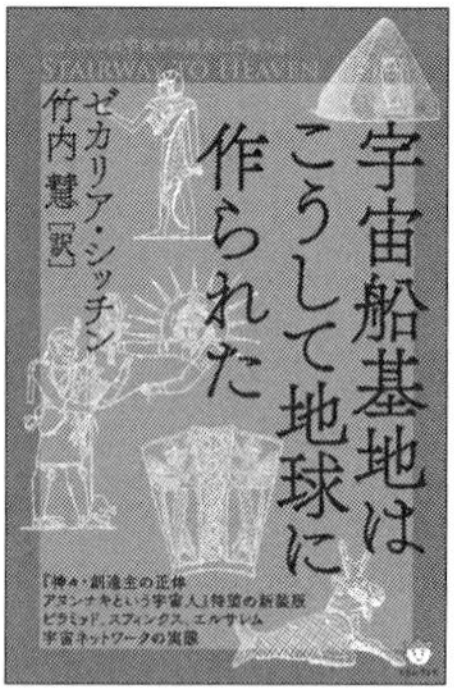


宇宙船基地はこうして地球に作られた
～ピラミッド、スフィンクス、エルサレム　宇宙ネットワークの実態～
四六ソフト　本体 2,500円+税

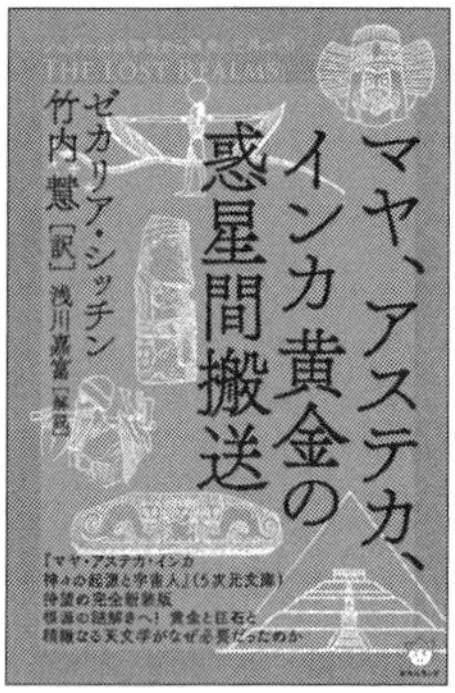


マヤ、アステカ、インカ黄金の惑星間搬送
～根源の謎解きへ！ 黄金と巨石と精緻なる天文学がなぜ必要だったのか～
四六ソフト　本体 2,500円+税

彼らはなぜ時間の始まりを設定したのか
～超高度な人工的産物オーパーツの謎を一挙に解明する迫真の論考～
四六ソフト　本体 2,500円+税

神々アヌンナキと文明の共同創造の謎
～高度な知と科学による機械的宇宙文明と聖書の物語のリンク～
四六ソフト　本体 2,500円+税

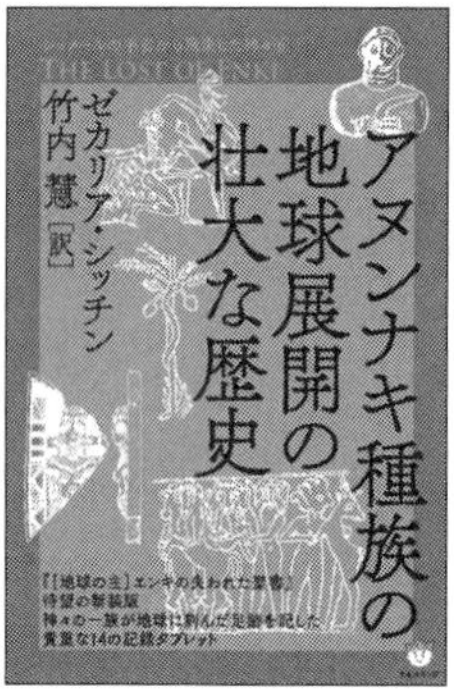


アヌンナキ種族の地球展開の壮大な歴史
～神々の一族が地球に刻んだ足跡、超貴重な14の記録タブレット～
四六ソフト　本体 2,500円+税

**永久保存版　ゼカリア・シッチン［著］竹内 慧［訳］**

ヒカルランド　好評既刊＆近刊予告！

併読をオススメしたい類書群

## エドガー・ケーシー療法の本！

エドガー・ケイシー療法のすべて
1　皮膚疾患／プレ・レクチャーから特別収録
著者：光田 秀
四六ソフト　本体2,000円+税

エドガー・ケイシー療法のすべて
2　がん
著者：光田 秀
四六ソフト　本体2,000円+税

エドガー・ケイシー療法のすべて
3　成人病／免疫疾患
著者：光田 秀
四六ソフト　本体2,000円+税

エドガー・ケイシー療法のすべて
4　神経疾患Ⅰ／神経疾患Ⅱ
著者：光田 秀
四六ソフト　本体2,000円+税

エドガー・ケイシー療法のすべて
5　婦人科疾患
著者：光田 秀
四六ソフト　予価2,000円+税

エドガー・ケイシー療法のすべて
6　美容法
著者：光田 秀
四六ソフト　予価2,000円+税